改訂
第2版

大学入学 共通テスト

国語［現代文］

の点数が面白いほどとれる本

河合塾講師
浦 貴邑・中崎 学

JN048047

＊この本は，小社より 2022 年に刊行された『改訂版　大学入学共通テスト　国語［現代文］の点数が面白いほどとれる本』に，最新の学習指導要領と出題傾向に準じた加筆・修正を施し，令和７年度以降の大学入学共通テストに対応させた改訂版です。

はじめに

「センター試験」が**「共通テスト」**に代わってしばらくたち、両者の違いもはっきりしてきました。それとともに、**「共通テスト」**の**「国語」**が、国公立大学の二次試験や、私立大学文系の試験と比べても、かなり異なる独自の特徴を持つことも明らかになってきました。

国公立二次が主に記述式なのに対して、**「共通テスト」**はすべてマークセンス式だというのは**「センター試験」**時代と変わりませんが、最も大きく異なるのは、**「共通テスト」**は**〈複数テクスト〉**だということです。くわしくは本文で説明しますが、国公立も私立も、ほぼすべてが一つの文章を読んでそれについて答えるものであるのに対して、**「共通テスト」はどの大問も、複数の文章や資料を読み比べるものになっています。**

またもう一点、気をつけなければならないことがあります。これまで**「共通テスト」**の現代文は、**第1問が〈評論文〉、第2問が〈小説〉**という二題で構成されていましたが、**二〇二五年からはもう一つ現代文の大問が増えます（それにともなって試験時間も八十分から九十分に十分延長されます）。新たに加わる第3問は、文章とともにグラフや図表などを読み取る〈実用文〉が出題されます。〈実用文〉**も、従来の他の入試にはほぼ見られなかったものです。

「センター試験」時代は、**「国語」**という科目に自信のある人は、二次対策や私大対策を中心にして、**「センター試験」**はオマケ程度にしか考えない傾向もありました。しかし、国公立二次や私大とはまったく異なる特徴を持つ**「共通テスト」**で高得点をとるためには、独自の対策が必要不可欠です。みなさんの多くにとって大学入試本番の初戦となるであろうこのテストに対して、十分に備えておかなければなりません。

ただ、必要以上に恐れることもありません。**この本では、予想されるあらゆるパターンへの対策ができます。〈複数テクスト〉**や**〈実用文〉**という、他ではあまり見ない種類の問題も、ゼロの状態から少しずつ段階を踏み、最終的には本番レベルまで、各自にあったペースでじっくり練習できるよう、問題の選択や解説の書き方、章の構成などに丁寧な工夫をこらしました。

章ごとに**〈評論文〉〈小説〉〈実用文〉**と問題のタイプが分かれていますので、どの章からやってもかまいません。ただし、それぞれの章の中の構成は、段階を踏んで複雑になっていきますので、最初から順番に解いていきましょう。一つひとつのステップを確実に進めていけば、この一冊だけで、どんな問題が出たとしても**「共通テスト」**で高得点がとれるようになります。もちろん、最終目標は**現代文満点**です。

では、さっそく始めましょう！

浦 貴邑

目次

この本の特長と使い方

大学入学共通テスト［現代文］の範囲を網羅し、出題されうる問題を精選しました。本書をしっかり一冊やり通せば、どんな人でも9割以上の得点が可能です。この本で大学入学共通テスト［現代文］を攻略しましょう！

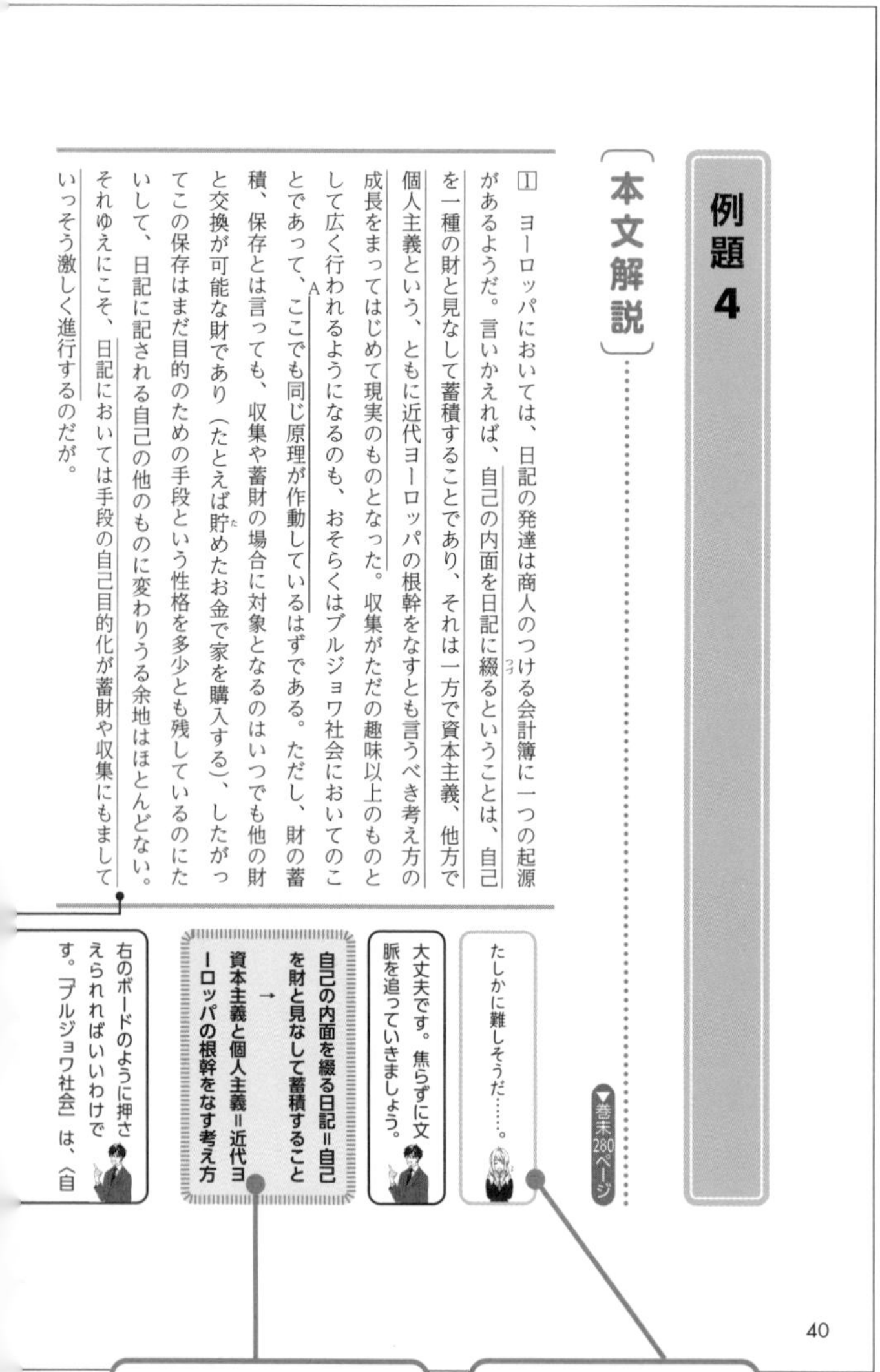

例題4

〔本文解説〕

▼巻末280ページ

1 ヨーロッパにおいては、日記の発達は商人のつける会計簿に一つの起源があるようだ。言いかえれば、自己の内面を日記に綴《つづ》るということは、自己を一種の財と見なして蓄積することであり、それは一方で資本主義、他方で個人主義という、ともに近代ヨーロッパの根幹をなすとも言うべき考え方の成長をまってはじめて現実のものとなった。収集がただの趣味以上のものとして広く行われるようになるのも、おそらくはブルジョワ社会においてのことであって、Aここでも同じ原理が作動しているはずである。ただし、財の蓄積、保存とは言っても、収集や蓄財の場合に対象となるのはいつでも他の財と交換が可能な財であり（たとえば貯《た》めたお金で家を購入する）、したがってこの保存はまだ目的のための手段という性格を多少とも残しているのにたいして、日記に記される自己の他のものに変わりうる余地はほとんどない。それゆえにこそ、日記においては手段の自己目的化が蓄財や収集にもましていっそう激しく進行するのだが。

たしかに難しそうだ……。

大丈夫です。焦らずに文脈を追っていきましょう。

自己の内面を綴る日記＝自己を財と見なして蓄積すること
→
資本主義と個人主義＝近代ヨーロッパの根幹をなす考え方

右のボードのように押さえられればいいわけです。「ブルジョワ社会」は、〈自

生徒と先生の会話で進むので、楽しく読み通せます。

重要事項はボードにまとめられているから、見やすく・振り返りやすい！

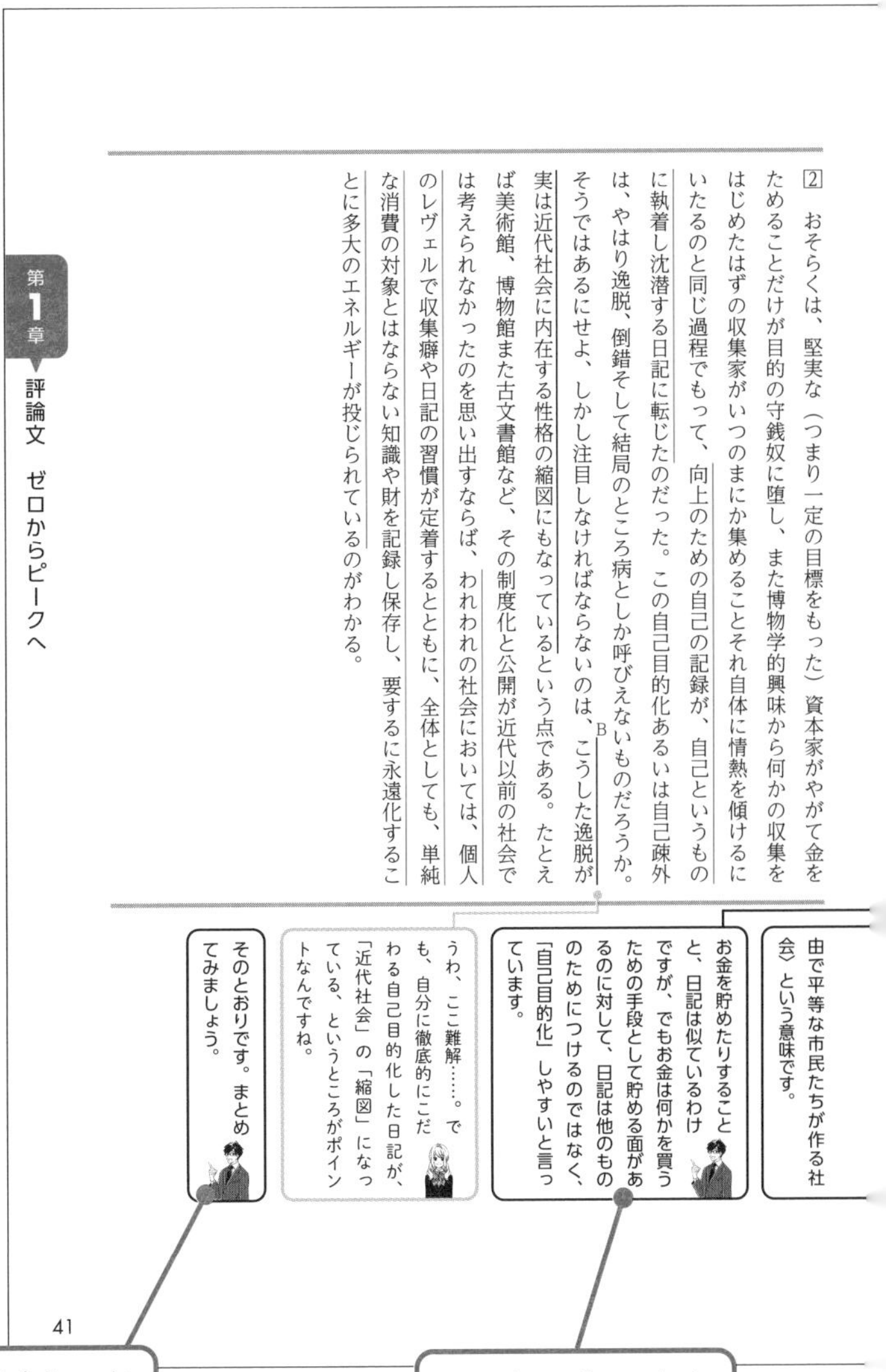

第1章　評論文　ゼロからピークへ

2　おそらくは、堅実な（つまり一定の目標をもった）資本家がやがて金をためることだけが目的の守銭奴に堕し、また博物学的興味から何かの収集をはじめたはずの収集家がいつのまにか集めることそれ自体に情熱を傾けるにいたるのと同じ過程でもって、向上のための自己の記録が、自己というものに執着し沈潜する日記に転じたのだった。この自己目的化あるいは自己疎外は、やはり逸脱、倒錯そして結局のところ病としか呼びえないものだろうか。そうではあるにせよ、しかし注目しなければならないのは、B こうした逸脱が実は近代社会に内在する性格の縮図にもなっているという点である。たとえば美術館、博物館また古文書館など、その制度化と公開が近代以前の社会では考えられなかったのを思い出すならば、われわれの社会においては、個人のレヴェルで収集癖や日記の習慣が定着するとともに、全体としても、単純な消費の対象とはならない知識や財を記録し保存し、要するに永遠化することに多大のエネルギーが投じられているのがわかる。

由で平等な市民たちが作る社会〉という意味です。

お金を貯めたりすることと、日記は似ているわけですが、でもお金は何かを買うための手段として貯める面があるのに対して、日記は他のもののためにつけるのではなく、「自己目的化」しやすいと言っています。

うわ、ここ難解……。でも、自分に徹底的にこだわる自己目的化した日記が、「近代社会」の「縮図」になっている、というところがポイントなんですね。

そのとおりです。まとめてみましょう。

41

本文の流れをしっかり説明するので、問題文の読み方がわかります。どんな問題が出てきても大丈夫。

問題文のポイントをわかりやすく説明しています。ぜひ参考にしてください。

序章

共通テスト国語［現代文］の特徴と対策

二〇二〇年度から始まった**「大学入学共通テスト」**（以下**「共通テスト」**）は、古くは**「共通一次試験」**、そしてそれにつづく**「センター試験」**の流れを汲《く》むものですが、これまでの入試問題とは非常に大きく異なるところがあります。

すべての教科で、細かな知識や単純な計算結果を答えさせる問題ではなく、受験生に深い思考力を要求する問題が増えました。たとえば数学でも、設問文が長くなった上、数学的思考を日常的場面において応用できるかを問うような、今までに見られなかった問題が出題されています。数学においても、設問文の要求をしっかり読み取る「読解力」がなければ高得点がとれないようになっているのです。したがって、国語力、とりわけ現代文の読解力が全教科的に重要になったと言ってもいいでしょう。

ここでは**「共通テスト」**の現代文に焦点を合わせましょう。現代文においても、**センター試験**の時とはまったく異なる傾向が導入されました。

① **大問のそれぞれは、〈複数テクスト〉で構成されるということ。**

② **〈複数テクスト〉の構成は、多様であること。**

えっ？〈**複数テクスト**〉？　それってどういうことですか？　なんだか面倒そうですね。

一つの文章だけを読むのでなく、複数の文章を読み比べて問題を解かなくてはならない分、解くプロセスが複雑になります。また、時間がかかることも確かです。そう言うと不安になるでしょうが、この参考書は、共通テストの〈**複数テクスト**〉に対して、易しい例題から難しい実戦問題へと、ムリなく段階的にアプローチしていきます。**この本の内容をしっかりマスターすれば、時間内に高得点をとれる読解力・思考力をつけることができます**から、安心してください。

わかりました！　がんばります！

では、①から説明しましょう。

小論文などでは以前から〈**複数テクスト**〉の形式が出題されることもありましたが、現代文においては**共通テスト**以外では、国公立大学の二次試験、またほとんどの私立大学でも見られない形式なので、**マトをしぼった特別なトレーニングが必要です。**

ふつう、現代文の問題と言えば、本文が一つだけ出題され、それをしっかり読解すればすべての設問が解けるという構造になっています。しかし**共通テスト**では、一つだけではなく複数のテクスト（ここでいうテクストとは、後述するように文章だけでなく図表やグラフなども含みます）を組み合わせて大問を構成しています。そして、それら複数のテクストを総合的に読解することで初めて正解を導けるようになっているのです。

いくつもの異なるテクストを組み合わせて解答するというのは、非常に大変な作業に思えるかもしれません。でも実際には、**〈複数テクスト〉**にまたがってたくさんの解答根拠を集めなければならない設問ばかりではありません。**多くの設問は、一つのテクストに注目すれば解答できます。**

ただ、それでも、たくさんあるテクストのどれに注目すべきかを考えなければなりませんし、**〈複数テクスト〉**に解答根拠がまたがっている問題も、最低でも一題は出題されます。

そうですか。……どうすれば効率的に解答できるんでしょうか？

大事なことは、現代文においては、まず一つの文章をしっかり読解できる力がすべての基本になるということです。一つの文章を正確に読めない人が、二つの文章を照らし合わせて読むことなどできるはずがありません。

だから、この参考書においては、**第1章〈評論文〉**でも**第2章〈小説〉**でも、まずは**「§1　単数テクストの例題」**から始めます。このパートは、いままで現代文の勉強をほとんどしたことがない人でも取り組めるように、いわばゼロベースから出発します。まず巻末の問題を解いてから、本文の解説を読みましょう。なかには簡単すぎると思う人もいるかもしれませんが、易しい例題で本文読解と選択肢吟味の基本を身につけることが、のちのちのためにとても大事です。

それから**「§2　複数テクストの例題」**に進みましょう。共通テストの大きな特徴である**〈複数テクスト〉**の問題も、比較的易しめの問題から取り組むことで、攻略のポイントを容易につかむことができます。

続いて**「§3　実戦問題1　単数テクスト」**を解いてみてください。難しいと感じる人もいるかもしれませんが、**§1・§2**で身につけた解法をふりかえりつつ、まずは一つのテクストから作られた難度の高い問題を確実に解けるようになることを目指しましょう。

それができたら、いよいよ仕上げの**「§4　実戦問題2　複数テクスト」**です。この問題のレベルは、**「共通テスト」**本番と同じです。ここがこの本のピークです。このレベルの問題で高得点をとれれば、本番でも必ず高得点がとれます。

また、**第3問の〈実用文〉**の対策は、**第3章**で行います。こちらも**「§1　実用文の例題」**で易しめの問題に取り組み、解法の基礎を学びます。それから**「§2　実戦問題」**にチャレンジし、本番レベルの問題で高得点をとれるように、段階的に進んでいきましょう（ちなみに、**〈実用文〉**に単数テクストの練習を付していないのは、**〈実用文〉**はそもそも文章と図表／グラフ／条文などを組み合わせる**〈複数テクスト〉**の形でしか出題されないからです）。

実際に問題に取り組む前に、あらかじめ、とても大事なコツを教えておきますね。**〈複数テクスト〉**の問題を効率的に解くポイントは、**「共通テーマ」**をつかむことにあります。

「共通テーマ」ですか？　つまり、**〈複数テクスト〉**に共通するテーマをつかむということでしょうか？

ご名答！　言うまでもないことですが、まったく互いに関係のないテクストを並べて、一つの問題を構成することはできません。**複数のテクストにまたがる「共通テーマ」をうまくつかむことが、正しい読みを導くコツになるんです。**

なるほど。たしかに、同じ大問のなかに並べられている複数の文章や図表が、どのような話題を共有しているかがわかったら、素早く読めそうな気がするし、問題にもしっかり対応できそうですね。でも、どうやったら**「共通テーマ」**をつかめるんですか？

いくつかやり方があります。以下にまとめておきましょう。

Ⓐ **大問全体のリード文に注目する……そこに「共通テーマ」が示されている場合があります。**

Ⓑ **文章ごとのリード文や、文章の出典に注目する……そこから「共通テーマ」を考えることができます。**

Ⓒ **文章の内容に注目する……それぞれの文章の内容から「共通テーマ」をしっかりつかめる力を鍛えていきましょう。**

次に、8ページで挙げた②**〈複数テクスト〉の構成は、多様であること。**について説明しましょう。

前にも少し触れたように、**〈複数テクスト〉**の「テクスト」という言葉は、文章だけではなく、図表やグラフ、法律の条文といった資料や、生徒のノートといったものまでも含む広い意味をもっています。共通テストでは、これらをさまざまに導入して**〈複数テクスト〉**が構成されます。

一番多いパターンは、「文章＋文章」だと考えられます。この場合は、個々の文章の内容を的確に読みとった

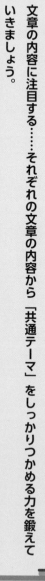

上で、**〈複数テクスト〉**に即して作られた問題を考えていくことになります。

また、**「本文＋本文を読みとった上で生徒が作ったノート／資料」という形式も出題頻度が高い**と考えてよいでしょう。

その他に考えられるパターンは、とりわけ**第3問**の**〈実用文〉**にあてはまりますが、**「文章＋図表やグラフなどの資料」**というものです。これに関して、**共通テスト**の**国語**の**「問題作成方針」（令和4年度）**には、以下のように書かれています。波線で強調しておきましたので、そこに注目してください。

> 言語を手掛かりとしながら、文章から得られた情報を多面的・多角的な視点から解釈したり、目的や場面等に応じて文章を書いたりする力などを求める。近代以降の文章（論理的な文章、文学的な文章、実用的な文章）、古典（古文、漢文）といった題材を対象とし、言語活動の過程を重視する。問題の作成に当たっては、大問ごとに一つの題材で問題を作成するだけでなく、異なる種類や分野の文章などを組み合わせた、複数の題材による問題を含めて検討する。

後の方の波線部に、たしかに「異なる種類や分野の文章などを組み合わせた、複数の題材による問題」とありますね。**〈複数テクスト〉**のことですよね。でも、前の方の波線部の**「実用的な文章」**というのは？

ここで**「実用的な文章」**と言われているのは、「図表／グラフ／条文」などを含めた資料のことだと考えてかまいません。この本ではこのタイプの問題を**〈実用文〉**と呼ぶことにします。たとえば、平成29年に行われた共通テストの試行調査では、16条からなる「高校の生徒会部活動規約」がテクストとして出題されました。

えーっ！ 「生徒会部活動規約」ですか！ 16条も！ 読むのが大変ですね！

また、令和4年に発表された**〈実用文〉**の試作問題では、文章以外に一つの「図」と三つの「グラフ」が組み合わさった問題が示されました。こうした資料をすべて隅から隅まで読まなければならないとしたら、それは大変でしょうね。でも、あわてることはありません。**第3問**で出題される**〈実用文〉**において付されるグラフや図表や条文といったテクストは、全体をしっかり読んだり確認したりする必要はなく、設問に答えるために、テクストのどの部分を見ればいいかさえわかればいいのです。言い換えれば、設問の解答根拠がどこにあるかを素早く**「検索」**することができればそれで十分ということです。

ということは、……**〈実用文〉**に関しては**評論文や小説の本文みたいにあらかじめすべてを読解する必要はなくて、設問を見てから必要な部分だけ「検索」すればいい**ってことですか？

さえていますね！ そもそも**〈実用文〉**という名前からわかるように、それを読むこと自体は目的ではなくて、他に何か目的があって、それに適合した部分を理解すればよいという性格のテクストですからね。たとえばパソコンやスマホのマニュアルをあらかじめ全部読んで頭にたたきこむ人はあまりいませんね。何かトラブルが起きたり、わからないことがあったりした時に、それに役立つ部分だけを**「検索」**して読むものです。共通テストの**〈実用文〉**も、それと同じです。**第3章**で実際にチャレンジしてみましょう。

最後にもう一つだけ。**〈複数テクスト〉**の配置について注意しておきます。これには二つのパターンがあると考えられます。

① 問題が始まる前に（問1の前に、ということです）、〈複数テクスト〉が並べられているパターン。

② 設問のところに（たとえば問5のところに）、本文とは異なるテクストが置かれているパターン。

①のパターンでは、設問を解き始める前に複数のテクストに目を通しておく必要がありますね。ただし、先に断っておいたように、**第3問**の**〈実用文〉**では、たくさんの図表やグラフや条文などをあらかじめくわしく読む必要はありません。**まずは文章をしっかり読み、設問で必要になったときに図表などに立ちかえりましょう。**

②のパターンでは、**新しいテクストが置かれている設問に取り組む時に、そのテクストと本文を照らし合わせて読む**ことになります。

この参考書では、①と②のパターンそれぞれを精選してありますから、安心してください。

わかりました！　まとめてみれば、**共通テスト**のキモは**〈複数テクスト〉**で、組み合わせや配置の仕方はいろいろ考えられるけど、この参考書を一冊通してやれば、すべてのパターンを練習できるということですね！

すばらしいまとめです。念のため、もう一度、序章で述べた要点を記しておきますね。

① 第1問の〈評論文〉・第2問の〈小説〉・第3問の〈実用文〉のすべてで〈複数テクスト〉が出題される。

② 〈複数テクスト〉の問題は複雑で時間もかかるので、徹底した対策が必要。

③ 〈複数テクスト〉の問題は、「共通テーマ」に着目することが重要になる。

④ 〈複数テクスト〉の配置は、すべての設問の前に複数のテクストがまとめて置かれているパターンと、特定の設問の部分に新しいテクストが置かれているパターンがある。

では、**共通テスト**の現代文で満点をとることを目指して、**第1章　§1**から、一歩一歩進んでいきましょう！

これで**共通テスト**の概要はわかったと思います。では早速問題を解いてみましょう！

第1章 評論文　ゼロからピークへ

§1 単数テクストの例題

まず、**共通テスト**で出題される〈**評論文**〉がどんな文章なのか、特徴を押さえておきましょう。〈**評論文**〉の特徴は三つあります。前もって頭に入れておいて、その三つにマトをしぼって勉強すれば、効率的に学習できますよ。ボードに書いておきますね。

《評論文の特徴》

① 難しくて抽象的な言葉＝「評論重要語」が使われている

② 理屈＝「論理」で話を展開する

③ 言いたいこと＝「主張」が必ずある

評論重要語・論理・主張をしっかり押さえられる力がつけば、**共通テスト**はもちろん、大学入試で出題されるすべての〈**評論文**〉は攻略できます。

うーん。でも、具体的にはどんな風に勉強していったらいいんですか？　**論理**とか、なんか苦手っぽいんですけど。

そうですね。「屁理屈《へりくつ》」とか「理屈っぽい」とか「論理癖」とか、理屈や論理にはちょっとネガティブな印象がありますよね。日常の生活では、理屈とか論理よりも、習慣とか感覚の方が大事な場面も多いですから。

でも、**《評論文》**を読むときには、どうしても論理が必要なんです。**《評論文》**の「論」は、論理によって主張を述べるという意味です。だから論理は避けて通れません、残念ながら……。

では、もうちょっと具体的に勉強の仕方を説明しますね。まず、**①評論重要語**。これは覚えていくしかありません。**《評論文》**を読んで、**難しくてわからない言葉は辞書を引いて確認する**クセをつけましょう。それと、**評論重要語を集めた参考書**がいろいろ出ていますから、自分に合ったものを見つけて、繰り返し読んで身につけていきたいですね。

「主観」とか「客観」とか「逆説」とか、そういう言葉ですよね？　でも、いくつくらい覚えたらいいんですか？　英語みたいに2000とか3000とかあったら厳しいなあ……。

まあ、**《評論文》**は日本語ですからね。英語みたいに一から学ぶ言葉ではないので、知っている言葉もたくさん使われていますよ。だから、覚えなければいけない数は英語よりもずっと少なくてすみます。

参考書に載っている言葉を全部覚えようとして、中途半端になるのが一番困ります。それよりも、最初はあんまり欲張らず、**最重要の100語くらいの意味を徹底的に覚えましょう**。それができたら次の100語、という風にやっていくのがオススメです。**全体で300語くらい身につけば、大学入試にはきちんと対応できます。**

わかりました！　そのやり方ならできそうです。やってみます。だけど、②の**論理**はどうしたらいいんですか？　**論理**も覚えるんですか？　そもそも**論理**って、いくつあるんですか？

論理は暗記するものではなくて、頭の働かせ方です。いくつあるか？　というのはいい質問ですね。どうしていい質問なのかといえば、この中に「**有限化**」につながる視点が入っているからです。

「**有限化**」って難しい言葉を使ったけど、簡単に言えば、「これだけ勉強したら合格する」という範囲を見極めることです。受験勉強は時間が限られているので、ある科目をとことんがんばって満点がとれるようになっても、他科目に回す時間がなくなってしまえば、トータルでは点数が伸びないことになってしまいます。それを避けるためには、ともかく「**この科目ではこれだけ！」という範囲を最初に設定して、その範囲だけを徹底的にマスターすることが大事**です。

だから、**論理**の勉強も「**有限化**」しておきましょう。大学入試の〈**評論文**〉で読めなくてはならない論理は、二つです。

えっ!?　たった二つですか？

その二つの**論理**をボードに書いておきますね。

因果：AだからB
対比：Aに対してB

因果と**対比**は、**〈評論文〉**の本文でもよく使われますし、それ以上に大事なのは、出題されやすいということです。「なぜか」とか「どうしてか」という問題を見たことがあるでしょう？ **〈評論文〉**の基本は、**「傍線部はどういうことか」**というタイプの**内容説明問題**と、**「傍線部はなぜか」**というタイプの**理由説明問題**なんです。

理由説明問題は、ボードで言えば「AだからB」のBに傍線を引いて、本文中からAを探させる問題なんですよ。

対比の方は、「Aに対してB」のAとB両方に傍線を引いて、両者の違いを問う問題がすぐに作れます。問題作成者からしたら、すごく使い勝手のいい論理なんですね。だから絶対に押さえておかなければならないんです。

なるほど！ **因果と対比**ですね。二つだけならなんとかなりそうです。
因果と**対比**を見抜くときの、コツというか、目印はありますか？

そうですね。ちょっとボードに書いておきましょうか。

因果

①「だから」「したがって」など、順接の接続表現

②「なぜなら」「から／ので」など、理由を述べる表現

③「こうして」「このようにして」「要するに」「つまり」など、前をまとめる表現

対比

①「〜に対して」「〜とは対照的に」「〜とは異なって」など、対比を導く表現

②「日本に対して西洋」など、空間の対比

③「近代に対して前近代」など、時間の対比

④「常識に対して筆者の意見」など、意見の対比

簡単に説明しておきましょう。**因果**の①「**順接の接続表現**」はわかりやすいですね。「AだからB」そのままの形です。②「**理由を述べる表現**」は、「なぜなら」という原因・理由を導く表現や、文末の原因・理由を表す表現「から／ので」に着目するというものです。それより少し大きな文脈で因果をとらえる目印に、③「**前をまとめる表現**」で挙げたような、今まで論じてきたことをまとめて結論を言うときの表現があります。これらに着目するのが基本ですが、こうした語を目印にしさえすれば、因果関係が必ず押さえられるというわけではないことに注意してください。本文のほとんど全部の段落を原因・理由として、最後に主張が言われているといった場合も多いです。あくまでこの①〜③は因果関係を見抜く主な目印であって、それ以外の形で因果関係が作られて

いることもあると頭に入れておいてください。

次に、**対比**にいきましょう。**対比**の方が**因果**よりもわかりやすいです。①「**対比を導く表現**」は見つけやすい目印ですね。②〜④の「**空間の対比**」「**時間の対比**」「**意見の対比**」は、**対比**のよくあるパターンです。たとえば、冒頭の書き出しが「日本の文化は」となっていたら、「西洋の文化と対比してくるんじゃないか」と考えながら読むのです。もちろん必ず**対比**があるわけではありませんが、準備をしておくことが素早く的確な読解のためには有効です。同じように、「かつては」ときたら「現在がくるんじゃないか」、「常識では」ときたら「筆者の意見がくるんじゃないか」と考えながら読み進めましょう。

わかりました。
じゃあ、《**評論文の特徴**》（18ページ）にある③の**主張**は？　これも「**有限化**」できるんですか？

もちろんです。**主張**に関しては、二つのことを頭に入れておいてください。一つ目は、「**一つの問題文に主張は一つしかない**」ということ。入試現代文のような字数の限られた文章では、二つも三つも**主張**を展開することはできません。言いたいことを一つ書くだけで終わってしまいます。逆に言えば、一つきりしかない**主張**が読めなかったら、その**評論文**はまったく読めなかったことになります。多くの場合、**主張**は本文の最後にありますが、時には冒頭にあったり、中盤にあったりもします。その**主張**を、大ざっぱでもいいですからつかむトレーニングをしていきましょう。

二つ目は、「**主張は何らかの形で常識に反している**」ということです。みんなが知っている常識だったら、わざわざ〈**評論文**〉なんて書く意味がないですからね。だから、先ほどの論理の話とからめて言うと、〈**評論文**〉

では「A　みんながなんとなく信じている常識」に対して「B　私（筆者）独自の主張」をぶつけるという**対比**がとても多いんです。

わかりました。ここまで「**有限化**」できるんだったら、なんだか私にもやれそうな気がしてきました！　早く問題を解いてみたいです！

その意気です！　ただし、いきなり**共通テスト**レベルの問題を解くのはオススメできません。まずは**〈複数テクスト〉**ではなく**〈単数テクスト〉**の、本文が短めで設問も易しめの**例題**にいくつか取り組んで、だんだんと**〈評論文〉**に慣れていきましょう。

わかりました！　現代文が苦手で、いままで勉強をあまりしてこなかった私でも、簡単な問題から階段を一段ずつ上っていくのなら、なんとか**共通テスト**レベルの問題にまでたどりつけそうです。

では、まずは**例題1**を解いてみましょう。ゼロから取り組む問題ですから、かなり易しめの問題で、選択肢も三つにしておきますね。

また、各問題に目標タイムを設定してありますが、「**5分▼3分**」となっているのは、**〈最初は5分くらいを目標にして、復習する時は最終的に3分を目標にしよう〉**ということだと考えてください。

例題1

本文解説

▼巻末274ページ

①　着せ替え人形のリカちゃんは、一九六七年の初代から現在の四代目に至るまで、世代を超えて人気のある国民的キャラクターです。その累計出荷数は五千万体を超えるそうですから、まさに世代を越えた国民的アイドルといえるでしょう。しかし、時代の推移とともに、そこには変化も見受けられるようです。かつてのリカちゃんは、子どもたちにとって憧れの生活スタイルを演じてくれるイメージ・キャラクターでした。彼女の父親や母親の職業、兄弟姉妹の有無など、その家庭環境についても発売元のタカラトミーが情報を提供し、設定されたその物語の枠組《わくぐみ》のなかで、子どもたちは「ごっこ遊び」を楽しんだものでした。

②　しかし、平成に入ってからのリカちゃんは、その物語の枠組から徐々に解放され、現在はミニーマウスやポストペットなどの別キャラクターを演じるようにもなっています。自身がキャラクターであるはずのリカちゃんが、まったく別のキャラクターになりきるのです。これは、リカちゃんの捉えら

これなら私にもできそうな気がします！「リカちゃん人形」は、私の母が遊んでいたものが、今でも家に大事にとってあるので、親近感がありますね。

そうですか。まさに「世代を超えて人気のある国民的キャラクター」なんですね。

本文のポイントは、リカちゃんの「変化」です。「変化」は**「対比」**の一種と考えていいですね。こんなふうに整理しましょう。

れ方が変容していることを示しています。

1 かつての「リカちゃん」
・憧れの生活スタイルを演じるキャラクター
・発売元が設定した物語の枠組
↓ 変化
2 平成以降の「リカちゃん」
・まったく別のキャラクターになりきる
・元々の物語の枠組から解放

設問解説

問 傍線部「リカちゃんの捉えられ方が変容している」とはどういうことか。その説明として最も適当なものを、次の①〜③のうちから一つ選べ。

1で紹介されている「かつての『リカちゃん』」が、2で述べられている「平成以降の『リカちゃん』」へと、「捉えられ方が変容している」ということを、きちんと説明している選択肢を選べばいいわけです。

では選択肢を見ていきます。でも、その前に、マークセンス式の問題の選択肢の見方について、基本を押さえておくと、よりいっそう学習効果が上がります。ちょっと寄り道になりますが、絶対に必要な知識なのでしっかり見ておきましょう。

たとえば五者択一、つまり①〜⑤まで五つの選択肢の中から正解を一つ選ぶというタイプの問題を考えてくださいね。まず、問題作成者はどの選択肢から作ると思いますか？

それは①からでしょう？　②から作ったりしたらおかしいじゃないですか。

それは間違いです。どういうことかといえば、問題作成者は「正解」を最初に作るんです。「正解」が作れなかったら、そもそも問題になりようがないですからね。「正解」を作ってから、それをたとえば④に置き、残りの誤答を作っていくんですよ。

そこで大事なことは、マークセンス式の問題では、記述問題とは異なって、**「消去法」を有効に使うことが必要になる**ということです。もちろん、本文の内容から「これが正解だ！」と「積極法」で解くのも重要です。ただ、スピードアップを考えると、五つの選択肢を全部じっくり読んでいくのは効率が悪い。**「論外」の選択肢は、サッと見て切る**、ということができるかどうかがポイントになります。

「積極法」と「消去法」を両方使うんですね？

そのとおり。その際に、覚えておきたいことがあります。ある問題の選択肢をイメージしてください。

①　**論外　全体として×**
②　**対抗馬　一部分が×**
③　**論外　全体として×**
④　**正解　全体が正解だが、本文中の言葉を言い換えてある場合が多い**
⑤　**対抗馬　一部分が×**

何が言いたいかと言えば、「誤答には間違い方のレベルがある」ということです。まず、問題作成者は本文の内容を踏まえて④の「正解」を作ります。でも、本文の内容をそのまま写したら、誰でも正解とわかってしまうので、同じ内容を別の言葉で言い換えるんです。結果的に、「正解」は表面上「誤答」に似てくるんです。

それから、一つか二つの「対抗馬」を作ります。②と⑤は、「正解」に似ています。ただ、ちょっとした部分が間違っているんです。いわゆる、紛らわしい選択肢というやつですね。それ以外の①と③は、全然ダメな「論外」の選択肢です。

なぜこんなことをするかといえば、全部紛らわしい「対抗馬」だったら正解率がすごく低くなるし、全部「論外」だったら逆に高くなりすぎるからです。

つまり、「消去法」は二段階のイメージをもってほしいんです。はじめに、**ナタで素早く「論外」を切り落とす。**残った二つか三つの選択肢は、どれも「正解」っぽい顔をしています。ここでナタをナイフにもち替えて、**じっくり本文と選択肢、選択肢と選択肢を見比べながら、小さなキズをカットして、正解にいたる**というイメージです。

そうか。**ナタで大間違いを切ってから、ナイフで細かい間違いを切る。**こういう感じですね。
でも、間違いって、どういう風に作られるんですか？

いい質問ですね。間違いの作り方は基本的に三つあります。

1　本文と矛盾する
2　本文に書いてない
3　本文に書いてあるが、設問とは関係ない

これらの三つの要素を組み合わせて誤答を作っていくんです。気をつけたいのは、「本文には書いてないけど、これは新聞やテレビが言っている常識だから正しいのでは」と考えたり、「本文に書いてあるから正解だろう」と考えたりすることです。前者は**2**にひっかかり、後者は**3**にひっかかるわけですね。

さて、準備はすみました。

では、実際に選択肢を確認しましょう。

① **発売当初は、全世代に均等に愛されていたリカちゃんが、世代ごとにまったく異なる性格を帯びるようになってきたということ。**

変化前も変化後も間違いです。

② **以前は、上流階級の生活を示すキャラクターだったリカちゃんが、より身近な生活スタイルを感じさせるものになったということ。**

本文に「憧れの生活スタイル」とありますが、「憧れ」＝「上流階級」であることは読み取れません。

③ **かつては、憧れの生活スタイルを提示していたリカちゃんが、まったく別のキャラクターを演じるものへ変化しているということ。**

変化前も変化後も合っています。

なるほど！　①が「論外」、②が「対抗馬」、③が「正解」というかたちで作られているんですね。

それがわかることが大事です。問題文や選択肢がどんなに長く複雑になっても、こうした問題のつくりは変わらないんですよ。今後もそのことをしっかり確かめていきましょう。

では、**例題2**へ階段を一段上ってみましょう。**例題2**は問題文がちょっと難しくなり、選択肢も四つになります。

例題2

本文解説

▼巻末276ページ

1 人間がこの世に生きてゆくためには、いろいろなことをしなくてはならない。自分を取り巻く環境のなかで、うまく生きてゆくためには、環境について多くのことを知り、その仕組みを知らねばならない。このために、自然科学の知が大きい役割を果たす。自然科学の知を得るために、人間は自分を対象から切り離して、客体を観察し、そこに多くの知識を得た。太陽を観察して、それが灼熱《しゃくねつ》の球体であり、われわれの住んでいる地球は自転しつつ、その周りをまわっていることを知った。このような知識により、われわれは太陽の運行を説明できる。

まずは、本文のテーマが出ていますね。人間はより良く生きるために環境についての知を得なくてはなりませんが、その時に**「自然科学」**が役立つということですね。**「科学論」**と呼ばれる、**〈評論文〉**でよく出題されるジャンルです。

線を引いた部分、とっても大事です。**自然科学の知**を得るために、まず人間は、自分を自然から切り離します。これを**「対象化／客体化／客観化」**と言います。そして、自分

② このような自然科学の知は、「自分」を環境から切り離して得たものであるから、誰《だれ》に対しても普遍的に通用する点で、大きい強みを持っている。自然科学の知はどこでも通用する。

の考えや感情をぬきに、太陽などの**「自然＝客体」**を冷静に観察するんですね。

「普遍的」って言葉、どこかで見たことがあるような……。

「普遍」は評論重要語です。**評論重要語チェック**も参照して、確実に理解しておきましょう。**自然科学**は、「自分」だけの考えや感情を入れないで自然を観察して得られた知だから、いつでもどこでも誰にでも通用する**「普遍性」**を持っているんですね。

評論重要語チェック

【普遍的】（②32ページ2行目）……**いつでもどこでも誰にでもあてはまること**。科学論ではよく、「科学は**普遍的**な学問である」などと言われます。たしかに重力の法則は、地球上どこでもあてはまりますよね。**「普遍」**の対義語は**「特殊」**で、〈一部の場合にしかあてはまらない〉ことを指します。たとえば、ご飯をお箸で食べる文化は、東アジアを中心とした一部の地域だけにあてはまる**【特殊】**なものです。「科学に対して文化（あるいは芸術）」という**対比**の文章も多いですよ。

【対象化】（31ページ下段）……「客観化」「客体化」とも言います。**相手から距離を取って／自分を相手から切り離して、冷静に観察すること**を指します。科学の根本には、この**【対象化】**があります。本文でも述べられているように、「自分を対象から切り離して、客体を観察」するのが科学の基本ですから。ただ、**【対象化】**の相手は「自分」であることもあります。「君はいちど自分を**対象化**した方がいいよ」と言われたら、自分の考えに閉じこもらずに、距離を置いて他人の視線で自分を眺めてみなさい、と言われているのです。

設問解説

問　傍線部「このような自然科学の知」とあるが、これはどのようなものか。その説明として最も適当なものを、次の①～④のうちから一つ選べ。

まず、傍線部に「このような」という指示語があることに注意しましょう。指示語は直前の内容を指しています。ここでは[1]の内容ですね。ポイントをまとめておきます。

a　人間は環境／自然のなかで生きる
b　環境や自然を知るために自然科学が有用
c　自然科学の知は、人間を対象から切り離し、自然＝客体を観察して得られる

傍線部の後の[2]にも**自然科学の知**についての説明はつづいていますので、この内容も押さえておきましょう。

ポイントは**「普遍的」**な知だということです。

d　自然科学の知は、どこでも誰にでも通用する「普遍性」を持つ

では、選択肢を吟味してみましょう。

①　周囲の環境を客観的に把握することを通じて、人間がより良く生きられるよう、×外界のすべてを制御できるようになることを目指すもの。

「外界のすべてを制御できるようになることを目指す」とは本文に書かれていません。

② **自然が人間にとって持つ意味を考究するなかで得られた、人類全体で共有できる知識を、人間社会に適用して利益をあげようとするもの。**

自然科学の知を、「利益」のために用いるという説明はありません。

③ **自然とともに生きざるをえない人間が、自然を自らと分離して対象化することを通じて、誰とでも共有できる知識を得ようとするもの。**

「対象化」は「誰に対しても自分を対象から切り離して、客体を観察し」の言い換えです。

「誰とでも共有できる」は「誰に対しても普遍的に通用する」の言い換えです。評論重要語は大事ですね。

④ **人間を環境から切り離して得られた一般的な知を、人間に対して脅威でしかない自然を手なずけるために活用していこうとするもの。**

自然が「人間に対して脅威でしかない」といった決めつけはされていません。

どうでしたか？　なんとか正解できましたか？

はい！　でも、正解の選択肢も、本文の言葉をそのまま用いるんじゃなくて、言い換えているんですね。語彙力が重要だってわかりました。しっかり勉強していきます。

その意気です！　では**例題3**に進みましょう。ここからは、選択肢五つのスタンダードな問題にチャレンジしていきますよ。

例題 3

本文解説

▼巻末278ページ

1 よく知られているように、音楽を「書き記す」という伝統は、中世後期からルネサンスの記譜法の発明に端を発する。それ以前の音楽は、基本的には口頭伝承に依存したものであったわけだが、合理的な記譜法の発明は、そうした音楽を紙の上に書き留めて保つことを可能にしたのである。そして、ルネサンス期に、そうした記譜法が、更に、ひとつひとつの音の高さや長さを合理的に正確に示し得るように改められてゆくにつれて、かつての口頭伝承依存の時代には思いもよらなかったような、非常に複雑な音楽が可能になってくる――口頭伝承依存期の単旋律の聖歌に代わって、個々に独立した動きをもついくつもの声部が同時に組み合わされるような、複雑な対位法的音楽が、芸術音楽の主体となってゆくのである。

2 こうした複雑な音楽は、書き記されない限り伝達し得ないというばかりではなく、その作曲そのものも、「書くこと」に依存してはじめて可能になる。それは、一篇《いっぺん》の長大な小説や論文を執筆する文筆家の創作過程になぞら

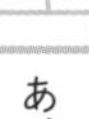

あ、これは例の……。

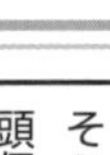

そう。**対比**ですね。「口頭伝承」とは口伝えのことですね。それと、譜面に記す時代の音楽との違いを述べている部分が**対比**になっています。では、**対比**を整理しましょう。

口頭伝承依存期
口伝えで音楽を伝える
単純な音楽　単旋律
⇔
記譜法発明以後
紙に音楽を合理的に記す

えてみればわかりやすいかもしれない。つまり、文筆家は、頭の中で自分の作品を完成してからそれを機械的に文字として書きつけてゆくわけではなく、書きながら考え、推敲《すいこう》を重ねることによって、徐々に自らの作品を実現してゆく。その意味では、「書くこと」なしには、考えを進めることもできず、したがって、その創作過程は、「書くこと」に依存している、と言えるだろう。このことは、音符を紙に書きつけて作曲してゆく作曲家の創作過程にも当てはまる。すなわち、音楽が紙に書き記されるようになって以来、作曲という創作行為をも含めた意味で、音楽は「筆記」に依存するようになったのである。そして、筆記によって、作曲家は、音楽の細部から全体構造までにわたって入念な制御を行って、ひとつのまとまりのある音楽作品を仕上げることができる。

複雑な音楽　対位法的音楽

ここでは、**記譜法**によって複雑な音楽が伝達できるようになっただけでなく、そうした音楽を作曲することも可能になったことを述べています。なぜでしょうか。ここでは、**「対比」**とならぶ論理のもう一方の軸である**「因果」**をしっかり読んでいきましょう。

作曲家は譜面に音符を書き記しながら考え、推敲を重ねることで、はじめて複雑な作品を仕上げられる

↑ **だから**

作曲家は書くことなしには複雑な創作はできない

評論重要語チェック

【ルネサンス】（①36ページ2行目）……14世紀から16世紀にかけて、ヨーロッパで展開した学問・芸術の革新運動を指します。中世の教会中心の世界観から離れ、ギリシャ・ローマの古典文化を再生し（ルネサンスは「再生」という意味です）、人間性の解放や個性の尊重を主張しました。近代という新たな時代を準備したと言われます。「近代」については**例題4**の**評論重要語チェック**を見てください。

設問解説

問 傍線部「非常に複雑な音楽が可能になってくる」とあるが、それはなぜか。その説明として最も適当なものを、次の①～⑤のうちから一つ選べ。

「なぜか／どうしてか」という問題が**評論文**では多く出題されますが、これは本文中の**「因果関係」**を理解しているかどうかを確かめる問題ととらえることができますね。さっき整理した**「因果」**のボードを見ながら、選択肢を吟味しましょう。

① **紙に楽譜を書くことで、頭の中で自分が考えたことを可視化することができ、それによって作曲家は自らの内面的感情という複雑なものを表現できるようになるから。**

本文中の「複雑さ」はあくまで音の複雑さで、「内面的感情」とは関係ありません。

② **紙に楽譜を書くことで、一つ一つの音がしっかりと固定化され、それまでは曖昧な記憶に頼りがちだった音楽を、×正確に演奏することができるようになるから。**

「音楽を、正確に演奏」することではなく「複雑な音楽を作曲」することが問題でした。

③ **紙に楽譜を書くことで、作曲家は自分の創作過程を確認することができるようになり、音の長さや高さを細かく検討しながら、様々な旋律を組み合わせられるようになるから。**

前半は2段落、中盤は1・2段落、後半は1段落の内容に対応しています。

④ **紙に楽譜を書くことで、統一化された作品世界を想像することができるようになり、×一見無秩序で流動的な音楽を、より秩序だったものへ近づけられるようになるから。**

本文では〈単純な音楽から複雑な音楽へ〉、と説明されています。

⑤ **紙に楽譜を書くことで、×作品は作曲家個人の手を離れ、個々の指揮者や演奏者たちがそれぞれに独自の解釈を加えて、多様で入り組んだ演奏ができるようになるから。**

全体的に、本文からかけ離れた、たんなる「自由作文」です。

なんだか、コツがつかめてきた気がします。

良かった。でも、油断は禁物ですよ。**例題4**はこれまでより難しい、単数テクストの**例題**の仕上げになる問題ですから、集中してのぞんでくださいね。

例題 4

本文解説

▼巻末280ページ

1 ヨーロッパにおいては、日記の発達は商人のつける会計簿に一つの起源があるようだ。言いかえれば、自己の内面を日記に綴《つづ》るということは、自己を一種の財と見なして蓄積することであり、それは一方で資本主義、他方で個人主義という、ともに近代ヨーロッパの根幹をなすとも言うべき考え方の成長をまってはじめて現実のものとなった。収集がただの趣味以上のものとして広く行われるようになるのも、おそらくはブルジョワ社会においてのことであって、Aここでも同じ原理が作動しているはずである。ただし、財の蓄積、保存とは言っても、収集や蓄財の場合に対象となるのはいつでも他の財と交換が可能な財であり（たとえば貯《た》めたお金で家を購入する）、したがってこの保存はまだ目的のための手段という性格を多少とも残しているのにたいして、日記に記される自己の他のものに変わりうる余地はほとんどない。それゆえにこそ、日記においては手段の自己目的化が蓄財や収集にもましていっそう激しく進行するのだが。

たしかに難しそうだ……。

大丈夫です。焦らずに文脈を追っていきましょう。

自己の内面を綴る日記＝自己を財と見なして蓄積すること
→
資本主義と個人主義＝近代ヨーロッパの根幹をなす考え方

右のボードのように押さえられればいいわけです。「ブルジョワ社会」は、〈自

2 おそらくは、堅実な（つまり一定の目標をもった）資本家がやがて金をためることだけが目的の守銭奴に堕し、また博物学的興味から何かの収集をはじめたはずの収集家がいつのまにか集めることそれ自体に情熱を傾けるにいたるのと同じ過程でもって、向上のための自己の記録が、自己というものに執着し沈潜する日記に転じたのだった。この自己目的化あるいは自己疎外は、やはり逸脱、倒錯そして結局のところ病としか呼びえないものだろうか。そうではあるにせよ、しかし注目しなければならないのは、Bこうした逸脱が実は近代社会に内在する性格の縮図にもなっているという点である。たとえば美術館、博物館また古文書館など、その制度化と公開が近代以前の社会では考えられなかったのを思い出すならば、われわれの社会においては、個人のレヴェルで収集癖や日記の習慣が定着するとともに、全体としても、単純な消費の対象とはならない知識や財を記録し保存し、要するに永遠化することに多大のエネルギーが投じられているのがわかる。

由で平等な市民たちが作る社会〉という意味です。

お金を貯めたりすることと、日記は似ているわけですが、でもお金は何かを買うための手段として貯める面があるのに対して、日記は他のもののためにつけるのではなく、「自己目的化」しやすいと言っています。

うわ、ここ難解……。でも、自分に徹底的にこだわる自己目的化した日記が、「近代社会」の「縮図」になっている、というところがポイントなんですね。

そのとおりです。まとめてみましょう。

お金を貯めることが自己目的化した守銭奴
何かを集めることが自己目的化した収集家
自己に執着することが自己目的化した日記の書き手
＝ 近代社会の縮図
知識や財を記録し、保存し、永遠化する美術館や博物館

「近代社会」以前には、芸術を集めることそれ自体が目的になった美術館なんてものは存在しなかったんですか？

そうなんです。王様や貴族が、自分の好みで作品を集めることはあっても、作品を収集すること自体が目的ではなかったんですよね。

それで、**「近代社会に内在する性格の縮図」**と言っているんですね。

評論重要語チェック

【近代】（1 40ページ4行目）……時代区分の一つで、古代、中世に次ぐ時代です。西洋ではおよそ十五・十六世紀以降、日本では明治維新以降と覚えておきましょう。**近代**は、**評論文**では非常によくとりあげられます。この時代の特徴をしっかり覚えておきましょう。

① 身分制社会が壊れ、個人主義的な生き方・考え方が普及した
② 農業中心の社会から、工業・商業中心の産業化社会となり、資本主義が発達した
③ 世界をとらえる説明原理が宗教から科学へと変わった

この三点を押さえておきましょう。「**『前近代』**に対して**『近代』**」という**対比**の文章も多いですよ。

【ブルジョワ社会】（1 40ページ6行目）……近代になってあらわれた、**〈自由で平等な市民たちが結びついてできた社会〉**のことです。**「市民社会」**とも言われます。それ以前の**「共同体社会**（血縁や地縁を中心とした社会）」や、「**封建社会**（領主が領民を支配する社会）」との**対比**で論じられることがあります。

また、**「ブルジョワ」**という言葉には、**〈お金を持った資本家〉**というニュアンスが込められることもあります。その場合に**「ブルジョワ」**と**対比**されるのは**「プロレタリア（労働者）」**です。

【疎外】（2 41ページ5行目）……二つの意味があります。

①排除される／のけものにされる。「クラスから疎外される」などの使い方があります。
②本来のありかたを失う。たとえば「現代社会は人間疎外の社会である」と言われる場合は②の意味です。人間は本来自由な存在なのに、現代社会は人間を不自由なありかたに追いやっている面があることを、**「人間疎外」**という言葉はあらわしているのです。

設問解説

問1

問1　傍線部A「ここでも同じ原理が作動している」とはどういうことか。その説明として最も適当なものを、次の①～⑤のうちから一つ選べ。

傍線部に指示語がありますね。「ここ」が指しているのは、直前の**「収集」**という活動です**（a）**。ただ、気をつけてください。「ここでも」と言われているのですから、**「収集」**は他の活動と並べて論じられているのですね。その他の活動が**「自己の内面を日記に綴る」**ということだ**（b）**と読み取れたでしょうか。では、次に「同じ原理」について考えてみましょう。そうですね、**「資本主義」や「個人主義」といった考え方の成長によってあらわれた、「自己を一種の財と見なして蓄積する」**という**「原理」**のこと**（c）**ですね。こういう「自己」へのこだわりは「個人主義」が浸透しなければなかったでしょうし、「財と見なして蓄積する」というのも、お金もうけを重視する「資本主義」ぬきにはありえない態度でしょう。こうした**「原理」（c）**が、**「収集」（a）**とともに**「日記」（b）**においても作動していると言っているのです。

では、選択肢を見てみましょう。

① 近代ヨーロッパにおいて蓄財の精神が働いているのと同じように、ブルジョワ社会においても、財の蓄積を尊ぶ資本主義の原理が働いているということ。

そもそも、「近代ヨーロッパ」と「ブルジョワ社会」は同じものです。a・bについての記述もまったくありません。

② 自己の内面を日記に綴る営みの背景に資本主義と個人主義の成長という原理が見られるように、趣味の域を超えた収集活動の広がりにもそのような背景があるということ。

前半はb、中盤はc、後半はaに対応します。

③ 収集はただの趣味以上のものであるが、収集活動と趣味活動の双方に、ブルジョワ社会を支える資本主義と個人主義の原理が働いているということ。

a・cはありますが、肝心のbがありません。こういう不十分な説明も不正解になります。正解の②と見比べてください。

④ 資本主義と個人主義という二つの原理が近代ヨーロッパの基本的な精神を形成したように、その二つの原理が同じようにブルジョワ社会を形成したということ。

傍線部は「原理」(c)が「ブルジョワ社会」を形成したことを指摘しているのではなく、それが「収集」(a)と「日記」(b)において働いていることを言っています。

⑤ 日記の発達の起源に財の蓄積という商業活動の原理があったように、収集活動が趣味以上のものとなっていくのも商業活動のためであるということ。

こうした内容は本文では述べられていません。

次に、**問2**に進みましょう。

問2

問2　傍線部B「こうした逸脱が実は近代社会に内在する性格の縮図にもなっている」とあるが、それはどういうことか。その説明として最も適当なものを、次の①〜⑤のうちから一つ選べ。

ここでも傍線部に「こうした逸脱」という指示表現が含まれていることに注意しましょう。「こうした逸脱」とは、直前の「この自己目的化あるいは自己疎外は、やはり**逸脱**、倒錯そして結局のところ病としか呼びえないものだろうか」とあることからわかるように、**「この自己目的化あるいは自己疎外」**を指しています。**「疎外」**については、**評論重要語チェック**を見てしっかり覚えておきましょう。

では、**「この自己目的化」**とはどういうことでしょうか。これも直前の「堅実な（つまり一定の目標をもった）資本家がやがて金をためることだけが目的の守銭奴に堕し、また博物学的興味から何かの収集をはじめたはずの収集家がいつのまにか集めることそれ自体に情熱を傾けるにいたるのと同じ過程でもって、向上のための自己の記録が、自己というものに執着し沈潜する日記に転じた」という事態を指しています。図でまとめてみましょう。

目標をもった資本家→金をためることだけが目的の守銭奴になる
＝
博物学的興味をもつ収集家→集めることそれ自体に情熱を傾けるようになる
＝
向上のために日記をつける者→自己に執着し沈潜するだけの日記を書くようになる

こうしたことが、**「近代社会に内在する性格の縮図にもなっている」**とはどういうことでしょうか。傍線部の直後には、具体例として「美術館、博物館また古文書館」が挙げられ、これらは近代以前の社会ではありえなかったものだと言われています。つまり**「美術館、博物館また古文書館」は、近代社会特有のもの**なのです。これらは、本文の説明によれば「単純な消費の対象とはならない知識や財を記録し保存し、要するに永遠化することに多大のエネルギーが投じられている」ものなのです。こうした**「近代社会の性格」**が、ボードにまとめた「守銭奴」や「収集が自己目的化した収集家」、そして「自己にのみ執着する日記の書き手」にも、**「縮図」**のように表れているのです。そう筆者は言っているのです。

では、選択肢を見てみましょう。

① **日記が、自己の向上のための記録から、自己目的化した日記へと転じたことと、近代社会において美術館や博物館など事物の収集それ自体に多大なエネルギーを傾ける設備が成立したこととは、同じ精神にもとづいているということ。**

「自己目的化した日記」が「美術館や博物館」をもたらした近代社会の傾向の「縮図」になっているということがきちんと説明されています。

② **近代社会において、個人のレヴェルでの収集や自己の記録である日記が定着し、趣味以上のものとして普及したのと同様に、美術館や博物館・古文書館が制度化され、収集されたものが広く一般に公開されるようになったということ。**

収集物が一般公開されるかどうかは、ここでは関係ありません。

③ **一定の目標を定めて金銭を蓄積していた資本家が、金を貯めることだけが目的の守銭奴と化したように、日記を書くことで日々の反省をしていた日記の書き手も、自己の向上それ自体に深くこだわるようになったということ。**

この選択肢は要注意です。本文に書かれていることを忠実になぞっているからです。しかし、この選択肢は「こうした逸脱」の内容を書いているだけで、傍線部後半の「近代社会に内在する性格の縮図」の説明はいっさいしていないのです。本文の説明をなぞっていても、傍線部の説明になっていない選択肢は間違いです。

④ **近代の資本主義社会で、個人が消費の対象にならない知識や財を記録・蓄積し、保存するようになったのは、美術館や博物館・古文書館の制度化や整備による影響から生じたことで、両者には共通の価値観が見られるということ。**

この選択肢にも気をつけてください。「個人が〜保存する」は本文に即していますが、それが「美術館や博物館・古文書館の制度化や整備による影響から生じた」とは本文に述べられていません。じつは、本文にはない因果関係や影響関係を書きこんで誤答を作ることは、よくあります。覚えておいてください。

⑤ **自己の記録に拘泥する日記が、個人主義に根ざした病を反映する一方で自己の蓄積と再生を目的とするように、近代以前の社会では考えられなかった美術館や博物館などの公開も、知識の保存と更新を**

目指しているということ。
「保存」はそのとおりですが、「再生」や「更新」は本文にない内容です。

どうでしたか？

難しかったけど、なんとか正解できました。**問2**の③とか④はずいぶん迷ったんですけど、こういった誤答はよくあるんですか？

受験生を迷わせるために、③のように**〈全部本文に書いてある内容だけれど、設問の答えになっていない〉**とか、④のように**〈本文にはない因果関係や影響関係を書きこむ〉**という誤答はよく見ますよ。その手にはのらないぞ、という心構えで、しっかりこのパターンに注意してくださいね。

では、いよいよ**§2　複数テクスト**の**例題5**に挑みましょう！

うーん、**〈複数テクスト〉**かあ。できるかなあ。

たしかに解法は複雑になりますが、**序章**で述べたように、複数のテクストにまたがる**「共通テーマ」**に着目しつつ、複数の文章から解答の根拠を探していきましょう。もちろん、**ベースになるのは、いままで練習した単数テクストがしっかり読める力と、選択肢を正確に吟味する力**ですよ。

わかりました！　やってみます。

§2 複数テクストの例題

例題5

本文解説

▼巻末283ページ

【文章】

1 「表象」という人工的な記号を成立させていたのは、「万物の霊長」とされた人間の力の絶対性であった。ところが近代になると、この「人間」そのものに根本的な懐疑が突きつけられるようになる。人間は「神経」の作用、「催眠術」の効果、「心霊」の感応によって容易に妖怪を「見てしまう」不安定な存在、「内面」というコントロール不可能な部分を抱えた存在として認識されるようになったのだ。かつて「表象」としてフィクショナルな領域に囲い込まれていた妖怪たちは、今度は「人間」そのものの内部に棲《す》みつくようになったのである。

あ！ 今回も**対比**ですね。まとめてみます。

近代以前……人間の力の絶対性／「表象」というフィクショナルな領域の中の妖怪

⇔

近代……人間の力への懐疑／「人間」そのものの内部に棲みつく妖怪

すばらしい！

2 そして、こうした認識とともに生み出されたのが、「私」という近代に特有の思想であった。謎めいた「内面」を抱え込んでしまったことで、「私」は私にとって「不気味なもの」となり、いっぽうで未知なる可能性を秘めた神秘的な存在となった。妖怪は、まさにこのような「私」を投影した存在としてあらわれるようになるのである。

近代になって、**「人間」**の中に妖怪が棲みつくようになるのと、**「私」**が謎めいた**「内面」**を抱えるようになったことに、関連を見出していますね。不気味なものとしての妖怪は、**「私」**という自分にとって未知な可能性を秘めた存在の投影としてあらわれるようになったと述べています。

近代→「人間」の中に棲みついた妖怪
＝
「私」の内部の未知なる「内面」

【ノート】も読んでいきましょう。

Nさんは、近代の妖怪観の背景に興味をもった。そこで出典の『江戸の妖怪革命』を読み、次の**【ノート】**を作成した。

【ノート】

本文には、近代において「私」が私にとって「不気味なもの」となったということが書かれていた。このことに関係して、本書第四章には、欧米でも日本でも近代になってドッペルゲンガーや自己分裂を主題とした小説が数多く発表されたとあり、芥川龍之介の小説「歯車」（一九二七年発表）の次の一節が例として引用されていた。

第二の僕、――独逸《どいつ》人の所謂《いわゆる》Doppelgaengerは仕合《しあわ》せにも僕自身に見えたことはなかった。しかし亜米《あめ》利加《りか》の映画俳優になったK君の夫人は第二の僕を帝劇の廊下に見かけていた。（僕は突然K君の夫人に「先達《せんだって》はつい御挨拶もしませんで」と言われ、当惑したことを覚えている。）それからもう故人になったある隻脚《かたあし》の翻訳家もやはり銀座のある煙草《たばこ》屋に第二の僕を見かけていた。死はあるいは僕よりも第二の僕に来るのかも知れなかった。

考察　ドッペルゲンガー（Doppelgaenger）とは、ドイツ語で「二重に行く者」、すなわち「分身」の意味であり、もう一人の自分を「見てしまう」怪異のことである。また、「ドッペルゲンガーを見た者は死ぬと言い伝えられている」と説明されていた。

本文に書かれていた「『私』という近代に特有の思想」とは、こうした自己意識を踏まえた指摘だったことがわかった。

「ドッペルゲンガー」は「分身」の意味だと書いてありますね。「ドッペルゲンガーを見た者は死ぬ」なんて、なんだか怖いですね。

たしかに。芥川龍之介は三十五歳で自殺しているんですが、その遺稿となった「歯車」が引用されています。「僕」は自身の「ドッペルゲンガー」を自分では見ていないんですが、「第二の僕」はあちこちに出没し、知人に目撃されている、と不気味なことが書かれています。

評論重要語チェック

【表象】（1 51ページ1行目）……「イメージ」や「シンボル」の類義語です。

【絶対性】（1 51ページ2行目）……対義語の**「相対性」**とペアで覚えるべき言葉です。**「絶対」**は「他とは隔絶しているありよう」を指します。「オンリー・ワン」とイメージしてください。「選択肢が一つしかない」というイメージでもいいです。選択肢が一つしかなければ、比較したり選択したりはできませんね。たとえば「教祖を絶対化する」とは、「教祖の言うことしか受け入れない」という意味になります。逆に**「相対」**は、「複数の他とともにあるありよう」を指します。「ワン・オブ・ゼム」とイメージしてください。「選択肢が複数ある」とイメージしてもいいです。選択肢が二つ三つとあったら、冷静に比較したり合理的に選択したりできますよね。「教祖を相対化する」は、教団外の人の言うことに耳を傾けてみた結果、教祖の言うことがすべて正しいわけではないぞ、と思うようになることです。

【フィクション】（1 51ページ6行目「フィクショナル」）……「つくりごと」のことです。**「虚構」**と訳されます。

対義語は **「ノンフィクション」「現実」「事実」** など。

設問解説

問　空欄［　　］に入る最も適当なものを、次の①～⑤のうちから一つ選べ。

本文では、「私」が自分にとって「不気味なもの」になったということが、妖怪とからめて論じられていました。ノートはそれを受けて、「ドッペルゲンガー」という不気味な「第二の僕」について記した芥川の小説を引用しています。

「共通テーマ」 は、私が知らない不気味な **「私」** ということですね。

そのとおりです。では、空欄にはどのような内容が入るでしょう。直前では「ドッペルゲンガー」という「第二の僕」を見ると死ぬという言い伝えに言及しています。直後の一文は、本文2の「『私』という近代に特有の思想」と、「ドッペルゲンガー」のような不気味な自己意識を関連づけていますね。こうした内容を踏まえた選択肢はどれでしょうか。

①　**「歯車」の僕は、自分の知らないところで別の僕が行動していることを知った。僕はまだ自分でドッペルゲンガーを見たわけではないと安心し、別の僕の行動によって自分が周囲から承認されているのだと悟った。これは、「私」が他人の認識のなかで生かされているという神秘的な存在であることの例にあたる。**

この内容は、本文[2]段落の「『私』という近代に特有の思想」とはかけ離れています。

②　**「歯車」の僕は、自分には心当たりがない場所で別の僕が目撃されていたと知った。僕は自分でドッペルゲンガーを見たわけではないのでひとまずは安心しながらも、もう一人の自分に死が訪れるのではないかと考えていた。これは、「私」が自分自身を統御できない不安定な存在であることの例にあたる。**

前半と中盤が【ノート】の内容に合致します。後半が本文の内容に合致します。

③　**「歯車」の僕は、身に覚えのないうちに、会いたいと思っていた人の前に別の僕が姿を現していたと知った。僕は自分でドッペルゲンガーを見たわけではないが、別の僕が自分に代わって思いをかなえてくれたことに驚いた。これは、「私」が未知なる可能性を秘めた存在であることの例にあたる。**

「第二の僕」が、自分が会いたいと願っていた人の前にあらわれたとは読み取れません。

④　**「歯車」の僕は、自分がいたはずのない場所に別の僕がいたことを知った。僕は自分でドッペルゲンガーを見たわけではないと自分を落ち着かせながらも、自分が分身に乗っ取られるかもしれないという不安を感じた。これは、「私」が「私」という分身にコントロールされてしまう不気味な存在であることの例にあたる。**

「分身」は不気味な存在ですが、乗っ取られるとかコントロールされる怖れを感じているわけではありません。

⑤ **「歯車」の僕は、自分がいるはずのない時と場所で僕を見かけたと言われた。僕は今のところ自分でドッペルゲンガーを見たわけではないので死ぬことはないと安心しているが、×他人にうわさされることに困惑していた。これは、「私」が自分で自分を制御できない部分を抱えた存在であることの例にあたる。**

「他人にうわさされることに困惑」という内容は、本文にありません。

では、いよいよ第1章の最後の**例題6**です。手ごわいですが、いままでやってきたことを踏まえてがんばりましょう。

例題6

本文解説

▼巻末286ページ

この問題には、**リード文**が付けられています。**評論文の複数テクストの問題のリード文**は、複数テクスト間の関係、とりわけ**「共通テーマ」**（11・12ページの**「共通テーマ」**の説明をふり返ってください）についてあらかじめ説明することが多いので、絶対に読みとばしてはいけません。

わかりました！

次の【文章Ⅰ】と【文章Ⅱ】は、ともに建築家ル・コルビュジエの建築物における窓について考察している。どちらの文章にもル・コルビュジエ著『小さな家』からの引用が含まれている。これらを読んで、後の問いに答えよ。

どっちも建築の話なんですね。コルビュジエですか、発音しにくい名前だなあ。【文章Ⅰ】も【文章Ⅱ】も、その人の建築物の「窓」について考察していて、しかも同じ本からの引用があるんですね。

そうです。もうわかりましたね。コルビュジエの建築物の「窓」。これが「共通テーマ」です。ではまず【文章Ⅰ】を読んでみましょう。

【文章Ⅰ】

1 ル・コルビュジエは、ブエノス・アイレスで行った講演のなかで、「建

「窓」についてのコルビュジエの言葉を引用していますね。「窓」は「建築の性

築の歴史を窓の各時代の推移で示してみよう」といい、また窓によって「建築の性格が決定されてきたのです」と述べている。そして、古代ポンペイの出窓、ロマネスクの窓、ゴシックの窓、さらに一九世紀パリの窓から現代の窓のあり方までを歴史的に検討してみせる。そして「窓は採光のためにあり、換気のためではない」とも述べている。

2 実際彼は、両親のための家をレマン湖のほとりに建てている。まず、この家は、塀（壁）で囲まれているのだが、これについてル・コルビュジエは、次のように記述している。

囲い壁の存在理由は、北から東にかけて、さらに部分的に南から西にかけて視界を閉ざすためである。四方八方に蔓延《まんえん》する景色というものは圧倒的で、焦点をかき、長い間にはかえって退屈なものになってしまう。このような状況では、もはや〝私たち〟は風景を〝眺める〟ことができないのではなかろうか。景色を望むには、むしろそれを限定しなければならない。思い切った判断によって選別しなければならないのだ。すなわち、まず壁を建てることによって視界を遮《さえ》ぎり、つぎに連《つら》なる壁面を要所要所取り払い、そこに水平線の広がりを求めるのである。（『小さな家』）

格」を決定するものだということと、「採光のためにあり、換気のためではない」ことが述べられています。

リード文にあった『小さな家』の引用ですね。景色や風景を眺めるためには、四方八方にそれらが広がっていてはダメで、壁によって視界を遮ったうえで、要所要所を「窓」にすることが大事だ、と言っているのでしょうか。

そうだね。筆者はコルビュジエにとって「窓」は、「視覚装置」だったととらえていますね。

3 風景を見る「視覚装置」としての窓（開口部）と壁をいかに構成するかが、ル・コルビュジエにとって課題であったことがわかる。

では、次に**【文章Ⅱ】**を読んでみましょう。

でも、同じテーマについて、同じ本を引用して書いているんだったら、結局同じことを言っているんじゃや？

いやいや、同じことを言っているとはかぎりませんよ。注意深く読んでみましょう。

【文章Ⅱ】

1 一九二〇年代の最後期を飾る初期の古典的作品サヴォア邸は、見事なプロポーションをもつ「横長の窓」を示す。が一方、「横長の窓」を内側から見ると、それは壁をくりぬいた窓であり、その意味は反転する。それは四周を遮る壁体となる。「横長の窓」は、「横長の壁」となって現われる。

2 かれは初期につぎのようにいう。「住宅は沈思黙考の場である」。あるいは「人間には自らを消耗する〈仕事の時間〉があり、自らをひき上げて、心の琴線に耳を傾ける〈瞑想《めいそう》の時間〉とがある」。

「横長の窓」が内側から見ると「横長の壁」となるって、なんだかわかりにくいです。

たしかにね。家の中にいる人間にとって、**「窓」**は「壁」と同様に、外部から内部を隔てるものだということだろうね。そうした家の中が「沈思黙考の場」であり、家の外の〈仕事の時間〉と異なる、〈瞑想

③ かれは『小さな家』において「風景」を語る：

「ここに見られる囲い壁の存在理由は、北から東にかけて、さらに部分的に南から西にかけて視界を閉ざすためである。四方八方に蔓延する景色というものは圧倒的で、焦点をかき、長い間にはかえって退屈なものになってしまう。このような状況では、もはや〝私たち〟は風景を〝眺める〟ことができないのではなかろうか。景色を望むには、むしろそれを限定しなければならない。（中略）北側の壁と、そして東側と南側の壁とが〝囲われた庭〟を形成すること、これがここでの方針である」。

④ ここに語られる「風景」は動かぬ視点をもっている。かれが多くを語った「動く視点」にたいするこの「動かぬ視点」は風景を切り取る。視点と風景は、一つの壁によって隔てられ、そしてつながれる。風景は一点から見られ、眺められる。壁がもつ意味は、風景の観照の空間的構造化である。

の時間〉を可能にしてくれるんですね。

あっ！【文章Ⅰ】と引用のしかたが違っていますね。えーと、【文章Ⅰ】と【文章Ⅱ】の違いは……。

【文章Ⅰ】すなわち、まず壁を建てることによって視界を遮ぎり、つぎに連らなる壁面を要所要所取り払い、そこに水平線の広がりを求めるのである

⇔

【文章Ⅱ】北側の壁と、そして東側と南側の壁とが〝囲われた庭〟を形成すること、これがここでの方針である

そうですね。【文章Ⅱ】では、「窓」は、囲うものとしての「壁」と密接な関連を持つものとされています。

評論重要語チェック

【観照】（4 61ページ12行目）……**「観照」**は難しい言葉で、次の二つの意味があります。

①物事を冷静に観察して、意味を明らかに知ること。
②美学で、対象の美を直接的に感じとること。美の直観。

本文では、①と②の意味が重ねあわせて用いられていると考えられます。

なお、「かんしょう」という読みを持つ熟語には重要なものが多いので、以下に挙げておきます。

【鑑賞】……芸術作品の美しさや趣を味わうこと。
【観賞】……主に自然物などを見て、その美しさを味わうこと。
【感傷】……物事に感じやすく、すぐ悲しんだり同情したりする心の傾向。また、そうした気持ち。
【干渉】……他人のことに立ち入って、自分の意思に従わせようとすること。

設問解説

問1

では、まず**問1**を解いてみます。

問1 傍線部「壁がもつ意味は、風景の観照の空間的構造化である。」とあるが、これによって住宅はどのような空間になるのか。その説明として最も適当なものを、次の①～⑤のうちから一つ選べ。

【文章Ⅱ】においては、**「窓」**は「壁」の一部ととらえられていました。「それ（横長の窓）は四周を遮る壁体となる。『横長の窓』は、『横長の壁』となって現れる」（1）とありますね。『小さな家』の引用でも、「壁」が四方を囲うことが重要だと言われています（3）。また、2においては囲われた内部は、外部の〈仕事の時間〉と区別された〈瞑想の時間〉を可能にすると書かれていました。設問の「住宅はどのような空間になるのか」という問いに対する答えが、この「〈瞑想の時間〉を可能にする」空間ということになりますね。さらに4には、「壁」の一部としての**「窓」**が、「動かぬ視点」として風景を眺めることを可能にすると言われています。

傍線部の「風景の観照の空間的構造化」は難しい表現ですが、**「壁＝窓」**によって囲われた空間から風景を眺めることが、**「壁＝窓」**の内部の〈瞑想の時間〉を形づくるというようなことを言っているのではないでしょうか。

① **三方を壁で囲われた空間を構成することによって、外光は制限されて一方向からのみ部屋の内部に取り入れられる。このように外部の光を調整する構造により、住宅は仕事を終えた人間の心を癒やす空間になる。**

【文章Ⅱ】において、「外光」は重要な要素ではありません。

② 外界を壁と窓で切り取ることによって、視点は固定されてさまざまな方向から景色を眺める自由が失われる。このように壁と窓が視点を制御する構造により、住宅はおのずと人間が風景と向き合う空間になる。

③ 四周の大部分を壁で囲いながら開口部を設けることによって、固定された視点から風景を眺めることが可能になる。このように視界を制限する構造により、住宅は内部の人間が静かに思索をめぐらす空間になる。

前半で[4]の内容を、そしてそれによって住宅が[2]のような空間になることを的確に指摘しています。

④ 四方に広がる空間を壁で限定することによって、選別された視覚から風景と向き合うことが可能になる。このように一箇所において外界と人間がつながる構造により、住宅は風景を鑑賞するための空間になる。

この説明も、傍線部の表現をなぞっただけで、②と同様、壁によって住宅が〈瞑想の時間〉を可能にする空間になるという内容が説明されていません。傍線部の「観照」と、選択肢の「鑑賞」の違いに注意しましょう。

⑤ 周囲を囲った壁の一部を窓としてくりぬくことによって、外界に対する視野に制約が課せられる。このように壁と窓を設けて内部の人間を瞑想へと誘導する構造により、住宅は自己省察するための空間になる。

住宅が〈瞑想の時間〉の場であるとありますが、「壁と窓」を設けるだけで「瞑想へと誘導する」とは書かれていません。正解の③にあるように、「固定された視点」から「風景」を眺めるということが必要です。

問2 では、**問2**に進みましょう。

問2 次に示すのは、授業で**【文章Ⅰ】【文章Ⅱ】**を読んだ後の、話し合いの様子である。空欄 X に入る発言として最も適当なものを、次の①〜④のうちから一つ選べ。

生徒A――**【文章Ⅰ】**と**【文章Ⅱ】**は、両方ともル・コルビュジエの建築における窓について論じられていたね。
生徒B――**【文章Ⅰ】**にも**【文章Ⅱ】**にも同じル・コルビュジエからの引用文があったけれど、少し違っていたよ。
生徒C――よく読み比べると、 X 。
生徒B――そうか、同じ文献でもどのように引用するかによって随分印象が変わるんだね。

共通テストでは、こうした「話し合い」の場面を設定し、その中の空欄に適当な語句や文章を補充する問題が多く出題されています。こうした形式にもしっかり慣れておく必要があります。

さて、空欄 X が置かれた文脈を確かめてみましょう。生徒Bが、**【文章Ⅰ】【文章Ⅱ】**におけるコルビュジエの『小さな家』の引用に触れ、二つの文章においてその引用が「少し違っていたよ」と述べています。また、空欄の後でも生徒Bは「同じ文献でもどのように引用するかによって随分印象が変わるんだね」と述べています。

生徒Cによる空欄 X を含む発言を見ても、「よく読み比べると、X 」となっているのに注意しましょう。つまり空欄 X には、【文章Ⅰ】【文章Ⅱ】における『小さな家』の引用の違いに触れた内容を補えばいいことになります。

先に【本文解説】で確認した両者の違いをもう一度見てみましょう。

【文章Ⅰ】すなわち、まず壁を建てることによって視界を遮ぎり、つぎに連らなる壁面を要所要所取り払い、そこに水平線の広がりを求めるのである

⇔

【文章Ⅱ】北側の壁と、そして東側と南側の壁とが〝囲われた庭〟を形成すること、これがここでの方針である

【文章Ⅰ】では、「壁」によって視界を制限したうえで、そこに「窓」を開けて「水平線の広がりを求める」という部分を引用しています。【文章Ⅱ】では、この部分を（中略）としたうえで、「壁」が「〝囲われた庭〟を形成すること」という部分を引用しています。これを踏まえて選択肢を吟味しましょう。

① **【文章Ⅰ】の引用文は、壁による閉塞とそこから開放される視界についての内容だけど、【文章Ⅱ】の引用文では、壁の圧迫感について記された部分が省略されて、三方を囲んで形成される壁の話に接続されている**

×「壁の圧迫感」について記された部分は【文章Ⅰ】の引用文中にありません。

② **【文章Ⅰ】の引用文は、視界を遮る壁とその壁に設けられた窓の機能についての内容だけど、【文章Ⅱ】の引用文では、壁の機能が中心に述べられていて、その壁によってどの方角を遮るかが重要視されている**

【文章Ⅱ】では、「壁」が「〝囲われた庭〟を形成する」ことが重要で、方角は重要ではありません。

③ **【文章Ⅰ】の引用文は、壁の外に広がる圧倒的な景色とそれを限定する窓の役割についての内容だけど、【文章Ⅱ】の引用文では、主に外部を遮る壁の機能について説明されていて、窓の機能には触れられていない**

【文章Ⅱ】においても、「景色を望むには、むしろそれを限定しなければならない」と述べられており、「壁」だけで「窓」については触れられていないという説明はおかしいです。

④ **【文章Ⅰ】の引用文は、周囲を囲う壁とそこに開けられた窓の効果についての内容だけど、【文章Ⅱ】の引用文では、壁に窓を設けることの意図が省略されて、視界を遮って壁で囲う効果が強調されている**

【文章Ⅰ】・【文章Ⅱ】の説明がともに正しく、両者の違いを的確に指摘しています。よって正解です。

複数テクストになると、いろいろな文章を読み比べなければいけないので、時間がかかりますね。

そうですね。でも、きちんと**単数テクスト**の問題が解けるようになったうえで、**複数テクスト**の問題の練習を積んでいけば、目の動かし方にもだんだんと慣れて、解くスピードも上がってきます。

はい！　一段一段、階段を上るように、ですね！

§3 実戦問題1　単数テクスト

ではいよいよ実戦問題です。本番は**複数テクスト**になりますが、そこに至る階段の最後のステップとして、**単数テクスト**の**〈評論文〉**とじっくり向き合ってみましょう。本文の読み方や設問の解法などは、これまで練習してきたのと変わりません。§1で説明した読解のポイントを、もう一度思い出してください。

本文を読む際に大事な論理は**「因果」**と**「対比」**の二つ。それと、**〈評論文〉**には必ず筆者の**「主張」**が一つある、ということでしたね。

よく覚えていましたね。では本文を読んでいきましょう。

本文解説

▼巻末291ページ

途中に空行があって、本文全体が四つに分かれています。ですから、そのまとまりごとに読んでいきましょう。

① 僕は普段からあまり一貫した思想とか定見を持たない、いい加減な人間なので、翻訳について考える場合にも、そのときの気分によって二つの対極的な考え方の間を揺れ動くことになる。楽天的な気分のときは、翻訳なんて簡単さ、たいていのものは翻訳できる、と思うのだが、悲観的な気分に落ち

「二つの対極的な考え方」とありますね。つまり、この部分は**「対比」**で読めばいいんですね？

込んだりすると、翻訳なんてものは原理的に不可能なのだ、何かを翻訳できると考えることじたい、言語とか文学の本質を弁《わきま》えていない愚かな人間の迷妄ではないか、といった考えに傾いてしまう。

2 まず楽天的な考え方についてだが、翻訳書が溢《あふ》れかえっている世の中を見渡すだけでいい。現実にはたいていのものが——それこそ、翻訳などとうてい不可能のように思えるフランソワ・ラブレー(注1)からジェイムズ・ジョイス(注2)に至るまで——見事に翻訳されていて、日本語でおおよそのところは読み取れるという現実がある。質についてうるさいことを言いさえしなければ、確かにたいていのものは翻訳されている、という確固とした現実がある。

3 しかし、それは本当に翻訳されていると言えるのだろうか。フランス語でラブレーを読むのと、渡辺一夫(注3)訳でラブレーを読むのとでは——渡辺訳が大変な名訳であることは、言うまでもないが——はたして、同じ体験と言えるのだろうか。いや、そもそもそこで「同じ」などという指標を出すことが間違いなのかも知れない。翻訳とはもともと近似的なものでしかなく、その前提を甘受したうえで始めて成り立つ作業ではないのだろうか。などと考え始めると、やはりどうしても悲観的な翻訳観のほうに向かわざるを得なくなる。

4 しかし、こう考えたらどうだろうか。まったく違った文化的背景の中で、まったく違った言語によって書かれた文学作品を、別の言語に訳して、それ

そのとおりです。ボードにまとめておきましょう。

1 翻訳に関する二つの対極的な考え方

2 楽天的
現実に翻訳はたくさんなされている
↓
たいていのものは翻訳できる

⇔

3 悲観的
翻訳はもともと近似的なものでしかない
↓
翻訳は原理的に不可能

がまがりなりにも理解されるということじたい、よく考えてみると、何か奇跡のようなことではないのか、と。翻訳をするということ、いや翻訳を試みるということは、この奇跡を目指して、奇跡と不可能性の間で揺れ動くことだと思う。もちろん、心の中のどこかで奇跡を信じているような楽天家でなければ、奇跡を目指すことなどできないだろう。「翻訳家という楽天家たち」とは、青山南(注4)さんの名著のタイトルだが、A翻訳家とはみなその意味では楽天家なのだ。

筆者はこの「二つの対極的な考え方」のうち、どちらに肩入れしているか、読み取れますか？

4では、翻訳とはそもそも「奇跡のようなこと」だと言っていますね。そして、その「奇跡と不可能性の間で揺れ動く」なかで、「心の中のどこかで奇跡を信じているような楽天家でなければ、奇跡を目指すことなどできない」と言っているのだから、筆者は**「楽天家」**に肩入れしています。

傍線部A「翻訳家とはみなその意味では楽天家」は、ここまでの内容のまとめですね。では次のパートに進みましょう。

5 もちろん、個別の文章や単語を(ア)タンネンに検討していけば、「翻訳不可能」だと思われるような例はいくらでも挙げられる。例えばある言語文化に固有の慣用句。昔、アメリカの大学に留学していたときに、こんなことを実際に目撃した記憶がある。中年過ぎの英文学者が生まれて始めてアメリカに留学にやって来た。本はよく読めるけれども、会話は苦手、という典型的な日本の外国文学者である。彼は英文科の秘書のところに挨拶に顔を出し、しばらくたどたどしい英語で自己紹介をしていたのだが、最後に辞去する段になって、「よろしくお願いします」と言おうと思って、それが自分の和文英訳力ではどうしても英訳できないことにはたと気づき、秘書の前に突っ立ったまま絶句してしまったのだ。

6 「よろしくお願いします」というのは、日本語としてはごく平凡な慣用句だが、これにぴったり対応するような表現は、少なくとも英語やロシア語には存在しない。もっと具体的に「私はこれからここで、これこれの研究をするつもりだが、そのためにはこういうサーヴィスが必要なので、秘書であるあなたの助力をお願いしたい」といった言い方ならもちろん英語でもあり得るが、具体的な事情もなくごく(イ)バクゼンと「よろしくお願いします」というのは、もしも無理に「直訳」したら非常に奇妙に(ウ)ヒビくはずである。秘書にしても、もしも突然やってきた外国人に藪《やぶ》から棒にそんなことを言われたら、付き合ったこともない男からいきなり「私のことをよろしく好きになってください」と言われたような感覚を覚えるのではないだろうか。

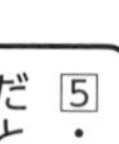

5・6は、「『翻訳不可能』だと思われるような例」が挙げられています。「翻訳不可能」なものが多いということは、翻訳に対する「悲観的な考え方」に有利な気がしますね。筆者は1〜4で「楽天的な考え方」に肩入れしていましたが、ここはどうつながるのでしょうか。

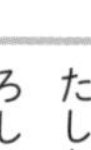

たしかにそうですね。「よろしくお願いします」なんて、日本語では誰もが使う日常的な慣用句が、英語には翻訳できないなんて……。翻訳に対して悲観的になっちゃいそうですね。

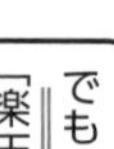

でも、7を見てください。「楽天的な翻訳家」が登場しましたよ。「翻訳不可能」な慣用句を、彼はどう処理するのか。「戦略は大きく分けて、二つある」に着目しましょう。

7 このような意味で訳せない慣用句は、いくらでもある。しかし、日常言語で書かれた小説は、じつはそういった慣用句の塊のようなものだ。それを楽天的な翻訳家はどう処理するのか。戦略は大きく分けて、二つあると思う。

一つは、律儀な学者的翻訳によくあるタイプで、一応「直訳」してから、注をつけるといったやり方。例えば、英語で"Good morning!"という表現が出てきたら、とりあえず「いい朝!」と訳してから、その後に（訳注　英語では朝の挨拶として「いい朝」という表現を用いる。もともとは「あなたにいい朝があることを願う」の意味）といった説明を加え、訳者に学のあるところを示すことになる。しかし、小説などにこの注が(エ)ヒンシュツするとどうも興ざめなもので、最近特にこういったやり方はさすがに日本でも評判が悪い（ちなみに、この種の注は、欧米では古典の学術的な翻訳は別として、現代小説ではまずお目にかからない）。

8 では、どうするか。そこでもう一つの戦略になるわけだが、これは近似的な「言い換え」である。つまり、同じような状況のもとで、日本人ならどう言うのがいちばん自然か、考えるということだ。ここで肝心なのは「自然」ということである。翻訳といえども、日本語である以上は、日本語として自然なものでなければならない。いかにも翻訳調の「生硬」な日本語は、最近では評価されない。むしろ、いかに「こなれた」訳文にするかが、翻訳家の腕の見せ所になる。というわけで、イギリス人が「よい朝」と言うところは、

この二つの「戦略」はそれぞれ違うので、ここでも**「対比」**の構造が出てくるわけですね。まとめておきます。

「楽天的な翻訳家」の二つの戦略

7 律儀な学者的翻訳
まず直訳する
注をつける
→
興ざめするので評判が悪い

⇔

8 近似的な言い換え
同じ状況で日本人がどう言うのが自然か考える
日本語として自然でこなれた訳をつける
→

9 本当に翻訳と言えるのか?

日本人なら当然「おはよう」となるし、恋する男が女に向かって熱烈に浴びせる「私はあなたを愛する」という言葉は、例えば、「あのう、花子さん、月がきれいですね」に化けたりする。

9 僕は最近の一〇代の男女の実際の言葉づかいをよく知らないのだが、英語のI love you.に直接対応するような表現は、日本語ではまだ定着していないのではないだろうか。そういうことは、あまりはっきりと言わないのがやはり日本語的なのであって、本当は言わないことをそれらしく言い換えなければならないのだから、翻訳家はつらい。ともかく、そのように言い換えが上手に行われている訳を世間は「こなれている」として高く評価するのだが、厳密に言ってこれは本当に翻訳なのだろうか。B 翻訳というよりは、これはむしろ翻訳を回避する技術なのかも知れないのだが、まあ、あまり固いことは言わないでおこう。

でも、これじゃ、二つの「戦略」のどっちをとっても文句がつけられてしまうんじゃ？

そうですね。こういう風に、**〈二つの選択肢のどちらをとっても良くない結果が生じる板挟みの状態〉**を、**「ジレンマ」**と言います。「こなれている」翻訳に対して、「厳密に言ってこれは本当に翻訳なのだろうか」と言われているのは、あまりに日本語として自然な翻訳は、他言語からの翻訳というより、そもそも日本語で書かれた文

章になってしまいがちだからですね。この内容が傍線部Bで問われています。

10 あまり褒められたことではないのだが、ここで少し長い自己引用をさせていただく。

11 『屋根の上のバイリンガル』という奇妙なタイトルを冠した、僕の最初の本からだ。一九八八年に出て、あまり売れなかった本だから、知っている読者はほとんどいないだろう。

12 「……まだ物心つくかつかないかという頃読んだ外国文学の翻訳で、娘が父親に『私はあなたを愛しているわ』などと言う箇所があったことを、今でも鮮明に覚えている。子供心にも、ああガイジンというのはさすがに言うことが違うなあ、と妙な感心こそしたものの、決して下手くそな翻訳とは思わなかった。子供にしても純真過ぎたのだろうか、翻訳をするのは偉い先生に決まっているのだから、下手な翻訳、まして誤訳などするわけがない、と思い込んでいたのか。それとも、外国人が日本人でない以上、日本人とは違った風にしゃべるのも当然のこととして受け止めていたのか。今となっては、もう自分でも分からないことだし、まあ、そんな詮索はある意味ではどうでもいいのだが、それから二〇年後の自分が翻訳にたずさわり、そういった表現をいかに自然な日本語に変えるかで（自然というのがここでは虚構に過ぎないにしても）四苦八苦することになるだろうと聞かされたら、あの時

筆者が、自分の過去の著作を引用して、自身の体験を紹介しているパートですね。自分でも認めているように、12は「少し長い自己引用」ですが、ここで言いたいことはなんでしょうか？

幼い頃に読んだ外国文学の翻訳で、娘が父親に「私はあなたを愛しているわ」と言う場面が出てきたわけですね。たとえば英語だとしたら、9にあった「I love you.」という言葉を、娘が父親に言ったんでしょうか。これは英語文化圏だったらあたりまえのことなのかな。でも、日本語で直訳して「私はあなたを愛しているわ」とは、……いやあ、父には絶対そんなこと言わないです！

の少年は一体どんなことを考えただろうか。自分の読んでいる翻訳書がいいものと悪いものに分かれるなどとは夢にも思わず、全てが不分明な薄明のような世界に浸りながら至福の読書体験を送ったかつての少年が後に専門として選んだのはたまたまロシア語とかポーランド語といった『特殊言語』(注5)であったため、当然、翻訳の秘密を手取り足取り教えてくれるようなアンチョコ(注6)に出会うこともなく、始めはまったく手探りで、それこそ『アイ・ラヴ・ユー』に相当するごく単純な表現が出て来るたびに、二時間も三時間も考え込むという日々が続いていたのだった……」

ですよね。つまりこれは、7で言われていた「律儀な学者的翻訳」である「直訳」の例なんですね。二重傍線部を付けた部分は、そうした「直訳」のおかしさを、自然な日本語表現に変えようとして悩むということを言っています。つまりこれは、8で言われた「近似的な言い換え」で苦労するということの例なんですね。

そうか。二つ目のパートで言われていた内容を、筆者自身の体験に重ね合わせたのが三つ目のパートなんですね。

よくそれを見抜きました。では、最後のパートに進みます。

13 大学で現代ロシア文学を翻訳で読むというゼミをやっていたときのこと。ある日、一年生のまだ初々しい女子学生が寄ってきて、こう言った。「センセイ、この翻訳って、とってもこなれてますね。『ぼくはあの娘にぞっこ

あれ？　ここにも二つ目・三つ目のパートと同じ構造が出てきてますね。「律

んなんだ』だなんて。まるでロシア文学じゃないみたい」。それは確か、わが尊敬する先輩で、翻訳のうまいことで定評がある、(注7)浦雅春さんの訳だったと思う、そのときすぐにロシア語の原文を確認したわけではないので、単なる推量で言うのだが、それは人によっては「私は彼女を深く愛しているのである」などと四角四面に訳してもおかしくないような箇所だったのではないかと思う。

14 「ぼくはあの娘にぞっこんなんだ」と(オ)「私は彼女を深く愛しているのである」では、全然違う。話し言葉としてアットウ的に自然なのは前者であって(ただし「ぞっこん」などという言い方じたい、ちょっと古くさいが)、実際の会話で後者のような言い方をする人は日本人ではまずいないだろう。しかし、それでは後者が間違いかと言うと、もちろんそう決めつけるわけにもいかない。ある意味では後者のほうが原文の構造に忠実なだけに正しいとさえ言えるのかも知れないのだから。しかし、C正しいか、正しくないか、ということは、厳密に言えば、そもそも正確な翻訳とは何かという言語哲学の問題に行き着くのであり、普通の読者はもちろん言語哲学について考えるために、翻訳小説を読むわけではない。多少不正確であっても、自然であればその方がいい、というのが一般的な受け止め方ではないか。

15 確かに不自然な訳文は損をする。例えば英語の小説を日本語に訳す場合、原文に英語として非標準的な、要するに変な表現が出てくれば、当然、

儀な学者的翻訳」と「近似的な言い換え」の**対比**が。

またしても、よく見抜きましたね。ボードに書き出してみましょう。

律儀な学者的翻訳
「私は彼女を深く愛しているのである」
日本人ではまずしない言い方
原文に忠実と言える
不自然な訳文は損をする
⇔
近似的な言い換え
「ぼくはあの娘にぞっこんなんだ」
日本語として自然
多少不正確であっても自然である方がいい
変な原文をいい日本語に直してしまう

同じくらい変な日本語に訳すのが「正確」な翻訳だということになるだろう。
しかし、最近の「こなれた訳」に慣れた読者はたいていの場合、その変な日本語を訳者のせいにするから、訳者としては――うまい訳者であればあるほど――自分の腕前を疑われたくないばかりに、変な原文をいい日本語に直してしまう傾向がある。

ここでも、二つ目のパートで見たのと同じ「ジレンマ」がありますね。「律儀な学者的翻訳」をすると、読者に嫌われ損をする。でも、「近似的な言い換え」にだけ力を注ぐと、原文とはかけ離れた、〈日本語の表現〉になってしまう。

つまり、翻訳じゃなくなっちゃうんですね。9で言われていた「これは本当に翻訳なのだろうか」という疑問につながりますね。

すばらしい！　しっかり内容を読み取れましたね。

評論重要語チェック

【楽天的】（1 69ページ3行目）……物事を良い方、明るい方にとらえる態度。**「楽観的」**とも言います。英語の**「オプティミスティック」**という言い方も評論に出てくることがあります。細かいことは気にしない、ポジティブな態度だと言えます。

【悲観的】（①69ページ4行目）……物事を悪い方、暗い方にとらえる態度。英語の**「ペシミスティック」**という言い方も覚えておきましょう。細かいことにくよくよする、ネガティブな態度だと言えます。

【固有】（⑤72ページ2行目）……そのもの自体が本来そなえていること。「固」を「個」と間違えて覚えてしまう人が多いので注意してください。

【虚構】（⑫75ページ16行目）……54ページの【フィクション】の説明を参照してください。

設問解説

問1

問1は漢字の問題ですが、たんに正解を選べるというだけでなく、それぞれの語を書けるようにしておきましょう。その際、**意味も覚えておくことが大切です**。意味を知らない漢字を目にしたら、こまめに辞書を引いて、意味もしっかり覚えていくように心がけてください。

問1　傍線部(ア)〜(オ)に相当する漢字を含むものを、次の各群の①〜⑤のうちから、それぞれ一つずつ選べ。

(ア) 丹念 ① 一旦 ② 鍛錬（練） ③ 丹精 ④ 担架 ⑤ 破綻
(イ) 漠然 ① 麦芽 ② 砂漠 ③ 呪縛 ④ 爆笑 ⑤ 幕末
(ウ) 響く ① 供給 ② 逆境 ③ 協定 ④ 影響 ⑤ 歩道橋
(エ) 頻出 ① 品質 ② 海浜 ③ 頻繁 ④ 来賓 ⑤ 貧弱
(オ) 圧倒 ① 逃避 ② 傾倒 ③ 唐突 ④ 周到 ⑤ 糖分

問 2

では、**問2**を解いてみましょう。

問2 傍線部A「翻訳家とはみなその意味では楽天家なのだ」とあるが、どういうことか。その説明として最も適当なものを、次の①～⑤のうちから一つ選べ。

傍線部の意味を問う問題です。選択肢を見る前に、正解のおおよその内容を自分で考えてみましょう。まず「その意味」の「その」という指示語の内容を考えると、**〈奇跡を信じているという意味〉（a）**ということになります。そしてこの「奇跡」の内容は、4に「まったく違った文化的背景の中で、まったく違った言語によって書かれた文学作品を、別の言語に訳して、それがまがりなりにも理解されるということじたい、よく考えてみると、

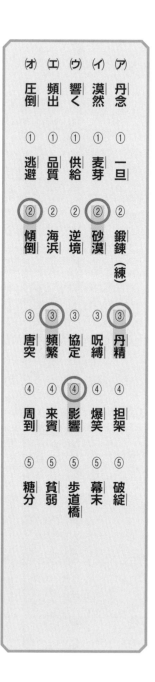

何か奇跡のようなことではないのか」とありました。つまり、**〈まったく異なる文化的背景・言語の作品を翻訳しても理解される〉（b）**ということですね。このa・b二つのポイントにそって選択肢を見ていきます。

① **難しい文学作品を数多く翻訳することによって、いつかは誰でも優れた翻訳家になれると信じているということ。**

全体に本文に書かれていない内容です。特に後半は「信じている」内容がまったく違います。

② **どんな言葉で書かれた文学作品であっても、たいていのものはたやすく翻訳できると信じているということ。**

たしかに「楽天的」ではありますが、「たやすく」と書かれていることからわかるように、「奇跡」の内容がありません。

③ **どんなに翻訳が難しい文学作品でも、質を問わなければおおよそのところは翻訳できると信じているということ。**

これもたしかに「楽天的」ではありますが、bの説明が欠けています。

④ **言語や文化的背景がどれほど異なる文学作品でも、読者に何とか理解される（b）翻訳が可能だと信じている（a）ということ。**

これはa・b二つのポイントを踏まえています。これが正解です。

⑤ **文学作品を原語で読んだとしても翻訳で読んだとしても、ほぼ同じ読書体験が可能だと信じているということ。**

a・bどちらのポイントもなく、まったく傍線部と対応しません。

あらかじめ正解の内容を自分で予測しておくと、選択肢を選ぶのが楽ですね。

問 3

では、**問3**に進みましょう。

> **問3**　傍線部Ｂ「翻訳というよりは、これはむしろ翻訳を回避する技術なのかも知れない」とあるが、筆者がそのように考える理由として最も適当なものを、次の①〜⑤のうちから一つ選べ。

今度は傍線部の理由を問う問題です。やはり「これ」の指す内容から考えるのがベストです。

「これ」は二つの「戦略」のうち、**〈「近似的」に言い換え、「日本語として自然」であることを優先する方法〉（a）**を指します。しかし、もう一方の「直訳」という「戦略」から見れば、**a**はむしろ**〈原文に忠実であろうとすることを放棄しているように見える〉（b）**と言えるでしょう。だから「翻訳を回避する技術」と呼ばれているのです。この二つのポイントを的確に押さえた選択肢を探します。

①
慣用句のような翻訳しにくい表現に対しては、日本語のあいまいさを利用して意味をはっきり確定せずに訳すのが望ましい。だが、それでは原文の意味が伝わらないこともありえ、b 言葉の厳密な意味を伝達するという翻訳本来の役割から離れてしまうから。

後半はbと言えますが、前半は本文にまったく書かれていない内容です。

②
慣用句のような翻訳しにくい表現でも、a 近似的に言い換えることによってこなれた翻訳が可能になる。だが、それは日本語としての自然さを重視するあまり、b よりふさわしい訳文を探し求めることの困難に向き合わずに済ませることになるから。

a・b二つのポイントを踏まえています。後半の「よりふさわしい訳文」というのは〈原文の意味にできるだけ忠実な訳文〉を指していると考えられます。これが正解です。

③
慣用句のような翻訳しにくい表現でも、直訳に注を付す方法や言い換えによって翻訳が可能になる。だが、それでは生硬な表現か近似的な言い方となってしまうため、文化の違いにかかわらず b 忠実に原文を再現するという翻訳の理想から離れたものになるから。

後半はbと言えますが、前半は二つの「戦略」のうちaだけでなくbも書いてしまっており、混乱した内容になっています。もちろん間違いです。

④
慣用句のような翻訳しにくい表現に対して、不自然な表現だとしてもそのまま直訳的に翻訳しておくことで、それが翻訳不可能であることを伝える効果を生む。だが、一方でそのやり方は日本語として自然な翻訳を追求する努力から逃げることになるから。

前半も後半も、「律儀な学者的翻訳」の内容を答えてしまっています。

⑤ **慣用句のような翻訳しにくい表現でも、文学作品の名訳や先輩翻訳者の成功例などを参考にすることで、こなれた翻訳が可能になることもある。だが、それでは適切な言い換え表現を自ら探求するという翻訳家の責務をまぬがれることになるから。**

全体として、〈先達を真似る〉⇕〈自分で考える〉という、本文にはない**対比**がこの選択肢の中心となっています。

問4

次に、**問4**を解きましょう。

問4 傍線部C「正しいか、正しくないか、ということは、厳密に言えば、そもそも正確な翻訳とは何かという言語哲学の問題に行き着く」とあるが、ここから翻訳についての筆者のどのような考え方がうかがえるか。その説明として最も適当なものを次の①〜⑤のうちから一つ選べ。

傍線部付近の文脈はやや複雑ですから、もう一度振り返っておきましょう。

14 「ぼくはあの娘にぞっこんなんだ」と「私は彼女を深く愛しているのである」では、全然違う。話し言葉として(オ)アットウ的に自然なのは前者であって（ただし「ぞっこん」などという言い方じたい、ちょっと古くさいが）、実際の会話で後者のような言い方をする人は日本人ではまずいないだろう。しかし、それでは後者が間違いかと言うと、もちろんそう決めつけるわけにもいかない。ある意味では後者のほうが原文の構造に忠実なだけに正しいとさえ言えるのかも知れないのだから。しかし、正しいか、正しくないか、ということは、厳密に言えば、そもそも正確な翻訳とは何かという言語哲学の問題に行き着くのであり、普通の読者はもちろん言語哲学について考えるために、翻訳小説を読むわけではない。

「ぼくはあの娘にぞっこんなんだ」というのは、「近似的な言い換え」によって自然な日本語を目指す翻訳法です。対する「私は彼女を深く愛しているのである」というのは、「律儀な学者的翻訳」による「直訳」です。後者のように言う日本人はまずいないでしょうが、筆者は「ある意味では後者のほうが原文の構造に忠実なだけに正しいとさえ言えるのかも知れない」とも述べています。

ただし、ある翻訳が「正しいか、正しくないか」と考えることは、「正確な翻訳とは何かという言語哲学の問題」を考えることだとすれば、前者と後者のどちらが正しい翻訳かという問題は、簡単には解決できないということになります。こうした内容を踏まえた選択肢を選びましょう。

①
翻訳の正しさとは、原文の表現が他言語に置き換えられた時に、意味的にも構造的にも一対一で対応すべきという学問的な原則に関わるものである。そのため、このような翻訳家が理想とする厳密な翻訳と、一般の読者が理想とする自然な日本語らしい翻訳とは必然的に相反するものになるという考え方。

一文目の内容がまず間違っています。また、翻訳家が「直訳」型を「理想とする」とは本文に述べられていません。

②
翻訳の正しさとは、原文の表現を他言語に置き換えるとはどういうことか、あるいはどうあるべきか、という原理的な問いに関わるものである。そのため、原文を自然な日本語に訳すべきか、原文の意味や構造に忠実に訳すべきかという翻訳家の向き合う問題は、容易に解決しがたいものになるという考え方。

「容易に解決しがたい」というのが本文の結論でした。前半の「原理的な問い」という部分は、傍線部の「そもそも～問題」という部分の言い換えになっています。これが正解です。

③
翻訳の正しさとは、標準的な原文も非標準的な原文もいかに自然な日本語に見せることができるかという翻訳家の技術の問題に関わるものである。そのため、結果としてなされた翻訳が言語哲学的な定義に則して正確であるかそうでないかは、あまり本質的な問題ではないという考え方。

全体として間違っていますが、とりわけ冒頭の「いかに自然な日本語に見せることができるか」は「正しいか、正しくないか」という問題とは明らかに異なっています。

④
翻訳の正しさとは、結局は原文を近似的な言葉に置き換えることしかできないという翻訳の抱える限界に関わるものである。とはいえ、翻訳家は自然な日本語に訳すことと原文の意味や構造を崩すこと

なく訳すことを両立させ、時代を超えて通用する表現を目指すべきであるという考え方。

一文目のような決めつけは本文ではなされていません。また、先に確認したとおり、筆者は理想の翻訳というものを決定していません。特に「時代を超えて通用する」ものが理想だなどとはどこにも書かれていません。

⑤ **翻訳の正しさとは、原文の意味を自然な日本語で効率的に伝えることと、原文の構造に則して忠実に伝達することという二方向の目的に対する翻訳家の選択に関わるものである。とはいえ、正確であるとはどういうことかは学問的に定義して決定していくべきであるという考え方。**

最後の部分の「正確であるとはどういうことかは学問的に定義して決定していくべきである」という主張は、本文に根拠のない自由作文です。

問5

問5は、少し毛色の変わった問題です。

問5　次に示すのは、本文を読んだ後に、五人の生徒が翻訳の仕事について話し合っている場面である。本文の趣旨と**異なる発言**を、次の①〜⑤のうちから一つ選べ。

読後の感想なんて、どう考えればいいんですか？

心配することはありません。あくまで「本文の趣旨」を考える、いわゆる「趣旨判定」の問題です。ただ、「趣旨と**異なる**」ものを選ぶというところは注意してください。

こういう趣旨判定や内容合致の問題は、問2のような傍線部問題と違って、あらかじめどういう内容が正解になるのか予測できません。したがって、**選択肢の内容と本文とを見比べていくしかありません。**選択肢を順に確認していきましょう。

① **生徒A――私たちは英語の授業などで I love you. は「私はあなたを愛する」と訳すのだと教わったけど、たしかに実際に日本語でそのように言う人はあまりいないよね。筆者は、翻訳先の言語の中に原文とぴったり対応する表現がなくてもそれらしく言い換えなくてはならないことを、翻訳の仕事の難しさだと考えているよ。**

前半、後半ともに[9]の内容に合致しています。

② **生徒B――そうだね、原文をそのまま訳すとどうしても違和感が出てしまう場合があるよね。でも、「あのう、花子さん、月がきれいですね」では、愛を告白するという意図が現代の私たちには伝わらないよ。やはり×筆者がいうように、時代や文化の違いをなるべく意識させずに読者に理解させることが翻訳の仕事の基本なんだろうね。**

×の部分のように言ってしまえば、筆者が「近似的な『言い換え』」を完全に肯定していることになります。本文で筆者は、翻訳の二つの「戦略」のどちらにも軍配をあげていません。したがって、この選択肢は本文の趣旨と異なっており、正解です。

③ **生徒C――筆者は子供の頃、外国の小説で「私はあなたを愛しているわ」と娘が父親に言う場面を読**

んで、翻訳の良し悪しを意識せずにいかにも外国人らしいと感心したけど、翻訳家としての経験を積んだ今ではなぜそんなに感心したのかと思っている。考えてみれば私たちは父親にそんな言い方をしないし、結局そこにも文化の差があるってことかな。

前半は[12]、後半は[4]に合致します。

④ 生徒D——ロシア語からの翻訳の話でいえば「ぼくはあの娘にぞっこんなんだ」は少し古いけど、「私は彼女を深く愛しているのである」と比べたら会話としては自然だね。でも、筆者がいうように後者も正しくないとは言い切れない。こうしたことが起こるのも、ある言葉に対応する表現が別の言語文化の中に必ずあるとは限らないからだね。

全体的に、[14]の内容に合致しています。また、「こうしたことが」以降は[6]の内容にも合致しています。

⑤ 生徒E——でも、普通の読者はそこまで考えないから、自然な印象ならそれでいいってことになる。それで最近の翻訳では、ある言語文化の中で標準的でない表現がわざと用いられている文章まで、こなれた表現に訳す傾向がある。しかし、それではもとの表現がもつ独特のニュアンスが消えてしまう。そこにも筆者の考える翻訳の難しさがあるね。

前半は[14]、後半は[15]と一致します。

問6

最後の**問6**は、二つの小問に分かれています。

問6 この文章の表現と構成について、次の問いに答えよ。

(i) この文章の表現に関する説明として**適当でない**ものを、次の①～④のうちから一つ選べ。

〈表現に関する問題〉は**〈小説〉**では定番として出題されますが、**〈評論文〉**で出題されることもあります。選択肢で挙げられている「表現」が、どのような効果を持っているかを文脈から慎重に読み取っていきましょう。

また、これも「**適当でない**もの」を選ぶことに注意してください。

では一つずつ見ていきましょう。

① **第4段落の「しかし、こう考えたらどうだろうか。」は、「こう」の指示内容がわからない段階で提案を投げかけ、読者の注意を引きつける働きをしている。**

「こう」という指示語は、直後の一文の「まったく違った～奇跡のようなことではないのか」を指しているので適当です。

② **第4段落の「翻訳をするということ、いや翻訳を試みるということ」は、「翻訳」に対する筆者の捉え方を、「する」を打ち消して「試みる」に言い換えることによって強調して表している。**

「する」をわざわざ「試みる」と言い換えるのは、「する」ことはできない、「試みる」ことしかできない、という翻訳の不可能性を強調しているからでしょう。よって適当です。

③ **第12段落の「ガイジン」は、現在では「外国人」という語のほうが一般的であるが、筆者はあえて子供時代の感覚を再現するために、カタカナ表記で使用している。**

この段落では「外国人」という表現も用いられており、こちらは現在の筆者の視点から見たものなので、あえて「子供時代」と使い分けがされていると思われます。よって適当です。

④ **第12段落の「あの時の少年は一体どんなことを考えただろうか」は、過去の自分が考えたことを回想し、当時を懐かしむ感情を表している。**

「どんなことを考えただろうか」と思っている主体は、「過去の自分」ではなく、二〇年後の自分です。よってこれが**適当でない**という意味で正解です。

(ii) この文章は、空白行によって四つの部分に分けられている。構成に関する説明として最も適当なものを、次の①〜④のうちから一つ選べ。

本文の構成に関する問題は、**共通テスト**でも出題される可能性があります。本文の論理構造をしっかり読み取り、それぞれの意味段落がどのようなつながりを持っているかを確認して、選択肢を丁寧に吟味しましょう。

また、**こうしたタイプの問題では、消去法をうまく用いるのがコツ**です。

① **はじめの部分（1~4段落）は、この文章のテーマである「翻訳」について、対極的な二つの考え方を示して問題提起し、支持する立場を一方に確定させている。**

第4段落によれば、たしかに「翻訳家」はみな「楽天家」ではあるが、「奇跡と不可能性の間で揺れ動く」者でもあります。したがって間違いです。

② **2番目の部分（5~9段落）は、「翻訳不可能」な具体例を示して翻訳にまつわる問題点を明確にし、「言い換え」という別の手法を示して論を広げている。**

「直訳」という一方の「戦略」では無理な場合に「言い換え」という別な戦略があるというのが二つ目のパートの趣旨でした。よってこれが正解です。

③ **3番目の部分（10~12段落）は、過去のエピソードを引用しながら、筆者が現在の職業に就くことになったきっかけを紹介し、論を補強している。**

子供時代のエピソードが翻訳家になった原因かどうかはわかりません。よって不適当。

④ **4番目の部分（13~15段落）は、翻訳の正しさについて検討し、筆者の考える正しさを示しながらも、結論を読者の判断に委ねている。**

筆者は最後までどの翻訳が正しいのか明示していません。したがって間違いです。

単数テクストの実戦問題に取り組んでみましたが、どんな感触でしたか？

ここまで一つずつ階段を上ってきたので、それほど戸惑わずにできた気がします。

いよいよ次は、本番と同じ**複数テクスト**の問題になります。がんばってください。

ついにピークに挑むわけですね。がんばります！

§4 実戦問題2　複数テクスト

いよいよ**評論文**の仕上げです。**〈複数テクスト〉**の実戦問題として、「令和4年度共通テスト」の第1問に取り組んでみましょう。

今度の**〈複数テクスト〉**はどちらも**【文章】**ですね。それに設問の中にも生徒の文章が交じっています。

そうですね。この問題の二つの**【文章】**は、それぞれ別々に書かれた独立したものです。

それでも、まずは**「共通テーマ」**をつかむのが大事なんですよね。

そのとおりです。ただ、**設問のすべてが二つの文章両方に関わるわけではないので、まずは片方ずつの文章だけで解ける問題を解いてしまう方がよい**でしょう。**「共通テーマ」**が何かを意識する必要はありますが、あまり二つの文章の関連性にばかり気を取られると、片方の文章だけで解ける問題がおろそかになりかねませんから。

ではまず、**【文章Ⅰ】**から読んでみましょう。

本文解説

▼巻末304ページ

【文章Ⅰ】 次の文章は、宮沢賢治の「よだかの星」を参照して「食べる」ことについて考察した文章である。なお、表記を一部改めている。

宮沢賢治の「よだかの星」って、聞いたことあるけど読んだことなかったです。読んでいた人に差をつけられちゃうなあ。

大丈夫です。読んでいて損ということはもちろんないですが、あくまで「よだかの星」は「参照」であって、筆者の言いたいことは本文だけで明確に主張されているはずです。「よだかの星」そのものでなく、それについて**抽象化して説明し直している部分に注目**してください。

はい、わかりました。

1 「食べる」ことと「生」にまつわる議論は、どうしたところで動物が主題になってしまう。そこでは動物たちが人間の言葉をはなし、また人間は動物の言葉を理解する（まさに神話的状況である）。そのとき動物も人間も、自然のなかでの生き物として、まったく対等な位相にたってしまうことが重要なのである。動物が人間になるのではない。宮沢の記述からかいまみられるのは、そもそも逆で、人間とはもとより動物である（そうでしかありえない）ということである。そしてそれは考えてみれば、あまりに当然すぎることである。

2 「よだかの星」は、その意味では、擬人化がカジョウ(ア)になされている作品のようにおもわれる。その感情ははっきりと人間的である。よだかは、みなからいじめられ、何をしても孤立してしまう。いつも自分の醜い容姿を気にかけている。親切心で他の鳥の子供を助けても、何をするのかという眼差《まなざ》しでさげすまれる。なぜ自分は生きているのかとおもう。ある意味では、多かれ少なかれ普通の人間の誰もが、一度は心のなかに抱いたことのある感情だ。さらには、よだかにはいじめっ子の鷹《たか》がいる。鷹は、お前は鷹ではないのになぜよだかという名前を名乗るのだ、しかも夜という単語と鷹という単語を借りておかしいではないか、名前を変えろと迫る。よだかはあまりのことに、自分の存在そのものを否定されたかのように感じる。

3 しかしよだかは、いかに醜くとも、いかに自分の存在を低くみようとも、空を飛び移動するなかで、おおきな口をあけ、羽虫をむさぼり喰《く》ってしまう。それが喉につきささろうとも、甲虫《かぶとむし》を食べてしまう。自然に対しては、自分

ここで、「宮沢賢治の記述」に関して、筆者がある一般的な考えを否定して、自分の考えを強調していますね。

「動物が人間になるのではない」、「動物も人間も」「まったく対等」ということですね。

そのとおり。寓話ではよく動物が人間の言葉を話したり理解したりしますが、宮沢の場合は、**擬人化というより、そもそも人間は動物と同じ、というか動物そのものなんだ**、という考え方だということですね。

ただし、「よだかの星」は、宮沢の他の作品とは少し違うようですね。

は支配者のような役割を演じてしまいもするのである。だがどうして自分は羽虫を「食べる」のか。なぜ自分のような存在が、劣等感をもちながらも、他の生き物を食べて生きていくのか、それがよいことかどうかがわからない。

　夜だかが思ひ切って飛ぶときは、そらがまるで二つに切れたやうに思はれます。一疋《ぴき》の甲虫が、夜だかの咽喉《のど》にはひって、ひどくもがきました。よだかはすぐそれを呑《の》みこみましたが、その時何だかせなかがぞっとしたやうに思ひました。（『宮沢賢治全集5』、八六頁《ページ》）

4　A ここからよだかが、つぎのように思考を展開していくことは、あまりに自明なことであるだろう。

（ああ、かぶとむしや、たくさんの羽虫が、毎晩僕に殺される。そしてそのただ一つの僕がこんどは鷹に殺される。それがこんなにつらいのだ。ああ、つらい、つらい。僕はもう虫をたべないで餓ゑ《う》て死なう。いやその前にもう鷹が僕を殺すだらう。いや、その前に、僕は遠くの遠くの空の向ふに行ってしまはう。）（同書、八七頁）

5　当然のことながら、夏の一夜限りの生命かもしれない羽虫を食べる

「擬人化」がすごくて、よだかは人間と同じ感情をもっているということですね。

そのようですね。ですから、よだかの感情は「普通の人間の誰もが、一度は心のなかに抱いたことのある」ものだと言っていますね。**それはどのような感情ですか**？

「なぜ自分は生きているのか」ということですか。

そうですね。それはあとで「劣等感」と言い直されています。誰しもひどい劣等感に苛《さいな》まれることの一度や二度はあるでしょう。ただ、「よだかの星」はそれだけでは終わりませんね。**その「劣等感」と何が結びついていますか**。

こと、短い時間しかいのちを送らない甲虫を食べることは、そもそも食物連鎖上のこととしてやむをえないことである。それにそもそもこの話は、もともとはよだかが自分の生のどこかに困難を抱えていて（それはわれわれすべての鏡だ）、それが次第に、他の生き物を殺して食べているという事実の問いに転化され、そのなかで自分も鷹にいずれ食べられるだろう、それならば自分は何も食べず絶食し、空の彼方《かなた》へ消えてしまおうというはなしにさらに転変していくものである。

6 よだかは大犬座の方に向かい億年兆年億兆年かかるといわれても、さらに大熊星の方に向かい頭を冷やせといわれても、なおその行為をやめることはしない。結局よだかは最後の力を振り絞り、自らが燃え尽きることにより、自己の行為を昇華するのである。

7 食べるという主題がここで前景にでているわけではない。むしろまずよだかにとって問題なのは、どうして自分のような惨めな存在が生きつづけなければならないのかということであった。そしてその問いの先にあるものとして、ふと無意識に口にしていた羽虫や甲虫のことが気にかかる。そして自分の惨めさを感じつつも、無意識にそれを咀嚼《そしゃく》してしまっている自分に対し「せなかがぞっとした」「思ひ」を感じるのである。

8 よくいわれるように、このはなしは食物連鎖の議論のようにみえる。確かに表面的にはそう読めるだろう。だがよだかは、実はまだ自分が羽虫を食

「他の生き物を食べて生きていく」のが「よいことか」悩むということですか。

そうですね。そしてよだかはそこからさらに一歩、考えを進めます。

「絶食し、空の彼方へ消えてしまおう」ということですね。これは自殺ということでしょうか。

そこは解釈が分かれるところでしょう。筆者はそのことを**「昇華」**と言っていますね。

「昇華」って、固体が、液体にならずにいきなり気体になることですよね。

べることがつらいのか、自分が鷹に食べられることがつらいのか、たんに惨めな存在である自らが食べ物を殺して咀嚼することがつらいのか判然と理解しているわけではない。これはむしろ、主題としていえば、まずは食べないことの選択、つまりは断食につながるテーマである。そして、そうであるがゆえに、最終的な星への昇華という宮沢独特のストーリー性がひらかれる仕組みになっているようにもみえる。

[9] ここで宮沢は、食物連鎖からの解放という（仏教理念として充分に想定される）事態だけをとりだすのではない。むしろここでみいだされるのは、心が(イ)キズついたよだかが、それでもなお羽虫を食べるという行為を無意識のうちになしていることに気がつき「せなかがぞっとした」「思ひ」をもつという一点だけにあるようにおもわれる。それは、B人間である（ひょっとしたら同時によだかでもある）われわれすべてが共有するものではないか。そしてこの思いを昇華させるためには、数億年数兆年彼方の星に、自らを変容させていくことしか解決策はないのである。

ここまでのよだかの考えを筆者に従って整理すると、次のようになりますね。

そうですね。そこから、比喩的に**〈ある状態から一足飛びに高められる〉**ことも言います。だから「よだか」としては存在しなくなっても、単なる無駄死にではなく「星」になるということで高められたと言いたいのかもしれません。**ここまでに出てきたよだかの思いは三つに分けて考えられます。**それぞれ傍線の種類を変えておきましたから、確認しながらこの先も読み進めてみてください。

i 劣等感：自分のようなものが生きていてよいのか
←
ii 自分が他の生き物を殺して食べていることに気づく
←
iii 断食して遥か遠くへ飛びつづけ、星になる（＝昇華）

このよだかの考えの移り変わりが読めれば、**【文章Ⅰ】**の大意は押さえたことになります。

実際の試験のときは、ここで**問2**や**問3**を解いてみてかまいません。ここでは、もう**【文章Ⅰ】**だけでできる設問は解いているという前提で、**【文章Ⅱ】**を読み進めます。

【文章Ⅱ】 次の文章は、人間に食べられた豚肉（あなた）の視点から「食べる」ことについて考察した文章である。

なんだか不思議というか不気味な文章ですね。

そうですね。「よだかの星」が擬人化された文章だとすれば、これは擬豚肉化というか、なんというか。ただ、

大事なことは何でしたっけ。

あ、そうだ、**「共通テーマ」**ですね。

そうですね。このリード文からでも**【文章Ⅰ】**との**「共通テーマ」**は読み取れると思いますが。

「食べる」ということですよね。

そのとおりです！　それをしっかり押さえて、先へ進みましょう。

1　長い旅のすえに、あなたは、いよいよ、人間の口のなかに入る準備を整えます。箸で挟まれたあなたは、まったく抵抗できぬままに口に運ばれ、アミラーゼの入った唾液をたっぷりかけられ、舌になぶられ、硬い歯によって噛《か》み切られ、すり潰されます。そのあと、歯の隙間に残ったわずかな分身に別れを告げ、食道を通って胃袋に入り、酸の海のなかでドロドロになります。十二指腸でも膵液《すいえき》と胆汁が流れ込み消化をアシストし、小腸にたどり着きます。ここでは、小腸の運動によってあなたは前後左右にもまれながら、六メートルに及ぶチューブをくねくね旅します。そのあいだ、小腸に出される消化酵素によって、炭水化物がブドウ糖や麦芽糖に、脂肪を脂肪酸とグリセリ

ずいぶん細かい説明ですね。これは生物選択者が有利なのかなあ。

ンに分解され、それらが腸に吸収されていきます。ほとんどの栄養を吸い取られたあなたは、すっかりかたちを変えて大腸にたどり着きます。

[2] 大腸は面白いところです。大腸には消化酵素はありません。そのかわりに無数の微生物が棲《す》んでいるのです。人間は、微生物の集合住宅でもあります。その微生物たちがあなたを(ウ)襲い、あなたのなかにある繊維を発酵させます。繊維があればあるほど、大腸の微生物は活性化するので、小さい頃から繊維をたっぷり含むニンジンやレンコンなどの根菜を食べるように言われているのです。そうして、いよいよあなたは便になって肛門《こうもん》からトイレの中へとダイビングします。こうして、下水の旅をあなたは始めるのです。

[3] こう考えると、食べものは、人間のからだのなかで、急に変身を(エ)トげるのではなく、ゆっくり、じっくりと時間をかけ、徐々に変わっていくのであり、どこまでが食べものであり、どこからが食べものでないのかについて決めるのはとても難しいことがわかります。

たしかに、知っている人ならすぐに理解できるかもしれませんが、別にこの部分がすべて理解できている必要はありません。これは理科ではなく、国語の試験であり、求められているのは、**筆者の言いたい部分がどこかを見分ける力**です。

[3]の冒頭に「こう考えると」とあって、これから[1]、[2]のまとめが始まることを示唆しています。極端に言えば、[1]、[2]がまったくチンプンカンプンだったとしても、**[3]から筆者の言いたいことが始まる**、ということがわかります。[3]以降の内容が理解できれば、問題は解けるわけです。

ではここで、筆者が大事だと思っていることは何でしょうか。

「どこまでが食べものであり、どこからが食べものでないのか」という問題ですか。

そうですね。これが**【文章Ⅱ】**の問題提起の部分にあたりますので、それより前は単なる具体例だったということになります。

4 答えはみなさんで考えていただくとして、二つの極端な見方を示して、終わりたいと思います。

5 一つ目は、①人間は「食べて」などいないという見方です。食べものは、口に入るまえは、塩や人工調味料など一部の例外を除いてすべて生きものであり、その死骸であって、それが人間を通過しているにすぎない、と考えることもけっして言いすぎではありません。人間は、生命の循環の通過点にすぎないのであって、地球全体の生命活動がうまく回転するように食べさせられている、と考えていることです。

6 二つ目は、肛門から出て、トイレに流され、下水管を通って、下水処理場で微生物の力を借りて分解され、海と土に戻っていき、そこからまた微生物が発生して、それを魚や虫が食べ、その栄養素を用いて植物が成長し、その植物や魚をまた動物や人間が食べる、という循環のプロセスと捉えることです。つまり、②ずっと食べものである、ということ。世の中は食べもので満

ではその問いに対する答えは、どのようなものですか。

5と6とで「一つ目」「二つ目」とあるのが答えですよね。ただ、「一つ目」の「人間は『食べて』などいない」というのは答えになってますか？

たしかに、答え方としては少し曖昧かもしれません。では、「どこまでが食べものであり、どこからが食べものでないのか」という問いに対する答えにふさわしい形にすると

たされていて、食べものは、生きものの死によって、つぎの生きものに生を(オ)与えるバトンリレーである。しかも、バトンも走者も無数に増えるバトンリレー。誰の口に入るかは別として、人間を通過しているにすぎないのです。

7 どちらも極端で、どちらも間違いではありません。しかも、C二つとも似ているところさえあります。死ぬのがわかっているのに生き続けるのはなぜか、という質問にもどこかで関わってきそうな気配もありますね。

どうなりますか。

うーん。この問いに対する「極端な見方」というのだから、「食べていない」というのは「どこまでも食べものではない」ということでしょうか。

そうなるでしょうね。つまり、**どんな生きものも、「食べもの」ではないのだ、生物の死骸が他の生物の体内を通過しているだけで、人間は大きな「生命の循環の通過点」にすぎない**、という考えですね。では二つ目の答えはどうなりますか。

えーと、もう一方の「極端」だから、「ずっと食べものである」という部分ですね。

そのとおりです。排泄物でさえ、巡り巡って他の生物の生を支えている以上、**すべては「食べもの」であり、巨大な循環のプロセスの一部を担っている**、ということですね。

でも、「循環」の一部、というところはどちらの見方にも共通していますね。

いいところに気づきました。**どちらも「食べる」という行為を生命活動のリレーの一環として見ている点では同じ**とも言えますね。

この文章の要点を図示すると次のようになります。

問：人間が食べているものは、どこまでが「食べもの」か。

↓

答：食べることは地球全体の生命活動の循環の一部

① 口に入れているものも「食べもの」ではない

⇔

② 排泄するものも「食べもの」である

評論重要語チェック

【昇華】（6 98ページ11行目）……ある状態から、一足飛びに非常に高い状態へと変化すること。
化学では、固体から気体に、（あるいは逆に気体から固体に）液体の状態を飛ばして変化することを言います。そこから転じて、あるものが、一見直接関係のない優れたものへと一気に変化することを言います。特に、欲望やネガティブな感情が、優れた芸術作品として表現されたときなどに使います。

【不条理】（109ページ問2）……物事の道理が立たないこと、筋道が通らないこと。
「Aならば当然Bになる」というあたりまえの因果関係が成立しない、なぜそうなるのかわからない状況に対して言う言葉です。

【無機的】（114ページ問5）……生命感のないようす。
対義語の「**有機的**」は〈生命感のあるようす〉であるとともに、〈物事の部分と部分が意味のあるかたちで結びあわされているさま〉を表します。それで、「**無機的**」も、ときに〈物事の部分がバラバラでつながりがわからないさま〉を指して使うことがあります。

設問解説

では、**【文章Ⅰ】【文章Ⅱ】**の趣旨がわかったところで、設問に移りましょう。

問1

令和4年度から、漢字の書きとりだけでなく、意味を問うタイプの問題が出題されるようになりました。それぞれの漢字が書けるだけでなく、意味も覚えておきましょう。

問1 次の(i)・(ii)の問いに答えよ。

(i) 傍線部(ア)・(イ)・(エ)に相当する漢字を含むものを、次の各群の①〜④のうちから、それぞれ一つずつ選べ。

(ア) 過剰　① **冗長**　② **剰余金**　③ **浄化**　④ **常軌**

(イ) 傷ついた　① **勧奨**　② **鑑賞**　③ **感傷的**　④ **緩衝材**

(エ) 遂げる　① **類推**　② **生粋**　③ **麻酔**　④ **完遂**

(ii) 傍線部(ウ)・(オ)とは異なる意味を持つものを、次の各群の①〜④のうちから、それぞれ一つずつ選べ。

(ウ) 襲い　① **夜襲**　② **世襲**　③ **奇襲**　④ **来襲**

※②「世襲」の「襲」は〈跡を継ぐ〉という意味。

(オ) 与える　① **供与**　② **贈与**　③ **関与**　④ **授与**

※③「関与」の「与」は〈かかわる・あずかる〉という意味。

問2

これは**【文章Ⅰ】**だけで考える問題です。

問2　傍線部A「ここからよだかが、つぎのように思考を展開していく」とあるが、筆者はよだかの思考の展開をどのように捉えているか。その説明として最も適当なものを、次の①〜⑤のうちから一つ選べ。

まず選択肢を見る前に、**〔本文解説〕**のボードで考えた、よだかの考えの移り変わりをもう一回見てみましょう。

i　**劣等感：自分のようなものが生きていてよいのか**

←

ii　**自分が他の生き物を殺して食べていることに気づく**

←

iii　**断食して遥か遠くへ飛びつづけ、星になる（＝昇華）**

この流れに一番近いのはどれでしょうか。選択肢を見ていきましょう。

①　よだかは、i生きる意味が見いだせないままにii羽虫や甲虫を殺して食べていることに苦悩し、iii現実の世

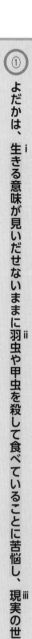

界から消えてしまおうと考えるようになる。

これが三つのポイントすべてをそなえていますね。

② **よだかは、みなにさげすまれるばかりかついには鷹に殺されてしまう境遇を悲観し、彼方の世界へ旅立とうと考えるようになる。**

「さげすまれる」のは自身の「劣等感」（**i**）とは違いますし、「彼方の世界へ旅立とう」というだけでは、ただの逃避であって、**iii**のポイントとは認められないでしょう。

③ **よだかは、羽虫や甲虫を殺した自分が鷹に殺されるという弱肉強食の関係を嫌悪し、不条理な世界を拒絶しようと考えるようになる。**

これは全体として世界の批判であって、自分のことを内省しているよだかの考えとはまったく異なります。

④ **よだかは、他者を犠牲にして生きるなかで自分の存在自体が疑わしいものとなり、新しい世界を目指そうと考えるようになる。**

これは**i**と**ii**があるようにも見えますが、両者の「展開」の順序がおかしいですね。

⑤ **よだかは、鷹におびやかされながらも羽虫や甲虫を食べ続けているという矛盾を解消できず、遠くの世界で再生しようと考えるようになる。**

これは**i**も**iii**もありません。

あらかじめ本文の論旨をとらえておくと、すぐに正解と誤答を見分けられますね。

問3

これも**【文章Ⅰ】**だけで解ける問題です。

問3 傍線部B「人間である（ひょっとしたら同時によだかでもある）われわれすべてが共有するものではないか」とあるが、それはどういうことか。その説明として最も適当なものを、次の①〜⑤のうちから一つ選べ。

まず、傍線部Bの文脈を確認しましょう。この傍線部の直前には「それは」という主語があり、その指示する部分はさらに一文前の「**ⅰ**心がキズついたよだかが、それでもなお**ⅱ**羽虫を食べるという行為を無意識のうちになしていることに気がつき**ⅲ**『せなかがぞっとした』『思ひ』をもつ」という部分です。

ですから、**これをきちんと言い換えている選択肢を探せばよい**ことになります。三つの部分に分解できますので、**ⅰ**〜**ⅲ**の印をつけておきましたが、このうち**ⅰ**はどのように「傷つい」ていたのかと言えば、たとえば[2]にあったような「なぜ自分は生きているのか」という自己否定的な思いでした。**ⅱ**は他者の生命を奪っていることの自覚ということでしょう。**ⅲ**の「せなかがぞっとした」だけはどう言い換えるべきか迷いますが、とりあえず言葉の意味として「恐ろしい」などのネガティブな意味であることを押さえておきましょう。

では右の三つの要素をすべてそなえている選択肢はどれでしょうか。

①　存在理由を喪失した自分が、動物の弱肉強食の世界でいつか犠牲になるかもしれないと気づき、自己の無力さに落胆するということ。

これはⅰはありますし、ⅲもネガティブなイメージで間違ってはいませんが、中間部がⅱとは逆になっていますね。

②　生きることに疑念を抱いていた自分が、意図せずに他者の生命を奪って生きていることに気づき、自己に対する強烈な違和感を覚えるということ。

ⅰ〜ⅲのすべてがそろっていますね。これが正解です。

③　存在を否定されていた自分が、無意識のうちに他者の生命に依存していたことに気づき、自己を変えようと覚悟するということ。

これはⅱはありますが、はじめの部分は他者からの否定であってⅰの自己認識とは違いますし、最後の部分は前向きで、「せなかがぞっとした」の言い換えにはならないでしょう。

④　理不尽な扱いに打ちのめされていた自分が、他者の生命を無自覚に奪っていたことに気づき、自己の罪深さに動揺するということ。

これもⅱはありますが、はじめの部分がやはりこれだと他人からのいじめに傷ついていただけになってしまい、よだかの自省の深さが感じられません。

⑤　惨めさから逃れたいともがいていた自分が、知らないままに弱肉強食の世界を支える存在であったことに気づき、自己の身勝手さに絶望するということ。

最後の部分はⅲの言い換えと見なせなくもないかもしれませんが、はじめの部分は本文からは読み取れませんし、自分が「羽虫を食べる」ことの問題を「弱肉強食」≒「食物連鎖」の問題に単純化してしまうことを筆者は9で否定していました。

あれ？　この正解は問2の正解と内容として似ていませんか。

ほとんど同じことですね。**〈複数テクスト〉**となると、一つの文章が短く、内容も薄くなりますから、このように設問同士で重複が生じてしまうことが、これからもあるかもしれません。**さっきもこの内容を聞かれたから、ここは違うものを、などと余計なことを考えない方がいい**ですね。

問4

これは**【文章Ⅱ】**だけで解く問題です。

> **問4**　傍線部C「二つとも似ているところさえあります」とあるが、どういう点で似ているのか。その説明として最も適当なものを、次の①〜⑤のうちから一つ選べ。

これはさっき私が気づいたところですね！

そうでしたね。「二つ」とは何で、どう「似ている」のでしたっけ。

人間が口にするもののどこまでが「食べもの」かという議論で、何も「食べもの」ではないという意見も、すべてが「食べもの」だという意見も、ともに**〈食べることは地球全体の生命活動の循環の一部〉**という点で根っこは同じだということでした。

すばらしい！ では選択肢を見てみましょう。

① **人間の消化過程を中心とする見方ではなく、微生物の活動と生物の排泄行為から生命の再生産を捉えている点。**

「微生物」「排泄」は、すべてが「食べもの」だという後者の意見のなかにしか出てきませんでした。

② **人間の生命維持を中心とする見方ではなく、別の生きものへの命の受け渡しとして食べる行為を捉えている点。**

これが正解です。「食べもの」かどうかという議論は、「人間の生命維持」の観点から見たときですが、〈地球全体の生命活動〉から見れば、食べるという行為は「別の生きものへの命の受け渡し」＝「循環」と捉えることができるでしょう。

③ **人間の食べる行為を中心とする見方ではなく、食べられる側の視点から消化と排泄の重要性を捉えている点。**

「食べられる側の視点」というのは、リード文にあったことを踏まえているのかもしれませんが、ここの議論では関係ありません。

④ 人間の生と死を中心とする見方ではなく、地球環境の保護という観点から食べることの価値を捉えている点。

「食べもの」かどうかという議論はそもそも、「人間の生と死を中心とする見方」とは関係ありません。

⑤ 人間の栄養摂取を中心とする見方ではなく、多様な微生物の働きから消化のメカニズムを捉えている点。

前半の内容は本文の説明とズレています。また、後半は①と同様、後者の意見しか反映していません。

問5 「表現」に関する問題です。

問5 【文章Ⅱ】の表現に関する説明として最も適当なものを、次の①～⑤のうちから一つ選べ。

これは一つひとつ選択肢を吟味していきましょう。【文章Ⅱ】全体に関わる問題なので、消去法を中心に考えていきます。

① 豚肉を「あなた」と見立てるとともに、食べられる生きものの側の心情を印象的に表現することで、無機的な消化過程に感情移入を促すように説明している。

「あなた」は「豚」ではなくすでに「豚肉」に加工されてしまっており、本文には「心情」の説明はありませんでした。

② **豚肉を「あなた」と見立てるとともに、消化酵素と微生物とが協同して食べものを分解する様子を比喩的に表現することで、消化器官の働きを厳密に描いている。**

②と③は選択肢を要素に分解すると、特に間違ってはいないように見えるかもしれません。ポイントは波線部の「ことで」です。これは因果関係を示しており、②の場合〈「比喩的」な表現であるがゆえに「厳密」〉ということになりますが、「比喩」が他のものを仮に借りてくる表現である以上、そもそも「厳密」さは望めないでしょう。

③ **豚肉を「あなた」と見立てるとともに、食べものが消化器官を通過していく状況を擬態語を用いて表現することで、食べることの特殊な仕組みを筋道立てて説明している。**

②で説明したとおり、ここでは〈「擬態語」を使ったがゆえに「筋道立て」た説明がなされている〉ということになりますが、この因果関係も成立しません。

④ **豚肉を「あなた」と二人称で表しながら、比喩を多用して消化過程を表現することで、生きものが他の生物の栄養になるまでの流れを軽妙に説明している。**

②と③とは異なり、「比喩の多様」→「軽妙」という因果関係が成立します。たとえば「ダイビング」といった「比喩」は、はっきりとは口に出しづらいものをおもしろく表現しているのではないでしょうか。これが正解です。

⑤ **豚肉を「あなた」と二人称で表しながら、生きものが消化器官でかたちを変えて物質になるさまを誇張して表現することで、消化の複雑な過程を鮮明に描いている。**

これはそもそも「誇張して」と言えるかどうかが問題です。比喩や擬態語はあっても、それだけでは「誇張」とは言えません。むしろ、本文は事実をありのままに伝えていると言ってよいでしょう。

問6

では最後の問6ですが、これがいよいよ**〈複数テクスト〉**にわたる問題であり、さらに生徒の書いた**【メモ】**まで登場します。

ややこしいですね。

でもそれぞれの文章の内容をしっかり押さえておけば、恐れるには足りません。

問6 Mさんは授業で**【文章Ⅰ】**と**【文章Ⅱ】**を読んで「食べる」ことについて自分の考えを整理するため、次のような**【メモ】**を作成した。これについて、後の(i)・(ii)の問いに答えよ。

【メモ】

〈1〉 共通する要素「どちらも「食べる」ことと生命の関係について論じている。」

⇩

〈2〉 「食べる」ことについての捉え方の違い

【文章Ⅰ】「　　X　　」

【文章Ⅱ】「「食べる」ことは、生物を地球全体の生命活動に組み込むものである。」

〈3〉　まとめ　［　Y　］

⇦

(i)　Mさんは〈1〉を踏まえて〈2〉を整理した。空欄 X に入る最も適当なものを、次の①～④のうちから一つ選べ。

(i)は、**〈複数テクスト〉**とは言っても、**【文章Ⅰ】**のまとめですね。ですから、「『食べる』ことと生命の関係」について、筆者が「よだかの星」から読み取った最も重要なポイントを抽出できれば、**【文章Ⅱ】**との関連を考える必要はありません。

では**【文章Ⅰ】**では、「『食べる』ことと生命の関係」について何と言っていたでしょうか。

3 では「**なぜ自分のような存在が、劣等感をもちながらも、他の生き物を食べて生きていくのか、それがよいことかどうかがわからない**」という問いがよだかの抱えているものだと言われていました。

そうですね。それを踏まえて選択肢を見てみましょう。

①「食べる」ことは、弱者の生命の尊さを意識させる行為である。

これは、3の「よいことかどうかがわからない」というところに合いませんね。

②「食べる」ことは、自己の生命を否応なく存続させる行為である。

「他の生き物を食べて生きていく」という問題意識と合致します。

③「食べる」ことは、意図的に他者の生命を奪う行為である。

「意図的に」とありますが、7には「無意識に口にしていた羽虫や甲虫」とありますので間違いです。

④「食べる」ことは、食物連鎖から生命を解放する契機となる行為である。

「食物連鎖」については、9で「ここで宮沢は、食物連鎖からの解放という……事態だけをとりだすのではない」と言われており、「食物連鎖からの解放」は必ずしも重視されていません。間違いです。

では(ii)に進みましょう。

(ii) Mさんは〈1〉〈2〉を踏まえて「〈3〉まとめ」を書いた。空欄 Y に入る最も適当なものを、次の①～④のうちから一つ選べ。

実質的には(ii)だけが**〈複数テクスト〉**の問題です。

いよいよですね。選択肢も長いし面倒くさそう……。

でも、要は**それぞれの文章に書かれているかどうかを丁寧に見ていくのが基本**です。選択肢を順番に精査していきましょう。

① **他者の犠牲によってもたらされたよだかの苦悩は、生命の相互関係における多様な現象の一つに過ぎない。しかし見方を変えれば、自他の生を昇華させる行為は、地球全体の生命活動を円滑に動かすために欠かせない要素であるとも考えられる。**

これは冒頭がすでに間違っていますね。「よだかの苦悩」は**【文章Ⅰ】**の②によれば、「みなからいじめられ」るところから始まっているので、「他者の犠牲」などからではありません。後半部も、「自他の生を昇華させる」などということはどこにも書かれていません。よだかのやったことはあくまで「自己の生の昇華」です。

② **苦悩から解放されるためによだかが飢えて死のうとすることは、生命が本質的には食べてなどいないという指摘に通じる。しかし見方を変えれば、地球全体の生命活動を維持するためには、食べることの認識を改める必要があるとも考えられる。**

一文目の論理がおかしいですね。「よだかが飢えて死のうとする」ときには、たしかに自分が「食べる」ことも「食べられる」こともありません。でもこのことは、**【文章Ⅱ】**における「生きもの（の死骸）が体の中を通過するだけだ」という見方とつながっているわけではありません。

③ **無意識によだかが羽虫や甲虫を食べてしまう行為には、地球全体の生命活動を循環させる重要な意味**

がある。しかし見方を変えれば、一つ一つの生命がもっている生きることへの衝動こそが、循環のプロセスを成り立たせているとも考えられる。

冒頭の「よだかが羽虫や甲虫を食べてしまう行為」（**【文章Ⅰ】**）を**【文章Ⅱ】**における「食べるという行為」と結びつけていますが、それが「地球全体の生命活動を循環させている」というのは問4でも考えたとおり、正しいと言えます。二文目の「一つ一つの生命がもっている生きることへの衝動」という表現が本文との対応がわかりにくいかもしれませんが、これは**【文章Ⅱ】**の最後の「死ぬのがわかっているのに生き続けるのはなぜか」という部分に関係しています。「生き続ける」のは、生命が「生きることへの衝動」を持っているからです。

④

他者に対してよだかが支配者となりうる食物連鎖の関係は、命のバトンリレーのなかで解消されるものである。しかし見方を変えれば、地球全体の生命活動を円滑にするためには、食べることによって生じる序列が不可欠であるとも考えられる。

「命のバトンリレー」という比喩は、「食物連鎖」と同じものを指しています。あるものが同じものの「なかで解消される」というのは意味が通りません。またどちらの文章でも食べる／食べられるという「序列」は重視されていませんでした。

すべて解いてみた感想は、どうですか。

たしかに二つの文章を読み比べるのは大変ですが、一つひとつの文章そのものは、それほど難しくはなさそうですね。

そうですね。しかも長い文章一題のときに比べれば、分量が少ない分だけそれぞれの文章に複雑な論理展開はありません。この問題がそうだったように、**要点をしっかり読み取っておけば、多くの設問に対応できる**ということもありますね。

わかりました。がんばります！

第2章 小説 ゼロからピークへ

§1 単数テクストの例題

では、〈小説〉（〈文学的文章〉）の勉強法を学びましょう。
まず、**〈文学的文章〉**には、次の三つがあると覚えておいてくださいね。

小説…作者が作り出した登場人物たちが、いろいろなストーリーを紡《つむ》いでいくもの
随筆（エッセイ）…自分の体験や感想などを、自由な形式で書いたもの
詩…主に行分けの形式で、短い言葉で歴史的な出来事や神話などを叙述したり（叙事詩）、自分の気持ちを表現したり（叙情詩）するもの

これまでの共通テストで出題された**〈文学的文章〉**は、いずれも**〈小説〉**でした。ですから、**〈小説〉**の勉強を中心に据えていきましょう。**随筆（エッセイ）**と**詩**は**共通テスト**の**試行調査**で出題されましたが、どちらに関しても**小説（〈文学的文章〉）**を勉強すれば対応できます。少し補足説明をしておくと、**小説**は、現実の出来事をモデルにしている場合であっても、基本的に「つくりごと＝虚構＝フィクション」です。**詩**については、**共通テスト**で出題されるのは「近代以降の文章」ですが、近代以降の**詩**の中心は、作者が自分の感情や思いを表現する**叙情詩**の方ですね。

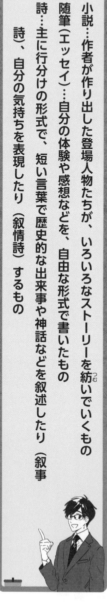

〈小説〉も現代文なんだから、**〈評論文〉**と同じ読み方、解き方でいいんですか？

そこが大事なところです。もちろん、自分の楽しみのために文章を読むときは、どんな読み方をしてもかまいません。けれども、**共通テスト**対策ということになると、やはりテスト用の読み方を身につける必要があります。

そのときにまず押さえるべきなのは、**〈評論文〉と**〈小説〉**は、まったく違う読み方、解き方をマスターしなくてはならない**ということです。大げさに言えば、**〈評論文〉**と**〈小説〉**は、日本語と英語のように、まったく異なるタイプの文章ととらえた方が、**共通テスト対策**としては正しい考え方になります。

ええっ!? そんなに違うんですか？ たとえば、第1章では、**〈評論文〉**の読み方として、**評論重要語を覚える、因果と対比の論理に慣れる、一つだけある主張をつかむ**の三つがポイントだと習いましたよね？ その三つは、**〈小説〉**には通用しないんですか？

もちろん、まったく通用しないわけではありません。でも、考えてみてください。論理的な文章でよく使われるような、たとえば「主観／客観」とか「普遍／特殊」といった言葉は、**小説**や**詩**ではあまり使われないでしょう？ **〈小説〉**を読む際にも語彙力は必須ですが、それは抽象的で論理的な「**評論重要語**」の知識が要求されるということではありません。**〈小説〉**には、もっと日常生活や感情に密着した言葉が使われています。

〈評論文〉に比べると、**〈小説〉**では、論理の役割もずっと小さくなります。**〈評論文〉**では、自分の主張を述べるときは必ず「根拠」を一緒に述べます。21ページで見た、「AだからB」という「**因果**」関係ですね。これが**〈評**

論文〉の鉄則です。でも、**〈小説〉**にはそんな鉄則はありません。言ってみれば、「AはなんとなくB」がアリなのが、**〈小説〉**なんです。

また、**〈小説〉**には、はっきりした主張や意見がなかったり、あってもぼんやりしていたりすることが多いです。もし明確な意見を主張したかったら、**〈小説〉**という器を使うより、**〈評論文〉**を書いた方が早いわけですから。

> じゃあ、**〈小説〉**は、どう読んだらいいんですか？　どういう問題が出て、どういう風に解いたらいいんですか？　**〈評論文〉**の勉強のときのように、「**有限化**」することはできないんですか？

安心してください。もちろん「**有限化**」できます。

最初の「**有限化**」は、〈小説〉**を勉強する際には、〈評論文〉に比べれば、読むトレーニングにかける時間は少なくてよい**、ということです。**〈評論文〉**は難解で、筆者の言っていることをきちんと読み取るのは大変ですから、語彙力・論理力・主張をつかむ読解力をしっかり時間をかけてトレーニングする必要があります。でも、**〈小説〉**は、難しい言葉も使っていないし、面倒な論理もあまりないので、そんなに読むのに苦労しませんよね。ズバリ言ってしまえば、〈小説〉**はたいして練習しなくても読めるん**です。

> では、**〈小説〉**は勉強しなくていいってことですか？

そうは言ってません！　今言っているのは、本文を読み通すことはできるということだけです。実は**〈小説〉**は、設問が難しいんです。だから、〈小説〉**の勉強においては、設問の解法をしっかり習熟することがポイント**

になります。

　では、**〈小説〉**では、どんな出題がなされるか確認しておきますね。大きく分けて、三つの系統の問題が出されます。ボードに書いておきましょう。

① 語句の意味に関する問題
② 心情に関する問題
③ 表現に関する問題

　それぞれ、簡単にポイントを説明しておきます。
　①**〈語句の意味に関する問題〉**。このタイプの問題は、設問文では「本文中における意味」という形で問いかけられることが多いですが、基本的には「文脈を読む力」より、「言葉の知識」を問う問題です。どういうことかと言えば、文脈だけを頼りにその言葉の意味を考えると、間違う可能性があるということですね。言うまでもないことですが、辞書に載っている意味とはかけ離れた内容が、その言葉の意味として正解になるはずがありません。ですから、①の対策としては、問題演習や普段の読書などでわからない言葉が出てきたら、**こまめに辞書を引くなどして地道に語彙力を増やしていく**ことです。もちろん、意味を知らない言葉が問われたら、文脈をヒントに考えていくほかないのですが、その場合は確実に正解できるかどうかはわからないということですね。
　②の**〈心情に関する問題〉**が、**〈小説〉**においては中心になる問題です。イメージ的には、こういうことです。**〈評論文〉では論理と主張を読む**、**〈小説〉では心情を読む**。「**心情**」とは、ひらたく言えば「気持ち」のことで

すね。このタイプの問題をクリアできるかどうかが**〈小説〉**の出来を左右します。

「人の気持ち」を読む、ですか……。先生、じゃあ、今の私の気持ちを読めますか？

おっと、予想外の返しが来ましたね。うーん、多分こう思っているんじゃないですか？
「**〈評論文〉**とは勉強の仕方が違うって、困ったことになったな。……しっかりやり方を教えてくださいよ！」

そのとおりです！　でも、考えてみれば、私たち、いつでも「人の気持ち」を読んでますよね？　それと同じことが求められていると思っていいんですか？

そうです。人間はいつでも、目の前にいる人はもちろん、そこにはいない人の「気持ち」についても考えていますよね。それと同じことをすればいいんです。だけど、親とか親友とか、すごくよく知っている人たちの「気持ち」であっても、読み誤ることがありますよね。一度も会ったことのない、今初めて文章の中で読んでいる人の「気持ち」を推測するのだから、やっぱり難しいわけですよ。

でも、ヒントはあります。たとえば、さっき君の「気持ち」を読みましたよね。「**〈評論文〉**とは勉強の仕方が違うって、困ったことになったな。……しっかりやり方を教えてくださいよ！」と。何で君の「気持ち」がわかったかというとですね。まず、**君の置かれた状況を考えた**わけです。せっかく**〈評論文〉**の読み方を習ったのに、また別の読み方や解き方を勉強しろって言われた。この状況は、「困った」という気持ちに直結しますよね？

それにくわえて、直前の君の「じゃあ、今の私の気持ちを読めますか？」という**セリフもヒント**になりました。

こんなムチャぶりをしてくるんだから、頭の中がこんがらがって、どうしたらいいかわからないんだろうな、と。
それに、君の**表情**も。眉間にシワが寄って、明らかに「困った」顔をしてましたから。

なるほど。状況や、セリフや、表情をヒントにしたわけですね。たしかに日常生活でもそういったものを手がかりに、相手の「気持ち」を読み取っていますよね。でも、後半の「しっかりやり方を教えてくださいよ！」って部分は、どうしてわかったんですか？

それは、**君と私の関係から割り出しました**。私はここでは教える立場で、君は教わる立場ですよね。困った問題が生じたら、当然、私にしっかり教えてもらおうと考えるでしょう。それこそが二人の関係ですから。

さて、ここで**〈心情に関する問題〉**のヒントにすべきことをボードにまとめておきましょう。

a　状況や場面
b　人物関係
c　行動やセリフや表情
d　地の文に直接書かれている心情
☆a・bについては、「前書き＝リード文」に大事な情報が書かれている場合がある

〈心情に関する問題〉は、基本的には**この四つのヒント**をもとにして、**自然な形で推測される「気持ち」**が書かれた選択肢を選ぶ問題だととらえておきましょう。ここで、**自然な形で推測**というのが難しいところです。こ

と「気持ち」の問題に関しては、どこで自然と不自然の線引きをすべきかに、絶対の正解はないからです。

だから、ここは逆転の発想でいきましょう。多くの問題を解くトレーニングの過程で、どのような推測が自然で、どのような推測が不自然なのか、次第に身につけていけばいい、という風に。マークセンス式のテストなんですから、正解がすでに書いてあるわけです。その正解は、問題の作成者が、文中のヒントから自然な形で推測した「気持ち」のはずです。また、他の選択肢はすべて誤答になりますから、それらは不自然な形で推測された「気持ち」なのです。いわば、**自然と不自然を見分けるゲームのルールを学んでいくという心がけで選択肢の吟味にのぞんだらいい**と思いますね。

ということは、**〈小説〉**では消去法が大事になりますね？「不自然な形の推測」はどこか、ということを見つけることが必要だというんだったら。

そのとおり！　大まかに言えば、**〈評論文〉は答えが本文中に書いてあるから積極法中心、〈小説〉は答えが本文中に書かれておらず、文中のヒントから推測しなくてはならない場合があるから消去法中心**、ということです。いずれにせよ**〈心情に関する問題〉**は、**〈小説〉**の中心になる問題ですから、多くの時間をかけて、たくさんの問題を解いてマスターしていく必要があります。

では最後に、③**〈表現に関する問題〉**。**〈小説〉**で最後に問われる問題は、このタイプが多いですね。

〈小説〉は「文学」です。「文学」とは「言葉で書かれた芸術」のことですね。「芸術」なので、ただ散漫に書かれた文ではなく、非常に巧みであったり、すごく美しかったりする表現がちりばめられているわけです。だから、そうした巧みで美しい表現について問う問題ができるわけですよ。

このタイプの問題では、押さえておきたいことが二点あります。一つ目は、**表現の種類に関する言葉を覚えておく**ということです。選択肢の中に「**隠喩**を用いて巧みに表現されている」などと書かれているので、ここで「**隠喩**」がどういうものか知らなければ、選択肢を正確に吟味できないということになります。そんなにたくさんあるわけではないので、次ページのボードに例とともに書き出しておきますね。

直喩（明喩）……**「たとえること」と「たとえられること」が、「ように」「みたいに」など、この文が比喩だと明示する言葉でつながれているもの。**
例文：彼女はバラのように美しい。

隠喩（暗喩）……**「たとえること」と「たとえられること」が、比喩だと明示する言葉なしにつながれているもの。**
例文：彼女はバラだ。

擬人法……**「人でないもの」を「人」になぞらえる比喩。**
例文：風が心地よさげにささやきかける。

象徴……**「目に見えない抽象的なもの」を「目に見える具体的なもの」で表すもの。**
例文：平和の象徴はハトだ。

擬音（声）語……**動物の音声や物体の音響を、言葉の音によって表したもの。**
例文：風がビューンと吹いて、犬がワンワンと吠えた。

擬態語……**物事の様子を、言葉によって写しとったもの。**
例文：蛇がくねくねと這《は》い寄ってきた瞬間、カエルはサッと跳びはねた。

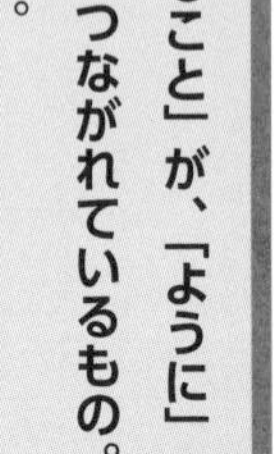

これらの言葉を押さえた上で、もう一つポイントがあります。表現は、**必ず「内容」と「形式」をもっています**。よりわかりやすく言えば、ある**表現には、必ず「表現したいこと」と「テクニック」があるのです**。「テクニック」の部分が、先ほど確認した「**直喩**」や「**隠喩**」などです。したがって、選択肢を吟味するときには、「テ

クニック」の説明が間違っていないかと同時に、その表現によって作者が「表現したいこと」の説明が間違っていないかを確認する必要があります。

〈表現に関する問題〉の選択肢は、「**表現したいこと**」＋「**テクニック**」という組み合わせでできあがっているということですか？

そうです。表現に関わる問題も、**〈心情に関する問題〉**と同様、消去法を有効に使ってほしいタイプの問題ですが、その際、「テクニック」の正誤は比較的見分けやすいので、まずはそこから見ていく。そこで間違いを消去した後、残った選択肢それぞれの「表現したいこと」を比べていく、という順番がいいでしょう。

わかりました！　勉強したことを忘れないうちに、早く問題をやってみたいです！

頼もしいですね！　それでは、さっそく**〈小説〉**の問題を解いてみましょう。**〈評論文〉**のトレーニング同様、**〈小説〉**においてもゼロからスタートします。本文も短く、選択肢も三つにしぼった**例題1**を解いてみます。ここから一段ずつ階段を上っていきましょう！

はい。それなら私にもできそうな気がします！

例題1

本文解説

▼巻末316ページ

この時間でも、もう日射《ひざ》しがきつかった。通りに出て見ると、門の前はおふくろと妻が早起きをして掃いたらしく、すっかりきれいになって水も打ってあった。寝台自動車がやって来るのが九時の約束で、それまでにまだ少々間《ま》があった。そいつがここへ来て停る、そしておやじを運び出す、……その瞬間がおやじと僕の三十何年間の家庭生活の終わりになるのだ。人気のない路上に立って海のほうから吹いてくる風にあたりながら、しきりにそのことを思った。すると僕は心のどこかで、とりかえしのつかぬ事態にうかうかと手を貸してしまったような、狼狽《ろうばい》じみた気持ちに襲われた。おやじが病院へ行くことをあんなに拒んだのも、おふくろが畳の上で死なせてやりたいと言いつづけたのも、つまりは永年見慣れたこの海辺の景色とおさらばすることを言ったのだ。こんな簡単なことだったのだ。それならばなぜ家に置いといてやれなかったのだろう。

「寝台自動車」？……ということは、お父さんは病気なんでしょうか？

そのようですね。「三十何年間の家庭生活の終わり」と書いてあるので、かなり深刻な病状だと考えられます。

たしかに、「畳の上で死なせてやりたい」とお母さんも言っていますね。お父さんはもう助からない病気にかかっているんですね。

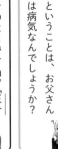

それをお父さん自身もお母さんも知っているからこそ、「永年見慣れたこの海辺の景色」とともにある自宅で最期を迎えたいと願ったんでしょうね。しかし、その気持ちに気づかなかった「僕」は、入院という「とりかえしのつかぬ事態」に「うかうかと手を貸してしまった」のを後悔しています。家で看取ればよかった、と。

設問解説

問　傍線部「狼狽じみた気持ちに襲われた。」とあるが、なぜそのような気持ちに襲われたのか。その説明として最も適当なものを、次の①〜③のうちから一つ選べ。

傍線部の「狼狽」は、「うろたえる」ということですね。どうして「僕」はうろたえたんでしょうか。

まず、「僕」は父母の真意に気づかず、父の入院にうかうかと手を貸してしまいます。しかし、いざ寝台自動車が来るという朝に、父が家には帰って来ないまま病院で亡くなるだろうとあらためて考えた時、〈永年見慣れた海辺の光景のなかで命を終えたい／終えさせてやりたい〉という父母の気持ちにやっと思いいたります。両親の気持ちを汲《く》んで、入院させずに家で看取ることもできたはずなんですね。だから「僕」は、自分のうかつさや愚かさを思い知らされて「狼狽じみた気持ちに襲われた」のです。

では選択肢を見てみましょう。

① **永年見慣れた海辺の景色から離れることを嫌がる父母の言葉を聞いてはいたが、病の重くなった父が病院に行くことに安心したから。**

「狼狽」という傍線部の言葉の意味からも、周囲の文脈からも「安心した」という心情は明らかな間違いです。

② **病気の進行を認めず、家庭内で療養すれば治ると考える父母の意向を汲まなければ、三十年におよぶ家庭生活に汚点を残すと考えたから。**

母は「畳の上で死なせてやりたい」と言っています。治るとは思っていません。

③ **自宅で療養したいと望む父母の願いの意味がやっと分かり、父を家にとどめることもできたのに、入院させてしまう愚かさに気づいたから。**

本文の内容に即した説明です。この説明は、「なぜ家に置いといてやれなかったのだろう」という後悔に対応します。

正解の③なんですが、「父母の願いの意味」と書いてありますよね。この「意味」は、「永年見慣れたこの海辺の景色とおさらばすること」が耐えがたかったということですよね。①にはその内容がはっきり書いてあるのに、③はぼかしてある気がしますが、これでも正解なんですか？

いいところに気がつきました。正解の選択肢は、もちろん本文の記述を踏まえていなければダメなんですが、本文の内容をそのまま書き写してしまうと、誰でも正解できてしまいますよね。だから、**内容はそのまま保ちつつ別の言葉で言い換えたり、抽象的に説明したりして、受験生を迷わせるんです。**このことは非常に重要なので、よく覚えていてください。

その言い換えが、**本当に本文の内容を忠実に写しているのか、それともそうじゃないのか、**見分けられなければならないんですね。

そのとおりです！

では、もう少し難しい**例題2**へ階段を上ってみましょう。**例題2**は問題文がちょっと難しくなり、選択肢も四つになります。

例題2

本文解説

次の文章は、野上弥生子《やえこ》の小説「笛」の一節である。つねは、十五年前に夫良造を亡くし、苦労してきみと清太の姉弟を育てた。現在つねの家には、工場に勤めている清太、新作と結婚したきみの一家が同居している。つねは献身的に家族に尽くしてきたが、しだいに若夫婦が中心となっていく家の中で居場所がなくなりつつあった。ある日、かつての奉公先から留守宅に住み込んで管理をしてほしいと頼まれて、つねはきみに相談する。以下はそれに続く部分である。これを読んで、後の問いに答えよ。

▼巻末318ページ

いきなりすごく長いリード文が付いていますね。これ、全部読まなきゃいけないんですか？早く本文を読まないと時間がなくなっちゃうのでは？

読まないとダメです！　**リード文は、じつは本文より重要な部分と言ってもいいくらい大事**なんです。さっき127ページで、**〈心情に関する問題〉**のヒントをボードにまとめましたよね。そのうち**「a　状況や場面」「b　人物関係」**について、本文からだけでは十分に読み取れないと作問者が判断した場合、リード文で説明すること

になっているんです。だからリード文を精読しないと、解けない設問があるんですよ。

そうなんだ。わかりました。じゃあしっかりリード文から〈**a　状況や場面**〉〈**b　人物関係**〉を読み取ってから、本文に進みます。

a　状況や場面

「つね」は夫を十五年前に亡くし、苦労して二人の子を育てた家に居場所がなくなりつつある「つね」に、留守宅の管理の依頼がくる

b　人物関係

つね ─┬─ きみ（姉）─ 新作 ……若夫婦が家の中心になりつつある
　　　└─ 清太（弟）……工場に勤めている

つねが息子と行くとなれば、その家で暮らすわけで、牛込《うしごめ》の旦那《だんな》が約束した手当は、清太が工場からなんだかんだとさし引かれたあとに持って戻る金より、少なくなかった。そちらで食べてもらうのだから、との理由によってである。

「あの辺からなら、南武線にいっぺん乗り換えればすむのだし、清ちゃんだってそう遠くなりはしないわ、それに交通費までだしてくれるなんて、そんな旨《うま》い話はないじゃないの、お母さん。」

「そう思えば、そうだけれど。」

　つねはあいまいな語尾を、冷《さ》めかけた番茶とともに咽喉《のど》の奥にすべりこませた。なにか自分に舞いこんだ幸運であるかのように張りきった娘のいい方が、いっそ淋《さび》しかった。つねにしろ思いもよらぬ収入の約束は、次第に視力も衰え、縫い物だって、いつまで根をつめてやれるか分らないのだから、まことに救いの神というべきである。それだのに、つねは娘に反対してもらいたかった。たとえば、過分な手当はそれだけ留守番の責任を重大にするわけだし、年を取って、そんなに無理をしなくともよいではないか。それに今日までずっと一緒に暮らして来たのに、いまさら別れ別れになることもなかろう、とこんなふうにでもいってくれたら。――しかし、母娘ながらに恨《うら》みがましい言葉までは洩《も》らしえなかった。

「きみ」は、母親の「つね」が弟の「清太」と家を出て、他の家に住み込みで働くようになることに賛成みたいですね。

そうですね。でも、「つね」はその態度にちょっと淋しさを感じているようですよ。その気持ちの微妙な揺れが設問になっていますね。

なるほど、「つね」は「きみ」に反対してほしかったんですね。

やっぱり、いくら「旨い話」であっても、苦労して育てた子供たちと、老後は一緒に居たいんですよね。その気持ちを「きみ」が汲《く》んでくれないから、淋しい気持ちになっているんですね。でも「恨みがま

しい言葉」を洩らすことはできない。そういう複雑な心情が、「つねはあいまいな語尾を、冷めかけた番茶とともに咽喉の奥にすべりこませた」という傍線部の表現で、うまく表されています。

設問解説

では、問題を解いてみましょう。

問　傍線部「つねはあいまいな語尾を、冷めかけた番茶とともに咽喉の奥にすべりこませた」とあるが、ここでのつねの心情はどのようなものか。その説明として最も適切なものを、次の①〜④のうちから一つ選べ。

〔本文解説〕で確認したように、「つね」は留守宅の管理という「旨い話」について、娘の「きみ」に相談しているのですが、それが「救いの神」のような仕事であるということは認めつつ、本心では今までどおりこの家でみんなと暮らしていきたいと思っているんですね。つまり、「きみ」に「お母さん、行かなくていいわよ、この家でずっと一緒に暮らしましょう」と言ってほしいわけです。

ところが「きみ」はそうした母親の気持ちを汲んでやれず、住み込みの仕事に賛成する。「つね」は淋しい気持ちになります。でも、母娘の間でも、いや母娘の間だからこそ、「恨みがましい言葉」は言えずに、ただ「あいまいな語尾を、冷めかけた番茶とともに咽喉の奥にすべりこませた」のです。

では、選択肢を吟味してみましょう。

① **調子のいい娘の言葉に不快な思いを抱き、相談する相手としてきみは当てにならないと失望を感じている。**

「不快な思い」は強すぎます。また、相談相手として当てにならないのではなく、「行くな」と言ってくれなかったことに淋しさを感じているのです。

② **引越し話に反対しない娘の態度に失望しながらも、家族一緒に暮らしていたいとも言えずやるせなく感じている。**

「つね」の複雑な心の揺れを的確に表現しています。

③ **娘の冷たい対応に不満を抱きながらも、仲のよい親子どうしだから言えることなのだろうと優しく受け入れている。**

「きみ」は「冷たい対応」をしているわけではなく、母親の身を考えれば、仕事を引きうけた方がいいと言っているのです。それがわかっているから「つね」も文句を言えないわけです。「優しく受け入れている」も「淋しかった」という気持ちとかけ離れた説明です。

④ **家族と一緒に暮らしていきたいという希望を知っていながら、娘の言葉がそれを無視しているので悲しいと思っている。**

「きみ」が母親の気持ちを知りながら、それを「無視」しているとは読み取れません。

〈**小説**〉の**「心情に関する問題」**はどうですか？

たしかに、〈**評論文**〉とはまったく違う感じですね。〈小説〉は〈評論文〉とは**違う読み方、違う解き方をしなければいけない**ということがよくわかりました。

そこに気づくのは大事です。じゃあ、**例題3**で、さらに**「心情に関する問題」**に取り組んでみましょう。今回は本文も少し長めで、選択肢もスタンダードの五つにします。

例題3

本文解説

▼巻末320ページ

次の文章は、木《き》内《うち》昇《のぼり》の小説「てのひら」の一節である。昭和三十年代の東京、夫と二人暮らしの佳《か》代《よ》子《こ》は地方から上京してくる母との二年ぶりの再会を楽しみにしていた。これを読んで、後の問いに答えよ。

やっぱり、リード文がついていますね。「佳代子」は東京暮らしで、地方から上京してくる母と二年ぶりに再会する。そういう場面ですよね。

お昼は資生堂パーラーでとった。母はメニューを見て「高いよ。高いねぇ」と念仏のように呟《つぶや》いた。

「いいのよ、私も食べたいもの。たまの贅沢だもの」

佳代子がそう言うと不承不承、「じゃあ、佳代ちゃんと同じものをいただこうかね」と顔に不安を浮かべたまま言った。節々が鉤《かぎ》状に曲がった指でコップを摑んで、一口水を含み、「帰りは歩きで行こうね」と微笑《ほほえ》んだ。

「無理よ。ここから千駄木《せんだぎ》まで歩くのは」

「平気だよ。お母さん、足は丈夫だよ」

母はテーブルの下からひょいと下駄《げた》をのぞかせた。鼻緒は美しかったが、よく見ると歯のちびた下駄だった。

「歩きやすいんだから。鼻緒をすげ替えてもう十五年も履いてるんだ」

佳代子は、周囲のテーブルに母の声が届いてしまうことを恐れた。そういう心持ちになったのは初めてのことだった。

「そうだお母さん、帰りに新しい履き物を買いましょうよ。銀座だったら質のいいものをたくさん置いているはずだから」

最初は、「高級レストラン」に母を連れていく場面ですね。「佳代子」と母の間には、大きな気持ちのすれちがいがありますね。

ためしに、母親の言動や描写に傍線を、佳代子の言動や気持ちに波線を引いてみました。

母　物価の高さを不安がる
あっけらかんと倹約ぶりを口にする
⇔
佳代子　せっかく母が上京したのだから、少々贅母はとんでもないと首を振り、「新しいのを買ったって、生きているうちに履ききれないもの」と、そう言った。なんの感傷もない、あまりに自然な物言いだった。だから無駄になっちゃうよ、と母は言ったのだ。

佳代子はこういう高級レストランに出入りする婦人たちを、常々疎ましく思っていた。つつましい暮らしこそが理想だった。けれど今日ばかりは彼女たちの華美な装いや振る舞いが羨《うらや》ましかった。こんな風に奔放で浪費家の母だったら、どれほど気が楽だったろう、と。

母は、人混《ひとご》みというものに至って無頓着《むとんじゃく》だった。そんなものがこの世にあるということなど、まるで知らないようだった。

翌日行った浅草でも、ふたりはうまく人の流れに乗ることができず、仲見《なかみ》世《せ》や浅草寺《せんそうじ》の人混みに、波間に浮かぶ木の葉のようにもてあそばれた。母は気になるものがあると周りも見ずに立ち止まり「あれ、ごらん」と幼げな声で佳代子に話しかける。そのたびに人波が遮断され、過ぎゆく人々が迷惑顔を容赦なくこちらに向けた。佳代子が母を守るように手を添えても、みな平気でぶつかっていった。腹の中に言いしれぬ怒りが湧《わ》いて治まらなかった。東京という街の雑な味気なさを憎らしく思った。きっとこの街は、あっけらかんとすべてを暴いてしまうのだ。

慣れないことで佳代子もすっかり人酔いし、足も疲れたから甘味処《かんみどころ》に寄りましょうと誘ってみると、母はやはり「六十円もするもの」と首を振った。

沢してもいいと考えている
周囲の華美な婦人たちを羨ましく思い、素朴な母を引け目に思う

浅草に行く場面でも、さっきと同じような母と娘の気持ちのすれちがいがありますね。「足も疲れたから甘味処に寄りましょうと誘ってみると、母はやはり『六十円もするもの』と首を振った。佳代子は、自分の厚意がいちいち値踏みされるようで虚しかった」という部分にそれがあらわれています。

佳代子は、自分の厚意がいちいち値踏みされるようで虚《むな》しかった。母はそんな佳代子に構わず、楽しげに昔話をした。幼い頃《ころ》の佳代子の話を。ちびた下駄の音がからからと空疎だった。

そうですね。でも、「佳代子」の気持ちは少し複雑で、勝手のわからない母にどんどんぶつかってくる人々に怒りを覚え、「東京という街の雑な味気なさを憎らしく思った」とも書かれています。

設問解説

では、設問を解いてみましょう。

問 傍線部「ちびた下駄の音がからからと空疎だった」とあるが、この「下駄の音」に対して佳代子はどのような感慨を抱いているか。その説明として最も適当なものを、次の①〜⑤のうちから一つ選べ。

「下駄の音」とありますが、「下駄」に関しては、印象的な場面がありました。引用してみましょう。

母はテーブルの下からひょいと下駄をのぞかせた。鼻緒は美しかったが、よく見ると歯のちびた下駄だった。「歩きやすいんだから。鼻緒をすげ替えてもう十五年も履いてるんだ」

佳代子は、周囲のテーブルに母の声が届いてしまうことを恐れた。そういう心持ちになったのは初めてのことだった。

「そうだお母さん、帰りに新しい履き物を買いましょうよ。銀座だったら質のいいものをたくさん置いているはずだから」

母はとんでもないと首を振り、「新しいのを買ったって、生きているうちに履ききれないもの」と、そう言った。

ここで「佳代子」は、あっけらかんと倹約ぶりを誇る母と、「周囲のテーブル」に座っている華美な装いの裕福そうな婦人たちを比べ、母の言葉を恥ずかしく思っています。そして、歯のちびた下駄の代わりに新しい履き物を買おうと提案しますが、母は無駄だから、とあっさり断ります。

この場面と、傍線部の場面を重ねあわせてみましょう。傍線部の直前で、浅草の人並みに翻弄されたあと、「佳代子」は母を甘味処に誘います。しかし母はやはり値段の高さを理由に断ります。そこで「佳代子は、自分の厚意がいちいち値踏みされるようで虚しかった」と感じるのですが、母の方は上機嫌で、幼い頃の「佳代子」の話をつづけるのです。ここからは、思いが通じないことに悩む「佳代子」と、娘のそうした気持ちに気づかない母の間のすれちがいを読み取りたいところです。「ちびた下駄の音」の「空疎」さとは、そうした二人の気持ちのズレを指しているのです。

では、選択肢を吟味しましょう。

①　**すり減った下駄の音が他人の思惑に左右されず確信を持って行動する母の姿と重なり、せわしない都会で周囲に振り回されて自らを見失いがちな自分と、変わらぬ母が引き比べられて我が身の情けなさにとらわれている。**

「下駄の音」は二人の気持ちのすれちがいを表しています。また、「佳代子」が「我が身の情けなさにとらわれている」とは読み取れません。

②　**おしゃれな人々が集う東京の街中で、新しい履き物を買わずに古い下駄をかたくなに履き続ける母のしみったれた態度を見た佳代子は乾いた下駄の音を聞くにつけ、若い頃の誇り高さを失った母に失望している。**

本文から、母は若い頃からつつましい生活をしていたと読み取れます。そういう母が、かつては「誇り高さ」を持って生きていたかどうかはわかりません。

③　**外出する際つい地味で質素な身なりをしてしまうことを控えめに語る話しぶりから、華美を競い合う東京に順応しようとしている母の価値観の変化をかぎ取り、母の思いと裏腹な下駄の音に違和感を感じている。**

「東京に順応しようとしている母」という説明は明らかな誤りです。

④　**変化が激しく人情味のない都会の現状を把握できず、しかもちびた下駄を平気で履き続けている母の足音に、外出時には都会人のようにふるまってほしいという思いが届いていないことを感じ悲しさを覚えている。**

傍線部で「佳代子」が悲しみを覚えているのは、自分の気持ちが「値踏みされる」ことに対してであって、母が「都会人のようにふるまって」くれないからではありません。

⑤ **人々の価値観のずれや老いをあらわにしてしまう東京に響く下駄の音に寂しさを覚え、東京を案内して母親を喜ばせようとする自分の思いが届かず、屈託なく昔話をする母の気持ちとの食い違いをかみしめている。**

前半は「きっとこの街は、あっけらかんとすべてを暴いてしまうのだ」という部分を言い換えたものです。後半は**〔本文解説〕**で分析した気持ちを的確に説明しています。

〈心情に関する問題〉にも、少し慣れてきました！

それはよかった。でも、小説には、他のタイプの問題もありましたよね。そう、**〈表現に関する問題〉**です。

このタイプの問題を、**例題4**で練習しましょう。

例題 4

本文解説

次の文章は、清岡《きよおか》卓行《たかゆき》の小説「アカシヤの大連」（一九六九年発表）の一節である。「彼」は当時日本の植民地だった大連に生まれ育った日系二世である。これを読んで、後の問いに答えよ。

▼巻末323ページ

五月にはいると、一、二回の雨のあとで、空は眼《め》を洗いたくなるほど濃い青に澄みきり（そのように鮮やかなプラッシャン・ブルーを、彼は日本の空に見たことがなかった）、風は爽やかで、気温は肌に快い暖かさになったのであった。特に、彼の心を激しく打ったのは、久しく忘れていたアカシヤの花の甘く芳しい薫りである。

五月の半ばを過ぎた頃《ころ》、南山麓《なんざんろく》の歩道のあちこちに沢山植えられている並木のアカシヤは、一斉に花を開いた。すると、町全体にあの悩ましく甘美な匂い、あの、純潔のうちに疼《うず》く欲望のような、あるいは、逸楽のうちに回想される清らかな夢のような、どこかしら寂しげな匂いが、いっぱいに溢《あふ》れた

この問題のリード文は短いですね。『彼』は当時日本の植民地だった大連に生まれ育った日系二世である」とあります。ということは、アカシヤの咲くこの町は大連なんですね。

そうですね。「彼」はアカシヤの花の香りに、生まれ育った大連の町を重ねて感

のであった。

夕ぐれどき、彼はいつものように独りで町を散歩しながら、その匂いを、ほとんど全身で吸った。時には、一握りのその花房を取って、一つ一つの小さな花を噛《か》みしめながら、淡い蜜の喜びを味わった。その仄《ほの》かに甘い味は、たとえば、小学生の頃のかくれんぼ、高い赤煉《れん》瓦《が》の塀に登って、そこに延びてきているアカシヤの枝の豊かな緑に身を隠し、その棘《とげ》に刺さらないように用心しながら、その花の蜜を嘗《な》めた、長く明るい午後などを思い出させた。そして彼は、この町こそやはり自分の本当のふるさとなのだと、思考を通じてではなく、肉体を通じてしみじみと感じたのであった。

彼の父も母も、高知県の出身であったから、彼の戸籍上のふるさとは、彼が徴兵検査と召集のために二度ほど出かけて行ったその南国の土地のほかにはなかった。実際に父祖の土地を見たとき、彼は自分が予期していた以上の好意を、その素朴でおおらかな田園に覚えた。父の生まれた田野町《たのちょう》や、その隣の母の生まれた奈半利町《なはりちょう》には、戦争をしている国の一部とは思えないような静けさがあった。そして、そこで、伯母や従兄《いとこ》たちがふるまってくれた鮎《あゆ》の塩焼、鰹《かつお》のたたき、あるいは、生きているようなちりめんじゃこの酢のものなどは、彼の飢えていた胃袋を強く魅惑した。しかし、B これが自分のふるさとだという実感は、どうしても湧いてこないのであった。

じているようですね。アカシヤは大連の「**象徴**」だと言えるでしょう。

生まれ育った大連の町への思い……目に見えない抽象的なもの
←　象徴
アカシヤの花の香り……実際に感じた具体的なもの

ここでは、二つの「**ふるさと**」が対比されていますね。この部分だけ読み取れば、評論文の**対比**と同じ読み方ができます。大連の町に傍線を、高知の町に波線を引いて区別しておきました。

ナイスな整理ですね。

本文の流れ

大連＝本当のふるさと……思考を通じてではなく、肉体を通じて感じる
⇔
高知＝戸籍上のふるさと……自分のふるさとだという実感は湧いてこない

設問解説

問1

〈表現に関する問題〉です。

問1　傍線部Aの表現にはどんな特徴があるか。その説明として最も適当なものを、次の①〜⑤のうちから一つ選べ。

まずは、傍線部の表現をしっかり確認しましょう。傍線部はアカシヤの花の香りを表現していますが、いくつか見逃せない特徴があります。

純潔のうちに疼く**欲望**のような、あるいは、**逸楽**のうちに回想される**清らかな夢**のような、どこかしら寂しげな匂い

← **分析**

a　**〈純潔⇔欲望〉〈逸楽⇔清らか〉といった、矛盾する言葉が組み合わされている**

b　**「〜ような」という直喩（130ページを参照してください）が繰り返されている**

とりわけ**a**が大事です。なぜこのような「矛盾」した表現を用いているのでしょうか？　ここでは、「彼」が日本の戸籍を持ちながら、植民地の大連にこそ「本当のふるさと」を感じているという心情が関係しています。これはいわば「矛盾」した心情です。そうした「彼」の複雑な愛情が向けられる大連の町、その町を象徴するアカシヤの花の香りに、「矛盾」した表現が用いられているのは、「彼」の「矛盾」した心情を表現するためでしょう。

では、選択肢を吟味してみましょう。

① **矛盾した感覚的な語を組み合わせて、×アカシヤの悩ましく官能的な匂いを巧妙に表現している。**
表現したいのは、「彼」の「矛盾」した心情です。

② ×**とらえどころのないアカシヤの匂いの曖昧さを強く印象づけるために、矛盾した語を多用している。**
これも①同様の誤りです。

③ **アカシヤの匂いによって喚起される微妙な心情を、矛盾を含んだ比喩を重ね用いて表現している。**
アカシヤの匂い→「彼」の大連への複雑な思いという流れを押さえています。**a**・**b**の分析に合致しています。

④ **記憶の中のアカシヤと現実のそれとの微妙な関係を、修飾語をいくつも重ねて表現している。**
「記憶」と「現実」の違いが問題なのではありません。

⑤ **植民地大連にただよう異国情緒を、甘美なアカシヤの匂いを用いて、写実的に表現している。**
「写実的」とは、〈現実をありのままに写すさま〉という意味ですが、矛盾した形容を重ねる傍線部とはまったく異なっています。

正解の③をはじめ、**それぞれの選択肢が、「表現したいこと」＋「テクニック」という形で構成されていることに注意してください。**これが**〈表現に関する問題〉**の選択肢の基本形です。

問2

では、**問2**の**〈心情に関する問題〉**を解きましょう。

問2　傍線部B「これが自分のふるさとだという実感は、どうしても湧いてこないのであった」とあるが、それはなぜか。その説明として最も適当なものを、次の①～⑤のうちから一つ選べ。

この問題は、【本文解説】で整理した、二つの土地に対する心情の違いを押さえればうまく解けますね。

大連＝本当のふるさと　……思考を通じてではなく、肉体を通じて感じる

⇔

高知＝戸籍上のふるさと……自分のふるさとだという実感は湧いてこない

ポイントは、「肉体を通じて本当のふるさとだと感じる」という部分ですね。高知の町は、そういう感じがないのです。

① **戸籍上のふるさとにすぎないという先入観に縛られ、土地や人々の良さが身に染みてこなかったから。**
本文には「好意」を覚えたとあります。

② **自分の肉体を通して風土と結びついていくという懐かしい感覚が、ほとんど感じられなかったから。**
肝心なポイントを簡潔に押さえています。

③ **植民地とはいえ都会育ちだった者にとっては、田園地帯の素朴さは余りに異質なものだったから。**
本文には「好意」を覚えたとあります。

④ **父祖の出身地とは言っても、自分はもちろん、父や母も実際には住んだことのなかった土地だったから。**

これは明らかな間違いです。

⑤ **ふるさとについての意識の核に位置するはずの、幼少年時代の記憶がまったく欠けていたから。**

「ふるさと」意識の核にあるのは、「幼少年時代の記憶」ではなく「肉体を通じた愛着」です。

§2 複数テクストの例題

では、**〈小説〉**の**複数テクスト問題**に進みましょう。**〈評論文〉**の場合と同じで、**〈小説〉**の**複数テクスト**の問題でも、多くの問題は一つの文章をしっかり読解できれば解けるようになっています。しかし、一つか二つの問題は、いくつかのテクストを統合して考えなければ解けません。これはやはり練習を積んでおかないと難しい。

まずは、**例題5**に取り組んでみましょう。

例題5

本文解説

▼巻末326ページ

次の文章は、梅崎《うめざき》春生《はるお》の小説「飢えの季節」の一節である。第二次世界大戦の終結直後、食糧難の東京が舞台である。これを読んで、後の問いに答えよ。

リード文では、「第二次世界大戦の終結直後、食糧難の東京が舞台」だと、**〈状況や場面〉**が説明されていますね。

私の給料が月給でなく日給であること、そしてそれも一日三円の割であることを知ったときの私の衝動はどんなであっただろう。それを私は月末の給料日に、鼠のような風貌の庶務課長から言いわたされたのであった。庶務課長のキンキンした声の内容によると、私は（私と一緒に入社した者も）しばらくの間は見習《みならい》社員というわけで、実力次第ではこれからどんなにでも昇給させるから、力を落《おと》さずにしっかりやるように、という話であった。そして声をひそめて、

「君は朝も定刻前にちゃんとやってくるし、毎日自発的に一時間ほど残業をやっていることは、僕もよく知っている。会長も知っておられると思う。だから一所懸命にやって呉れたまえ。君にはほんとに期待（注1）しているのだ（注2）」

私はその声をききながら、私の一日の給料が一枚の外食券の闇価と同じだ、などということをぼんやり考えていたのである。日給三円だと聞かされたときの衝動は、すぐ胸の奥で消えてしまって、その代《かわ》りに私の手足のさきまで今ゆるゆると拡《ひろ》がってきたのは、水のように静かな怒りであった。私はそのときすでに、此処《ここ》を辞める決心をかためていたのである。課長の言葉がとぎれるのを待って、私は低い声でいった。

「私はここを辞めさせて頂きたいとおもいます」

なぜ、と課長は鼠のようにずるい視線をあげた。

「一日三円では食えないのです。食えないことは、やはり良くないことだと

ここでは「私」の置かれた状況と、それに伴う心情の変化を的確に把握したいですね。まず「私」は、自分の給料が日割りで三円でしかないこと、三円では一食分の食費しかまかなえないことに衝撃を受けています。当然ですね、それでは生きていけないわけですから。衝撃から覚めた「私」は、「水のように静かな怒り」に満たされます。

一日の給料が、一食分をまかなう金額でしかないと知る
↓
衝撃を受ける
↓
静かな怒りに満たされる

ここでは、「静かな怒り」がまた別の心情へと移っていくことを見落とさないよう

思うんです」

そう言いながらも、ここを辞めたらどうなるか、という危惧がかすめるのを私は意識した。しかしそんな危惧があるとしても、それはどうにもならないことであった。私は私の道を自分で切りひらいてゆく他はなかった。ふつうのつとめをしていては満足に食べて行けないなら、私は他に新しい生き方を求めるよりなかった。

「君にはほんとに期待していたのだがなあ」

ほんとに期待していたのは、庶務課長よりもむしろ私なのであった。ほんとに私はどんなに人並みな暮《くら》しの出来る給料を期待していただろう。盗みもする必要がない、静かな生活を、私はどんなに希求していたことだろう。しかしそれが絶望であることがはっきり判ったこの瞬間、私はむしろある勇気がほのぼのと胸にのぼってくるのを感じていたのである。

その日私は会計の係から働いた分だけの給料を受取《うけと》り、永久にこの焼けビル(注3)に別れをつげた。電車みちまで出てふりかえると、曇り空の下で灰色のこの焼けビルは、私の飢えの季節の象徴のようにかなしくそそり立っていたのである。

にしましょう。「食えないことは、やはり良くない」という怒りから、会社を辞めることを告げた「私」は、今後は生きる道を「自分で切りひらいてゆく他はな」いと心を決めます。「静かな生活」を希求していた「私」が、それが不可能だと知った瞬間、「新しい生き方」へと思いきって舵を切る勇気が湧いてくるのを感じているのですね。

最後は物悲しいシーンで終わりますね。「灰色のこの焼けビル」という〈目に見える具体的なもの〉が、「私の飢えの季節」という〈目に見えない抽象的なもの〉の**「象徴」**になっていると述べられています。

「象徴」について、しっかりと理解できていますね！

設問解説

問1

問1は、**【資料】**などとは関係がなく、本文がしっかり読めていれば解ける問題ですね。

> **問1**　傍線部「私はむしろある勇気がほのぼのと胸にのぼってくるのを感じていたのである。」とあるが、このときの「私」の心情の説明として最も適当なものを、次の①〜⑤のうちから一つ選べ。

給料の少なさを知らされた時からの心情の変化をもう一度おさらいしておきましょう。

心情の変化

一日の給料が、一食分をまかなう金額でしかないと知る
↓
衝撃を受ける
↓
静かな怒りに満たされる
↓
会社を辞める決意を告げる

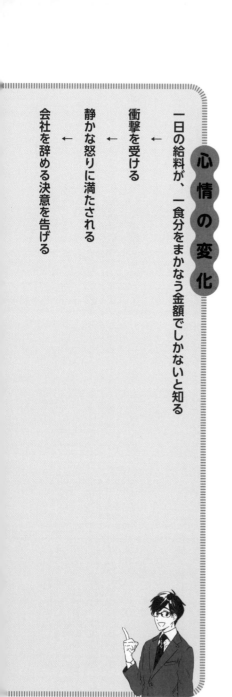

静かな生活が不可能だと思い知る
↓
思いきって新しい生き方をしてゆこうと心を決める
↓

では、選択肢を見ていきましょう。

① 希望していた静かな暮らしが実現できないことに失望したが、その給料では食べていけないと主張できたことにより、これからは会社の期待に添って生きるのではなく自由に生きようと徐々に思い始めている。

庶務課長に対して「食べていけないと主張できたこと」が、心情の変化を生んだわけではありません。

② これから新しい道を切り開いていくため静かな生活はかなわないと悲しんでいたが、課長に言われた言葉を思い出すことにより、自分がすべきことをイメージできるようになりにわかに自信が芽生えてきている。

「静かな生活はかなわない」と知ったから、「新しい道を切り開いていく」と決めたのであって、「課長に言われた言葉を思い出すこと」は関係ありません。

③ 昇給の可能性もあるとの上司の言葉はありがたかったが、盗みをせざるを得ないほどの生活不安を解消するまでの説得力を感じられないのでそれを受け入れられず、物乞いをしてでも生きていこうと決意を固めている。

「物乞いをしてでも」と読み取れる部分は本文にはありません。

④ **人並みの暮らしができる給料を期待していたが、その願いが断たれたことで現在の会社勤めを辞める決意をし、将来の生活に対する懸念はあるものの新たな生き方を模索しようとする気力が湧き起こってきている。**

先にボードにまとめた「私」の「心情の変化」を的確にまとめています。

⑤ **期待しているという課長の言葉とは裏腹の食べていけないほどの給料に気落ちしていたが、一方で課長が自分に期待していた事実があることに自信を得て、新しい生活を前向きに送ろうと少し気楽になっている。**

課長に期待されていたことが「自信」になったという部分も、「少し気楽になっている」という部分も間違っています。

問2

問2は複数テクスト型の問題ですね。本文と【**資料**】と【**文章**】を読み比べて、何が問われているのかをしっかり把握してから、空欄に入る適切な選択肢を選びましょう。

問2 Wさんのクラスでは、本文の理解を深めるために教師から本文と同時代の【**資料**】が提示された。Wさんは、【**資料**】を参考に「マツダランプの広告」と本文の「焼けビル」との共通点をふまえて「私」の「飢え」を考察することにし、【**文章**】を書いた。【**文章**】中の空欄［　］に入るものとして最も適当なものを、次の①～④のうちから一つ選べ。

まず**【資料】**では、「●補足」にある文章が重要です。「戦時中」からあった同じ広告が、「戦後も物が不足していたため」、書き換えられて掲載されたと述べられています。

次に、**【文章】**を読んで、空欄の文脈を確認しましょう。

> **【資料】**のマツダランプの広告は、a戦後も物資が不足している社会状況を表している。bこの広告と「飢えの季節」本文の最後にある「焼けビル」とには共通点がある。［　　　］

aはすでに**【資料】**にも書かれていました。では**b**はどういうことでしょう。「焼けビル」とは、**(注)3**にあるように、「戦災で焼け残ったビル」です。つまり、「焼けビル」は戦時中から戦後にまでその悲惨な姿をさらしているのです。戦時中も物資や食料が不足していたことは明らかですから、**「焼けビル」は、戦時中から戦後にかけてつづいている「私の飢えの季節」を象徴している**のですね。

こうした分析を踏まえて、選択肢を見てみましょう。

① **それは、戦時下の軍事的圧力の影響が、終戦後の日常生活の中においても色濃く残っているということだ。**
×「軍事的圧力」は「焼けビル」とは関係ありません。

② **それは、戦時下に生じた倹約の精神が、終戦後の人びとの生活態度においても保たれているということだ。**
×「倹約の精神」も「焼けビル」とは関係ありません。

③**それは、戦時下に存在した事物が、終戦に伴い社会が変化する中においても生き延びているということだ。**

ここでの「事物」とは、「マツダランプ」や「焼けビル」のことを指しています。

④**それは、戦時下の国家貢献を重視する方針が、終戦後の経済活動においても支持されているということだ。**

「戦時下の国家貢献」は「マツダランプ」には言えたとしても、「焼けビル」にはあてはまりません。

では、小説入門の最後に、**例題6**にチャレンジしましょう。これも**複数テクスト**の問題を含んでいます。

例題6

本文解説

▼巻末331ページ

次の文章は、太宰治《だざいおさむ》「パンドラの匣《はこ》」（一九四六年発表）の一節である。この小説は、第二次世界大戦の終結直後、結核を患う主人公の「僕」の、療養施設の療養者たちとの集団生活を描いている。本文中に登場する「かっぽれ」「越後」は、同室者たちのあだ名である。「かっぽれ」は、同室者たちを代表して、施設内のレクリエーションである「慰安放送」で自作の俳句を発表することになった。これを読んで、後の問いに答えよ。

この問題のリード文も長いですね。なになに、主人公の「僕」は結核の療養施設に入っているんですね。そこの同室者である「かっぽれ」が、施設のレクリエーションで俳句を発表することになった、と。——それにしても、「かっぽれ」って面白いあだ名ですね。

ただ、その「かっぽれ」がとんでもないことをしでかすんですよね。

露の世は露の世ながらさりながら

誰やらの句だ。これは、いけないと思った。けれども、それをあからさまに言って、かっぽれに赤恥をかかせるような事もしたくなかった。

「どれもみな、うまいと思いますけど、この、最後の一句は他のと取りかえたら、もっとよくなるんじゃないかな。素人考えですけど。」

「そうですかね。」かっぽれは不服らしく、口をとがらせた。「その句が一ばんいいと私は思っているんですがね。」

そりゃ、いい筈《はず》だ。俳句の門外漢の僕でさえ知っているほど有名な句なん

これはつまり、「かっぽれ」が「自作の俳句」と言いながら、誰か別の人が作った有名な俳句を提出しているということなんですか？

そのとおりです。冒頭に挙げられている「露の世は露の世ながらさりながら」という句は、後で説明されているように、小林一茶の有名な句な

だもの。

「いい事は、いいに違いないでしょうけど。」

　僕は、ちょっと途方に暮れた。

「わかりますかね。」かっぽれは図に乗って来た。「いまの日本国に対する私のまごころも、この句には織り込まれてあると思うんだが、わからねえかな。」と、少し僕を軽蔑するような口調で言う。

「どんな、まごころなんです。」と僕も、Aもはや笑わずに反問した。

「わからねえかな。」と、かっぽれは、君もずいぶんトンマな男だねえ、と言わんばかりに、眉をひそめ、「日本のいまの運命をどう考えます。露の世でしょう？　その露の世は露の世である。さりながら、諸君、光明を求めて進もうじゃないか。いたずらに悲観する勿《なか》れ、といったような意味になって来るじゃないか。これがすなわち私の日本に対するまごころというわけのものなんだ。わかりますかね。」

　しかし、僕は内心あっけにとられた。この句は、君、一茶《いっさ》(注1)が子供に死なれて、露の世とあきらめてはいるが、それでも、悲しくてあきらめ切れぬという気持《きもち》の句だった筈ではなかったかしら。それを、まあ、ひどいじゃないか。きれいに意味をひっくりかえしている。これが越後の所謂《いわゆる》(注2)「こんにちの新しい発明」かも知れないが、あまりにひどい。かっぽれのまごころには賛成だが、とにかくB古人の句を盗んで勝手な意味をつけて、もてあそぶのは悪い事

んですね。ただ「僕」は、そのことを指摘して「かっぽれ」に「赤恥をかかせるような事もしたくなかった」。だから婉曲に、これはやめておいた方がいいんではないですか、ということをほのめかしているんです。

ここでは、「かっぽれ」の理不尽な反撃を受けて、彼を傷つけまいと配慮していた「僕」の気持ちが変化していくのを読み取りましょう。「僕」が「盗作」と知りつつ、それに触れずに婉曲にこの句はやめたほうが、と言っているのを聞いた「かっぽれ」は、「いまの日本国に対する私のまごころ」をこの句に織り込んだが、それがわからないのか、と逆に「私」を小バカにする態度に出ます。その「まごころ」とやらの解釈に、「僕」はあっけにとられてしまいます。元の一茶の

だし、それにこの句をそのまま、かっぽれの作品として事務所に提出されては、この「桜の間」の名誉にもかかわると思ったので、僕は、勇気を出して、はっきり言ってやった。
「でも、これとよく似た句が昔の人の句にもあるんです。盗んだわけじゃないでしょうけど、誤解されるといけませんから、これは、他のと取りかえたほうがいいと思うんです。」

句は、〈子供に死なれた悲しみ〉を詠んでいたはずなのに、それを「光明を求めて進もう」「悲観する勿れ」と真逆の意味に取りかえているんですね。「僕」は「古人の句を盗んで勝手な意味をつけて、もてあそぶのは悪い事」だと考え、はっきりとこの句は別のところでも見たと「かっぽれ」に告げます。「盗んだわけじゃないでしょうけど」と言ってはいますが、これは「盗んだわけですよね」ということを**反語的**に表現していると考えられますね。

「反語」って、どういうことですか？

「反対のことを言って、真意をほのめかす」という屈折した表現法ですよ。たとえば、自分がとてもマヌケな勘違いをやらかした時に、誰かに

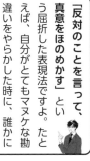

「天才的なアイディアだよな、僕にはとても思いつかないよ」と言われたら、相手の真意は「誰も思いつかないようなアホなしくじりだな」ということだとわかるでしょう。こういう表現を**「反語」**と言います。共通テストの**〈表現に関する問題〉**でも出題される可能性があるので、覚えておきましょう。

設問解説

問1

問1は、本文の関連する文脈が読み取れたら解ける問題です。**単数テクスト型の問題**ですね。

問1　傍線部Ａ「もはや笑わずに反問した」とあるが、それはなぜか。その理由の説明として最も適当なものを、次の①～⑤のうちから一つ選べ。

まず、場面を確認しましょう。「かっぽれ」がレクリエーションに自作の俳句として提出しようとしているのは、小林一茶の句でした。それに気づいた「僕」は、この句はやめておきませんか、ということを婉曲な形で述べます。しかし、他人の句だということには気づかれていないと思いこんだ「かっぽれ」は図に乗って、「少し僕を軽蔑するような口調」で「わからねえかな」と挑発するようなことを言いだします。それに対して、「僕」もさすがに冗談で流すことはできず、マジメに反問しているのです。

この内容を踏まえた選択肢はどれでしょうか。

①　**俳句に対する「かっぽれ」の真摯な態度に触れる中で、「僕」は笑いながら無難にやり過ごそうとしていた自らの慢心を悔いて、よりよい作品へと昇華させるために心を鬼にして添削しようと意気込んだから。**

二箇所とも明らかな間違いです。

②　**「かっぽれ」の稚拙な俳句に対して笑いをこらえるのに必死であったが、俳句に対する真剣な思いをとうとうと述べるその姿に触発されて、「僕」も本気で応えなければ失礼に当たると深く反省したから。**

これも二箇所とも明らかな間違いです。

③　**「僕」に俳句の知識がないと見くびっている「かっぽれ」に対し、提出された俳句が盗作であることに気付いていることを匂わせ、お互いの上下関係を明確にするため決然と異議を唱えておきたいと考えたから。**

これは、傍線部Bの後のセリフの説明で、この場面にはあてはまりません。「上下関係」も本文とは無関係な説明です。

④　**「かっぽれ」の俳句に対して曖昧な批判をしたことで、「僕」には俳句を評する力がないと「かっぽれ」が侮ってきたため、俳句に込めた彼の思いをとことん追及することでその言い分を否定しようとした**

から。

これでは、俳句を「かっぽれ」が作っていると認めていることになってしまいます。

⑤ **「かっぽれ」の顔を立てて名句の盗用について直接的な指摘を避けるうちに、「かっぽれ」が「僕」を軽んじる態度を取り始めたため、調子を合わせるのを止めて改まって発言の趣旨を聞きただそうとしたから。**

先に分析した内容を的確に踏まえて説明しています。

問2

では、**複数テクスト型の問題**である**問2**に進みましょう。この問題は、本文の傍線部Bと、本文の後につづく場面である**【資料】**を読み合わせて、「僕」の心情の変化を問うものです。

問2　授業で本文を読んだ後、傍線部B「古人の句を盗んで勝手な意味をつけて、もてあそぶ」をきっかけに、文学作品と読者との関係はどのようなものかを考えることになった。教師からは、本文よりも後の場面の一節が**【資料】**として配付された。**【資料】**を読むと、文学作品と読者との関係についての「僕」の考えが、本文の傍線部Bの時点から変化したことがわかる。この変化について説明したものとして最も適当なものを、次の①〜④のうちから一つ選べ。

【資料】　**太宰治「パンドラの匣」本文より後の「マア坊」の発言から始まる一節**

「慰安放送？　あたしの句も一緒に出してよ。ほら、いつか、あなたに教えてあげたでしょう？

（略）」

果《はた》して然《しか》りだ。しかし、かっぽれは、一向に平気で、

「うん。あれは、もう、いれてあるんだ。」

「そう。しっかりやってね。」

僕は微笑した。

これこそは僕にとって、所謂「こんにちの新しい発明」であった。この人たちには、作者の名なんて、どうでもいいんだ。みんなで力を合《あわ》せて作ったもののような気がしているのだ。そうして、みんなで一日を楽しみ合う事が出来たら、それでいいのだ。芸術と民衆との関係は、元来そんなものだったのではなかろうか。（中略）あの人たちには、作者なんて、てんで有り難くないんだ。一茶が作っても、かっぽれが作っても、マア坊が作っても、その句が面白くなけりゃ、無関心なのだ。社交上のエチケットだとか、または、趣味の向上だなんて事のために無理に芸術の「勉強」をしやしないのだ。自分の心にふれた作品だけを自分流儀で覚えて置くのだ。それだけなんだ。


「マア坊」は、「慰安放送」で「かっぽれ」が発表する俳句を「教えてあげた」と言っています。それを受けて「僕」は「果して然りだ」、つまり「やっぱりそうだった」と心の中でつぶやいているので、「かっぽれ」の句が「マア坊」から教わった盗作だったとあらためて考えていることがわかります。

「僕」は、傍線部Bの時点では「古人の句を盗んで勝手な意味をつけて、もてあそぶ」のは「悪い事だ」と考え

ていました。しかし、**【資料】**の場面では、「マア坊」や「かっぽれ」にとって誰が「作者」かなんて意味がないこと、彼らはただ「自分の心にふれた作品だけを自分流儀」で解釈して覚えておくということに思いいたります。そして、そうしたことを「こんにちの新しい発明」、つまり現代における詩の創作の新たなありようとして肯定的に認めているのです。

こうした変化をとらえた選択肢を探しましょう。

① **「僕」は、文学作品を作者が意図する意味に基づいて読むべきだという考えであったが、その後、読者に共有されることで新しい意味を帯びることもあるという考えを持ち始めている。**

前半は本文の傍線部Bにおける考えを正しく説明しており、後半は「みんなで力を合せて作った」「自分流儀で覚えて置く」という**【資料】**の内容を言い換えています。

② **「僕」は、文学作品の意味を決定するのは読者であるという考えであったが、その後、作者の意図に沿って読む厳格な態度は作品の魅力を減退させていくという考えになりつつある。**

本文における「私」は、むしろ作者の意図を大事にすべきだという立場でした。

③ **「僕」は、文学作品の価値は作者によって生み出されるという考えであったが、その後、多様性のある価値は読者によって時代とともに付加されていくという考えを持ち始めている。**

「多様性のある価値」が「時代とともに付加され」るという内容が、**【資料】**からは読み取れません。

④ **「僕」は、文学作品の価値は時代によって変化していくものだという考えであったが、その後、読者が面白いと感じることによって価値づけられることもあるという考えになりつつある。**

前半のような内容は本文では述べられていません。

〈小説〉も、**単数テクストの例題**から、**複数テクストの例題**まで、いろいろな問題に取り組んで、しっかりと階段を上りきることができましたね。

はい！　ゼロから始めて、五合目くらいまで来た感じです。

そうですね。でも、満点をとるにはまだ学ばなければならないことがありますよ。次はいよいよ、**例題**ではなく本格的な受験仕様の問題に取り組んでみましょう。まずは**単数テクスト**、それから**複数テクスト**にチャレンジしていきましょう。

§3 実戦問題1　単数テクスト

本文解説

▼巻末336ページ

小説は、短いものだと全文が出題されることもありますが、長い小説から出題された場合には、物語の途中から本文が始まることもあるんですよ。

え！　途中から始まるんですか。それだと本文の流れがわからなくなりそう……。

そうですよね。そうなると、127ページの**〈心情に関する問題〉**の四つのヒントのうち、**a〈状況や場面〉**と、**b〈人物関係〉**がわかりにくくなってしまいます。そのままだと問題を解くのにさしさわりがあるから、作問者が「前書き＝リード文」でヒントを示してくれている場合があります。136ページで触れたとおり、本文を早く読みたいと焦って、「前書き＝リード文」を飛ばしたりするのは厳禁ですよ。

次の文章は、原民喜《はらたみき》「翳《かげ》」（一九四八年発表）の一節である。これを読んで、後の問い（**問1〜6**）に答えよ。なお、設問の都合で本文の上に行数を付してある。

でも先生、今回の問題はリード文に作者とタイトルくらいしか書いていませんよ？

もちろん、この問題みたいに、ただ出典を紹介しているだけでヒントにならない場合もあります。いずれにせよ、読んでみなくてはヒントになるかどうかわかりません。**まずは立ちどまって読んでみてください**。では、本文に進みましょう。出典は、令和2年度に行われた最後のセンター試験の第2問の**小説**です。行数については巻末の問題文を参照してくださいね。

私は一九四四年の秋に妻を喪《うしな》ったが、ごく少数の知己へ送った死亡通知のほかに、満洲《まんしゅう》にいる魚芳《うおよし》へも端書《はがき》を差出《さしだ》しておいた。妻を喪った私は悔《くや》み状が来るたびに、丁寧に読み返し仏壇のほとりに供えておいた。紋切型の悔み状であっても、それにはそれでまた喪にいるものの心を鎮めてくれるものがあった。本土空襲も漸《ようや》く切迫しかかった頃のことで、出した死亡通知に何の返事も来ないものもあった。出した筈《はず》の通知にまだ返信が来ないという些細《ささい》なことも、私にとっては時折気に掛《かか》るのであったが、妻の死を知って、ほんとうに悲しみを頒《わか》ってくれるだろうとおもえた川瀬成吉からもどうしたものか、何の返事もなかった。

一九四四年、……というと、戦争のさなかじゃなかったでしたっけ。

そのとおり。連合国との戦争が終わるのは、一九四五年ですから、戦争のまっただなかですね。「本土空襲も漸く切迫しかかった頃」なんて、怖いことも書いてあります。その秋に語り手の「私」は、妻を亡くしているんですね。

この冒頭から、次のようなことを読み取っておきましょう。

a〈状況や場面〉　戦争中
b〈人物関係〉　妻を亡くす

a・bからは、「私」の心情が**不安と悲しみ**に満ちていると推測できますね。

「妻の死を知って、ほんとうに悲しみを頒《わか》ってくれるだろうとおもえた川瀬成吉からもどうしたものか、何の返事もなかった」とありますが、この**「川瀬成吉」**って誰なんでしょう？

「私」にも妻にも近しい人だったようですね。こういうカギになりそうな人物については、主人公とどんな関係にあるのか、しっかり読み取っていきましょう。それが**b〈人物関係〉**を把握するということですし、ひいては設問でもその人物のことを問うてくる場合が多いんです。それでは続きを読みます。

私は妻の遺骨を郷里の墓地に納めると、再び棲《す》みなれた千葉の借家に立帰《たちかえ》り、そこで四十九日を迎えた。輸送船の船長をしていた妻の義兄が台湾沖で沈んだということをきいたのもその頃である。サイレンはもう頻々と鳴り唸《うな》

いきなり傍線部Aがありますね。「輸送船の船長をしていた妻の義兄が台湾沖で沈んだ」というのは、敵軍の攻撃を受けて撃沈されたということ

っていた。Aそうした、暗い、望みのない明け暮れにも、私は凝《じっ》と蹲《うずくま》ったまま、妻と一緒にすごした月日を回想することが多かった。その年も暮れようとする、底冷えの重苦しい、曇った朝、一通の封書が私のところに舞込《まいこ》んだ。差出人は新潟県××郡××村×川瀬丈吉となっている。一目見て、魚芳の父親らしいことが分《わか》ったが、何気なく封を切ると、内味《なかみ》まで父親の筆跡で、息子の死を通知して来たものであった。私が満洲にいるとばかり思っていた川瀬成吉は、私の妻より五ヵ月前に既にこの世を去っていたのである。

私がはじめて魚芳を見たのは十二年前のことで、私達が千葉の借家へ移った時のことである。私たちがそこへ越した、その日、(注1)彼は早速顔をのぞけ、それからは殆《ほとん》ど毎日註文《ちゅうもん》を取りに立寄《たちよ》った。大概朝のうち註文を取ってまわり、夕方自転車で魚を配達するのであったが、どうかすると何かの都合で、日に二三度顔を現わすこともあった。そういう時も彼は気軽に(注2)一里あまりの路《みち》を自転車で何度も往復した。私の妻は毎日顔を逢《あ》わせているので、時々、彼のことを私に語るのであったが、まだ私は何の興味も関心も持たなかったし、殆ど碌《ろく》に顔も知っていなかった。

私がほんとうに魚芳の小僧を見たのは、それから一年後のことと云《い》っていい。ある日、私達は隣家の細君と一緒にブラブラと千葉海岸の方へ散歩していた。すると、向《むこう》の青々とした草原の径《みち》をゴムの長靴をひきずり、自転車を脇に押しやりながら、ぶらぶらやって来る青年があった。私達の姿を認める

とだろうと状況から読み取ってください。傍線部Aの「そうした、暗い、望みのない明け暮れ」というのは、戦争のさなかで死にとりまかれたような事態を指しているわけです。でも「私は凝と蹲ったまま、妻と一緒にすごした月日を回想することが多かった」というところからは、今の不安な現実より、過去の幸せな思い出にひたろうとする心情がにじみでていますね。

あ！**「川瀬成吉」**さん、出てきました！……でも、この人も亡くなってたんですね。……「私が満洲にいるとばかり思っていた**川瀬成吉**は、私の妻より五ヵ月前に既にこの世を去っていた」と書いてあります。

そうですね。**「魚芳」**とありますが、これが**川瀬**

と、いかにも懐《なつか》しげに帽子をとって、挨拶をした。

「魚芳さんはこの辺までやって来るの」と隣家の細君は訊《たず》ねた。

「ハア」と彼はこの一寸《ちょっと》した(注3)逢遭《ほうそう》を、いかにも愉《たの》しげにニコニコしているのであった。やがて、彼の姿が遠ざかって行くと、隣家の細君は、

「ほんとに、あの人は顔だけ見たら、まるで良家のお坊ちゃんのようですね」と嘆じた。その頃から私はかすかに魚芳に興味を持つようになっていた。

その頃——と云っても隣家の細君が魚芳をほめた時から、もう一年は隔《へだた》っていたが、——私の家に宿なし犬が居ついて、表の(注4)露次でいつも寝そべっていた。褐色の毛並《けなみ》をした、その懶惰《らんだ》な雌犬は魚芳のゴム靴の音をきくと、のそのそと立上《たちあが》って、鼻さきを持上《もちあ》げながら自転車の後について歩く。何となく魚芳はその犬に対しても愛嬌《あいきょう》を示すような身振《みぶり》であった。彼がやって来ると、この露次は急に賑《にぎ》やかになり、細君や子供たちが一頻《ひとしき》り陽気に騒ぐのであったが、ふと、その騒ぎも少し鎮まった頃、窓の方から向を見ると、魚芳は木箱の中から魚の頭を取出《とりだ》して犬に与えているのであった。そこへ、もう一人雑魚売りの爺《じい》さんが天秤棒《てんびんぼう》を担いでやって来る。魚芳のおとなしい物腰に対して、この爺さんの方は威勢のいい商人であった。そうするとまた露次は賑やかになり、爺さんの忙しげな庖丁《ほうちょう》の音や、魚芳の滑らかな声が暫《しばら》くつづくのであった。——こうした、のんびりした情景はほとんど毎日繰返《くりかえ》されていたし、ずっと続いてゆくもののようにおもわれた。だが、(注5)日華事変の頃

成吉さんを指しているとわかりましたか？**「魚芳」**の父親として**「川瀬丈吉」**という名前が挙げられていますね。ここから**「魚芳」**とは川瀬成吉さんのことだな、あだ名みたいなものなのかな、と押さえておきましょう。

から少しずつ変《かわ》って行くのであった。

ここまでの内容を整理すると、十二年前、「私」一家が千葉の借家に移ったとき、**魚芳さんこと川瀬さん**は、「私」の家に頻繁に立ち寄って、「私」や妻と親しくなっていったんですね。

この頃はまだ平和だったんですね。「**魚芳**は木箱の中から魚の頭を取出して犬に与えているのであった」なんて書いてあります。でも「日華事変の頃から少しずつ変って行くのであった」かあ……。

先に進みましょう。

私の家は露次の方から三尺幅(注6)の空地を廻《まわ》ると、台所に行かれるようになっていたが、そして、台所の前にもやはり三尺幅の空地があったが、そこへ毎日、八百屋、魚芳をはじめ、いろんな御用聞《ごようきき》(注7)がやって来る。台所の障子一重を隔てた六畳が私の書斎になっていたので、御用聞と妻との話すことは手にとるように聞《きこ》える。私はぼんやりと彼等《かれら》の会話に耳をかたむけることがあった。ある日も、それは南風が吹き荒《すさ》んでものを考えるには明るすぎる、散漫な午後であったが、米屋の小僧と魚芳と妻との三人が台所で賑やかに談笑していた。そのうちに彼等の話題は教練(注8)のことに移って行った。二人とも青年

すごく**「注」**が多い文章ですが、**「注」**がヒントになっていることもあります。面倒くさがらずに、**「注」**の内容を確認していきましょう。

訓練所へ通っているらしく、その台所前の狭い空地で、魚芳たちは「になえつつ」(注9)の姿勢を実演して(ア)興じ合っているのであった。二人とも来年入営(注10)する筈であったので、兵隊の姿勢を身につけようとして陽気に騒ぎ合っているのだ。その恰好《かっこう》がおかしいので私の妻は笑いこけていた。だが、B何か笑いきれないものが、目に見えないところに残されているようでもあった。台所へ姿を現していた御用聞のうちでは、八百屋がまず召集され、つづいて雑貨屋の小僧が、これは海軍志願兵になって行ってしまった。それから、豆腐屋の若衆がある日、赤襷《あかだすき》(注11)をして、台所に立寄り忙しげに別れを告げて行った。

目に見えない憂鬱の影はだんだん濃くなっていたようだ。が、魚芳は相変らず元気で小豆《こまめ》に立働《たちはたら》いた。妻が私の着古しのシャツなどを与えると、大喜びで彼はそんなものも早速身に着けるのであった。朝は暗いうちから市場へ行き、夜は皆が寝静まる時まで板場で働く、そんな内幕も妻に語るようになった。料理の骨《こつ》が憶《おぼ》えたくて堪《たま》らないので、教えを乞うと、親方は庖丁を使いながら彼の方を見やり、「黙って見ていろ」と、ただ、そう呟《つぶや》くのだそうだ。鞠躬如《きっきゅうじょ》(注12)として勤勉に立働く魚芳は、もしかすると、そこの家の養子にされるのではあるまいか、と私の妻は臆測もした。ある時も魚芳は私の妻に、――あなたとそっくりの写真がありますよ。それが主人のかみさんの妹なのですが、と大発見をしたように告げるのであった。

冬になると、魚芳は鵯《ひよどり》を持って来て呉《く》れた。彼の店の裏に畑があって、

傍線部Bは、なんだか微妙なことを言っていますね。「その恰好がおかしいので私の妻は笑いこけていた。だが、B何か笑いきれないものが、目に見えないところに残されているようでもあった」となっています。笑いたいのか、笑いたくないのか、わかりませんね。

設問解説のところで言いますが、こういう割り切れない気持ちを「**アンビヴァレントな心情**」と言うんです。これは心情問題ではよく問われますから、気をつけてください。冒頭で予告しておいた、**魚芳＝川瀬さん**と「私」・妻との関係がわかってきましたね。まだ平和だった頃にとても仲が良くて、だから最初に「私」も、「妻の死を知って、ほんとうに悲しみを頒ってくれるだろう」と思

そこへ毎朝沢山小鳥が集まるので、釣針《つり》に蚯蚓《みみず》を附《つ》けたものを木の枝に吊《つる》しておくと、小鳥は簡単に獲《と》れる。餌は前の晩しつらえておくと、霜の朝、小鳥は木の枝に動かなくなっている——この手柄話を妻はひどく面白がったし、私も好きな小鳥が食べられるので喜んだ。すると、魚芳は殆ど毎日小鳥を獲ってはせっせと私のところへ持って来る。夕方になると台所に彼の弾んだ声がきこえるのだった。——この頃が彼にとっては一番愉しかった時代かもしれない。その後戦地へ赴いた彼に妻が思い出を書いてやると、「帰って来たら又幾羽でも鵯鳥《ひよどり》を獲って差上げます」と何かまだ弾む気持をつたえるような返事であった。

翌年春、魚芳は入営し、やがて満洲の方から便りを寄越すようになった。その年の秋から私の妻は発病し療養生活を送るようになったが、妻は枕頭《ちんとう》で女中(注13)を指図して慰問の小包を作らせ魚芳に送ったりした。温かそうな毛の帽子を着た軍服姿の写真(注14)が満洲から送って来た。きっと魚芳はみんなに可愛《かわい》がられているに違いない。炊事も出来るし、あの気性では誰からも重宝がられるだろう、(イ)と妻は時折噂《うわさ》をした。妻の病気は二年三年と長びいていたが、そのうちに、魚芳は北支(注15)から便りを寄越すようになった。もう程なく除隊(注16)になるから帰ったらよろしくお願いする、とあった。魚芳はまた帰って来て魚屋が出来ると思っているのかしら……と病妻は心細げに嘆息した。一しきり台所を賑わしていた御用聞きたちの和やかな声ももう聞かれなかったし、世の

ったんですね。

魚芳さんは、本当に「私」たちと仲良くなっていったんですね。「私」や奥さんが面白がったり喜んだりするから、毎日のように鵯を持ってきただなんて。**魚芳さん**も愛嬌のある明るい人ですね。「この頃が彼にとっては一番愉しかった時代かもしれない」と書いてあります。

でも、そのあと**魚芳さん**は戦地に送られるんですね。「翌年春、魚芳は入営（軍務に就くために兵営に入ること）し、やがて満洲の方から便りを寄越すようになった」とありますね。奥さんもその秋に発病し、療養生活を送るようになります。

中はいよいよ兇悪《きょうあく》な貌《かお》を露出している頃であった。千葉名産の蛤《はまぐり》の缶詰を送ってやると、大喜びで、千葉へ帰って来る日をたのしみにしている礼状が来た。年の暮、新潟の方から梨の箱が届いた。差出人は川瀬成吉とあった。それから間もなく除隊になった挨拶状が届いた。魚芳が千葉へ訪れて来たのは、その翌年であった。

その頃女中を傭《やと》えなかったので、妻は寝たり起きたりの身体で台所をやっていたが、ある日、台所の裏口へ軍服姿の川瀬成吉がふらりと現れたのだった。彼はきちんと立ったまま、ニコニコしていた。久振《ひさしぶ》りではあるし、私も頻《しき》りに上《あが》ってゆっくりして行けとすすめたのだが、C彼はかしこまったまま、台所のところの閾《しきい》から一歩も内へ這入《はい》ろうとしないのであった。「何になったの」と、軍隊のことはよく分らない私達が訊ねると、「兵長になりました」と嬉《うれ》しげに応え、これからまだ魚芳へ行くのだからと、(注17)倉皇として立去《たちさ》ったのである。

そして、それきり彼は訪ねて来なかった。あれほど千葉へ帰る日をたのしみにしていた彼はそれから間もなく満洲の方へ行ってしまった。だが、私は彼が千葉を立去る前に街の歯医者でちらとその姿を見たのであった。恰度《ちょうど》私がそこで順番を待っていると、後から入って来た軍服の青年が歯医者に挨拶をした。「ほう、立派になったね」と老人の医者は懐しげに肯《うなず》いた。やがて、私が治療室の方へ行きそこの椅子に腰を下《おろ》すと、間もなく、後からやって来

傍線部Cは、これもちょっと不思議ですね。あんなに仲良くて、お互いに相手のことを気にかけて手紙をやり取りしていたのに、久しぶりに会ったら、**川瀬さん**は「台所のところの閾から一歩も内へ這入ろうとしないのであった」なんて。

ここは、**b〈人物関係〉**や**c〈行動〉**といったヒントから、うまく**川瀬さんの心情**を推測したいね。あとでじっくり考えてみましょう。この久しぶりの再会から、一度

たその青年も助手の方の椅子に腰を下した。「これは仮りにこうしておきますから、また郷里の方でゆっくりお治しなさい」その青年の手当はすぐ終《おわ》ったらしく、助手は「川瀬成吉さんでしたね」と、机のところのカードに彼の名を記入する様子であった。それまで何となく重苦しい気分に沈んでいた私はその名をきいて、はっとしたが、その時にはもう彼は階段を降りてゆくところだった。

それから二三ヵ月して、新京(注18)の方から便りが来た。川瀬成吉は満洲の吏員(注19)に就職したらしかった。あれほど内地を恋しがっていた魚芳も、一度帰ってみて、すっかり失望してしまったのであろう。私の妻は日々に募ってゆく生活難を書いてやった。すると満洲から返事が来た。「大根一本が五十銭、内地の暮しは何のことやらわかりません。おそろしいことですね」——こんな一節があった。しかしこれが最後の消息であった。その後私の妻の病気は悪化し、もう手紙を認《したた》めることも出来なかったが、満洲の方からも音沙汰なかった。

その文面によれば、彼は死ぬる一週間前に郷里に辿《たど》りついているのである。「兼て彼《か》の地に於《おい》て病を得、五月一日帰郷、五月八日、永眠仕候《つかまつりそうろう》」と、その手紙は悲痛を押《おし》つぶすような調子ではあるが、それだけに、侘《わび》しいものの姿が、一そう大きく浮《うか》び上って来る。

歯医者ですれ違っただけで、もう**川瀬さん**と「私」が会うことはなかったんですね。二、三ヵ月後の便りを最後に満洲に住むことを決めたらしい**川瀬さん**から手紙をもらうこともなくなり、妻の病気も悪化したと書かれていますね。

一行空きの後に、「その文面」とありますね？これは誰の手紙のことですか？

これは**川瀬成吉さん**の手紙じゃないですよ。「彼」と言われているのが**川瀬成吉さん**であるのは明らかなので、「彼は死ぬる一週間前に郷里に辿りついている」と知らせてきたのは、「五月八日、永眠仕候」と書いている、お父さんの川瀬丈吉さんですね。

あんな気性では皆から可愛がられるだろうと、よく妻は云っていたが、善良なだけに、彼は周囲から過重な仕事を押つけられ、悪い環境や機構の中を堪え忍んで行ったのではあるまいか。親方から庖丁の使い方は教えて貰えなくても、辛棒《しんぼう》した魚芳、久振りに訪ねて来ても、台所の閾から奥へは遠慮して這入ろうともしない魚芳。郷里から軍服を着て千葉を訪れ、(ウ)晴れがましく顧客の歯医者で手当してもらう青年。そして、遂に病軀《びょうく》をかかえ、とぼとぼと遠国から帰って来る男。……ぎりぎりのところまで堪えて、郷里に死ににに還った男。私は何となしに、また魯迅《ろじん》(注20)の作品の暗い翳を思い浮べるのであった。

終戦後、私は郷里にただ死にに帰って行くらしい疲れはてた青年の姿を再三、汽車の中で見かけることがあった。……

さて本文を読み終えました。最後に「私」は、**川瀬さん**を振り返ってこんな風に書いていますね。「善良なだけに、彼は周囲から過重な仕事を押つけられ、悪い環境や機構の中を堪え忍んで行ったのではあるまいか」と。**川瀬さん**の明るい姿を今まで書いていましたが、一行空き以降の最後の部分では、「私」の脳裡《のうり》に浮かぶ**川瀬さん**の姿は、「暗い翳」をたたえています。

最終段落は、どういうことなんでしょうか？

戦争が終わった後に、「郷里にただ死にに帰って行くらしい」青年の姿を見かけた、というところですね。これは、その前の**川瀬さん**の悲しいような「暗い翳」が、戦争後になっても「私」の頭から離れなかったということでしょうね。

では、本文の内容を整理してみましょう。

本文の流れ

a〈状況や場面〉

戦争前
↓
戦争中
↓
戦争後

b〈人物関係〉

「私」と妻と川瀬さんは親しい
↓
妻の発病→死
川瀬さんの入営→音信不通→川瀬さんの死を知らせる手紙
↓
川瀬さんの面影を疲れた青年たちに見る

これで解く準備はすみました。

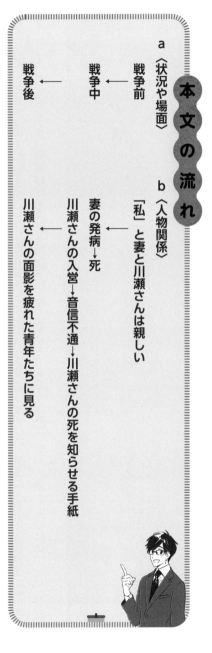

設問解説

問1

では、**問1**。「本文中における意味」となっていますが、まずは文脈よりも辞書的な意味を優先して判断する**「言葉の知識を問う問題」**だと、すでに125ページで言っておきましたね。

問1 傍線部(ア)〜(ウ)の本文中における意味として最も適当なものを、次の各群の①〜⑤のうちから、それぞれ一つずつ選べ。

(ア) 興じ合っている
① 互いに面白がっている
② 負けまいと競っている
③ それぞれが興奮している
④ わけもなくふざけている
⑤ 相手とともに練習している

(イ) 重宝がられる
① 頼みやすく思われ使われる
② 親しみを込めて扱われる
③ 一目置かれて尊ばれる
④ 思いのままに利用される
⑤ 価値が低いと見なされる

(ウ) 晴れがましく
① 何の疑いもなく
② 人目を気にしつつ
③ 心の底から喜んで
④ 誇らしく堂々と
⑤ すがすがしい表情で

(ア)の「**興じ合っている**」の「興じる」は、「**面白がる**」ということですね。これだけで①が正解だとわかります。
(イ)の「**重宝がられる**」ですが、ちゃんとこの漢字を読めますか？　そうですね、「ちょうほう」と読むんですね。
「重宝」とは読んで字のごとく「貴重な宝物」ということですが、「**便利で役に立つ**」という意味もあります。どちらでしょうか？

二つ意味があるときは、文脈で判断することになりますね。えーと、「炊事も出来るし、あの気性では誰からも(イ)**重宝がられる**だろう、と妻は時折噂をした」だから、……「便利で役に立つと思われる」という意味ですね。だとすると、①か④か。でも④は、なんだかこき使われるって感じで、「みんなに可愛がられているに違いない」という部分とは合わないなあ。①が正しいと思います！

よくできました！
(ウ)の「**晴れがましく**」ですが、この言葉の意味は「**晴れやかで誇らしげだ**」です。したがって④が正解になります。

問2

問2に進みます。

> **問2** 傍線部Ａ「そうした、暗い、望みのない明け暮れにも、私は凝と蹲ったまま、妻と一緒にすごした月日を回想することが多かった。」とあるが、それはどういうことか。その説明として最も適当なものを、次の①～⑤のうちから一つ選べ。

この設問は、そうはっきりと書いてはいないけれど、「私」の当時の心情を問う**〈心情に関する問題〉**ですね。それを踏まえた上で、まずは「そうした、暗い、望みのない明け暮れ」がどういう日々を指しているか考えましょう。

傍線部**A**の直前には「私は妻の遺骨を郷里の墓地に納めると、再び棲みなれた千葉の借家に立帰り、そこで四十九日を迎えた。輸送船の船長をしていた妻の義兄が台湾沖で沈んだということをきいたのもその頃である。サイレンはもう頻々と鳴り唸っていた。」と書いてあります。この「サイレン」は**a〈状況や場面〉**から、空襲警報と見るべきですね。したがってこの部分は、**〈妻やその義兄が相次いで亡くなる〉〈戦争の敗勢が濃くなる〉といった暗い日々（X）**を指しているんですね。でも、「私」はその中でも「凝と蹲ったまま、妻と一緒にすごした月日を回想することが多かった。」わけです。これは、**〈つらく厳しい現実を前にしても、過去の妻との幸せな思い出にひたっていたい〉（Y）**という心情を表しているんですね。

X・Yに合致する選択肢を探してみましょう。

①　生命の危機を感じさせる事態が続けざまに起こり恐怖にかられた「私」は、妻との思い出に逃避し安息を感じていた。

たしかに妻やその義兄は亡くなっていますが、Xを自分の死に対する「恐怖」として説明するのはムリがあります。

②　身近な人々の相次ぐ死に打ちのめされた「私」は、やがて妻との生活も思い出せなくなるのではないかとおびえていた。

こうした「おびえ」は本文からは読み取れません。逆に読み取れるのは、Yの妻との思い出にどこまでもひたっていたいという気持ちです。

③　世の中の成り行きに閉塞感を覚えていた「私」は、妻と暮らした記憶によって生活への意欲を取り戻そうとしていた。

Xはいいですが、Yの説明として「生活への意欲を取り戻そう」はおかしい。傍線部Aの表現からは、こんな前向きな気持ちを読み取ることはできませんね。

④　X 戦局の悪化に伴って災いが次々に降りかかる状況を顧みず、Y「私」は亡き妻への思いにとらわれ続けていた。

X・Yともに正しい説明です。これが正解です。

⑤　思うような連絡すら望めない状況にあっても、「私」は妻を思い出させるかつての交友関係にこだわり続けていた。

X・Yともに内容を大きく外しています。論外の選択肢なので、素早く消去したいところです。

問3

問3に入りましょう。

問3　傍線部Ｂ「何か笑いきれないものが、目に見えないところに残されているようでもあった」とあるが、「私」がこのとき推測した妻の心情はどのようなものか。その説明として最も適当なものを、次の①～⑤のうちから一つ選べ。

問3は少し複雑な問いかけになっていますね。でも落ち着いて、何が問われているのか考えていきましょう。

「『私』がこのとき推測した妻の心情」が問われています。もちろん中心にあるのは「**妻の心情**」ですが、妻が自分の気持ちをセリフなどではっきり表しているわけではないので、「**私」の推測した妻の心情**という問いかけになっているんです。でも、難しく考えることはありません。**この傍線部Bと、周囲の文脈から推測できる妻の気持ちを考えたらいい**わけです。

さっき、**〔本文解説〕**でひっかかったところですね？　たしか「アンビヴァレントな心情」とか？

はい、そうです。「**アンビヴァレント**」というのは、**〈同じ相手に、同時に相反する気持ちを抱くさま〉**を指すんですね。たとえば、親に対する感情なんかを思い浮かべるとわかりやすいと思います。もう子どもじゃないん

だからあんまり干渉してほしくないという気持ちと、反対にやっぱり親に頼る気持ちがともにあるのが一般的じゃないでしょうか。

こうした気持ちは多くの人が抱えているので、小説の中でも描かれることが多く、したがって**〈小説〉**の**〈心情に関する問題〉**ではよく問われることになります。

さて、傍線部**B**の文脈を確認してみましょう。

ある日も、それは南風が吹き荒《すさ》んでものを考えるには明るすぎる、散漫な午後であったが、米屋の小僧と魚芳と妻との三人が台所で賑やかに談笑していた。そのうちに彼等の話題は教練のことに移って行った。二人とも青年訓練所へ通っているらしく、その台所前の狭い空地で、魚芳たちは「になえつつ」の姿勢を実演して興じ合っているのであった。二人とも来年入営する筈であったので、兵隊の姿勢を身につけようとして陽気に騒ぎ合っているのだ。その恰好《かっこう》がおかしいので私の妻は笑いこけていた。だが、B何か笑いきれないものが、目に見えないところに残されているようでもあった。台所へ姿を現していた御用聞のうちでは、八百屋がまず召集され、つづいて雑貨屋の小僧が、これは海軍志願兵になって行ってしまった。それから、豆腐屋の若衆がある日、赤襷《あかだすき》をして、台所に立寄り忙しげに別れを告げて行った。

目に見えない憂鬱の影はだんだん濃くなっていたようだ。

波線をつけたところを見てくださいね。妻が笑いこけているのは、**「兵隊の姿勢を身につけようとして陽気に騒ぎ合っている」さまを見て、「その恰好がおかしい」から（X）**ですよね。でも、「二人とも来年入営する筈」つまり、兵隊になって軍隊に行くことが決まっているんですね。実際その後にみんな兵隊になって去って行ったと書いてあります。また「目に見えない憂鬱の影はだんだん濃くなっていた」とありますが、これはa**〈状況や場面〉**に照らして考えると、〈段々に戦争の影が近づいてきた〉ということを指しています。**〈戦争が近づいてきて、魚芳らも兵隊に行く時期がやってくる〉（Y）**から、「何か笑いきれないもの」を「私」は妻の笑いに感じ取っているんですね。

では選択肢を吟味しましょう。

①　**魚芳たちが「になえつつ」を練習する様子に気のはやりがあらわで、そうした態度で軍務につくならば、彼らは生きて帰れないのではと不安がっている。**

Yはかろうじて言えるにしても、Xの説明がまったくありません。アンビヴァレントな心情の説明になっていませんね。

②　**皆で明るく振る舞ってはいても**（X）、**魚芳たちは「になえつつ」の練習をしているのであり、以前の平穏な日々が終わりつつあることを実感している。**（Y）

X・Yとも正しく説明しています。〈明るく振る舞っている〉と〈平穏な日々が終わりつつあることの実感〉がアンビヴァレントな心情の説明になっているわけですね。

③　**「になえつつ」の練習をしあう様子に、魚芳たちがいだく期待を感じ取りつつも、商売人として一人前**

になれなかった境遇にあわれみを覚えている。

X・**Y**のいずれも大きく外れた説明になっています。ナタで切って落としましょう。

④ **魚芳たちは熱心に練習してはいるものの、「になえつつ」の姿勢すらうまくできていないため、軍務についたら苦労するのではと懸念している。**

まず**X**がありません。また、「軍務についたら苦労するのではと懸念」という部分は、**Y**の説明としてはやはり適当とは言えません。ここは、やはり〈戦争の影が近づいてくる不穏さ〉という方向で読むべきです。

⑤ **魚芳たちは将来の不安を紛らそうとして、騒ぎながら「になえつつ」の練習をしているのだが、そのふざけ方がやや度を越していると感じている。**

「魚芳たちは将来の不安を紛らそうとして」という部分が、**X**にも**Y**にもあてはまらない誤った説明です。

問4 問4をやりましょう。

> **問4**　傍線部C「彼はかしこまったまま、台所のところの閾から一歩も内へ這入ろうとしないのであった」とあるが、魚芳は「私達」に対してどのような態度で接しようとしているか。その説明として最も適当なものを、次の①～⑤のうちから一つ選べ。

設問は「魚芳は『私達』に対してどのような態度で接しようとしているか」と問うていますね。

この場面はどういう場面でしたっけ？

魚芳さんが兵隊になって中国の方へ行った後、妻が病気になってしまって何年も経《た》ったんですね。傍線部Cは、除隊になった魚芳さんが千葉の「私」と妻の家を何年かぶりで訪れた再会の場面ですね。会えてお互いにすごく嬉しいはずなのに。……「私」の方は家に上がってゆっくりしていけと何度もすすめているのに、何で魚芳さんは「一歩も内へ這入ろうとしない」んだろう？

これはちょっと難しい。魚芳さんの「心情」が問われていますが、直接のヒントになりそうな部分が傍線部Cの周囲には見つかりませんから。「軍服姿」とあるから、軍人としての覚悟から友人の家に上がらないのか、と

考えても、もう魚芳さんは除隊しているわけですしね。

こういうときは、視野を少し広くもって、**a〈状況や場面〉・b〈人物関係〉**から考えてみるといいんです。

ここでは**b**が大事ですね。「私」や妻と、魚芳さんはどんな関係でしたか？

魚芳さんが兵隊になる前は、すごく仲が良くて、日に何度も顔を合わせることさえあったんですよね。でも、友だちと言うには難しい関係です。魚芳さんは魚屋さんで、「私」たちは彼のお客さんでもあったわけですから。前の方には「夕方になると台所に彼の弾んだ声がきこえるのだった」とありますよね。これはどういうことかと言うと、ずいぶん気心が知れたときになっても、家の正式な玄関に顔を出すんじゃなくて、台所つまり勝手口にまわって用事を果たしているということなんですね。つまり魚芳さんは、**〈あくまで魚屋の小僧として、お客さんとの距離をたもっている〉**わけです。では、選択肢を見てみましょう。

① **戦時色が強まりつつある時期に、連絡せずに「私達」の家を訪問するのは兵長にふさわしくない行動だと気づき、改めて礼儀を重んじようとしている。**
もう除隊しているわけですから、もはや「兵長」ではありません。したがって、自分の行動を「兵長にふさわしくない」と考えるという説明はムリがあります。

② **再び魚屋で仕事ができると思ってかつての勤め先に向かう途中に立ち寄ったので、台所から上がれという「私達」の勧めを丁重に断ろうとしている。**
「再び魚屋で仕事ができる」と思っていた証拠はありません。69行目に「魚芳はまた帰って来て魚屋が出来ると思っているのかしら」とありますが、これは妻の推測にすぎません。

③ **「私達」に千葉に戻るのを楽しみだと言いつつ、除隊後新潟に帰郷したまま連絡を怠り、すぐに訪れな**

かったことに対する後ろめたさを隠そうとしている。

72行目に「新潟の方から梨の箱が届いた。差出人は川瀬成吉とあった」とあるのに矛盾します。

④ **「私達」と手紙で近況を報告しあっていたが、予想以上に病状が悪化している「妻」の姿を目の当たりにして驚き、これ以上迷惑をかけないようにしている。**

直前に「彼はきちんと立ったまま、ニコニコしていた」とあるので、こういう「驚き」を感じていたはずはありません。

⑤ **除隊後に軍服姿で「私達」を訪ね、姿勢を正して笑顔で対面しているが、かつて御用聞きと得意先であった間柄を今でもわきまえようとしている。**

先ほど確認した、〈あくまで魚屋の小僧として、お客さんとの距離をたもっている〉という内容と合致します。このように、心情問題では傍線部の周囲にはっきりとした根拠がない場合もあります。そういうときは、**a〈状況や場面〉**・**b〈人物関係〉**なども参考に、気持ちを推測していきましょう。

問5

続いて**問5**です。

問5 本文中には「私」や「妻」あての手紙がいくつか登場する。それぞれの手紙を読むことをきっかけとして、「私」の感情はどのように動いていったか。その説明として最も適当なものを、次の①～⑤のうちから一つ選べ。

この問題は傍線部を引いていませんね。わかりにくいな……。

たしかにね。でも、何行目の手紙かは示してありますから、焦らず本文と選択肢を照らし合わせていきましょう。

① **妻の死亡通知に対する悔み状（2行目）を読んで、紋切型の文面からごく少数の知己とでさえ妻の死の悲しみを共有しえないことを知った。その後、満洲にいる魚芳から返信が来ないという些細なことが気掛かりになる。やがて魚芳とも悲しみを分かち合えないのではないかと悲観的な気持ちが強まった。**

3行目に、紋切型の悔み状について「喪にいるものの心を鎮めてくれるものがあった」とあるので、「妻の死の悲しみを共有しえない」は誤り。最後の「やがて魚芳とも悲しみを分かち合えないのではないかと悲観的な気持ちが強まった」という部分も、本文からは読み取れません。

② **川瀬丈吉からの封書（10行目、93行目）を読んで、川瀬成吉が帰郷の一週間後に死亡していたことを知った。生前の魚芳との交流や彼の人柄を思い浮かべ、彼の死にやりきれなさを覚えていく。終戦後、汽車でしばしば見かけた疲弊して帰郷する青年の姿に、短い人生を終えた魚芳が重なって見えた。**

【本文解説】で確認したように、93行目の「文面」は魚芳さんのお父さんの「川瀬丈吉」さんのものですね。「侘しいものの姿が、一そう大きく浮び上って来る」と感じた「私」が終戦後に見ている「疲れはてた青年の姿」は、明らかに魚芳さんと重なりますね。

③ **満洲から届いた便り（64行目）を読んで、魚芳が入営したことを知った。妻が送った防寒用の毛の帽子をかぶる魚芳の写真が届き（65~66行目）、新たな環境になじんだ様子を知る。だが、すぐに赴任先**

が変わったので、周囲に溶け込めず立場が悪くなったのではないかと心配になった。

「すぐに赴任先が変わったので、周囲に溶け込めず立場が悪くなったのではないかと心配になった」というところがおかしい。66行目に「きっと魚芳はみんなに可愛がられているに違いない」と書いてありますから。

④ **北支から届いた便り（68行目）を読んで、魚芳がもうすぐ除隊になることを知った。そこには千葉に戻って魚屋で働くことを楽しみにしているから帰ったらよろしくお願いするとあった。この言葉から、時局を顧みない楽天的な傾向が魚芳たちの世代に浸透しているような感覚にとらわれていった。**

68行目の手紙には、たしかに「除隊」については書いてありますが、「千葉に戻って魚屋で働くことを楽しみにしている」とは書いてありません。妻が「魚芳はまた帰って来て魚屋が出来ると思っているのかしら」と嘆息しているだけですね。最後の部分も、「世代」について論じている点がムリがあります。

⑤ **新京から届いた便り（87行目）を読んで、川瀬成吉が満洲の吏員に就職したらしいことを知った。妻が内地での生活難を訴えると、それに対してまるで他人事のように語る返事が届いた。あれほど内地を恋しがっていたのに、役所に勤めた途端に内地への失望感を高めたことに不満を覚えた。**

妻の手紙に対して「まるで他人事のように語る返事が届いた」という部分も間違っていますが、「役所に勤めた途端に内地への失望感を高めた」という部分が決定的な誤りです。88行目からは、内地に帰って失望したから満洲の役所に勤めるようになったと読み取れます。

問6

ついに最後の設問です。ここまでは**〈心情に関する問題〉**が中心でしたが、これは128ページ以降で説明した**〈表現に関する問題〉**ですね。

問6 この文章の表現に関する説明として**適当でないもの**を、次の①～⑥のうちから二つ選べ。ただし、解答の順序は問わない。

順番に選択肢を見ていきましょう。その際、「**適当でないもの**」という指示に気をつけて。

①　**1行目「魚芳」は川瀬成吉を指し、20行目の「魚芳」は魚屋の名前であることから、川瀬成吉が、彼の働いている店の名前で呼ばれている状況が推定できるように書かれている。**

1行目の「魚芳」は「満洲にいる」と書いてありますから、本文を読み終えた今では、すぐに「川瀬成吉」を指すとわかります。また20行目には「魚芳の小僧」とあるため、「魚芳」が「魚屋の名前」だとわかりますよね。両者をつなげてみれば、この選択肢のように言うことができるでしょう。

②　**1行目「私は一九四四年の秋に妻を喪った」、14行目「私がはじめて魚芳を見たのは十二年前のことで」のように、要所で時を示し、いくつかの時点を行き来しつつ記述していることがわかるようにしている。**

1行目で「一九四四年」という具体的な年を出し、14行目にも「十二年前」と正確な時を書いていますね。「いくつかの時点を行き来しつつ記述していることがわかるようにしている」わけです。

③ **21行目「ブラブラと」、25行目「ニコニコ」、31行目「のそのそと」、100行目「とぼとぼと」と、擬態語を用いて、人物や動物の様子をユーモラスに描いている。**

これは注意が必要です。まず、「ブラブラと」「ニコニコ」「のそのそと」「とぼとぼと」は全部「擬態語」ですか？　大丈夫ですね、全部「擬態語」です。テクニックは正しいのですが、その表現が目指しているのは「人物や動物の様子をユーモラスに描く」ことでしょうか？　「遂に病軀をかかえ、とぼとぼと遠国から帰って来る男」は明らかにそうじゃないですね。したがって、これが**一つ目の正解**。

④ **31〜34行目に記された宿なし犬との関わりや57〜63行目の鶫をめぐるエピソードを提示することで、魚芳の人柄を浮き彫りにしている。**

「宿なし犬」に愛嬌を示す魚芳さんや、「私」や妻が喜ぶから毎日のように「鶫」を持ってきてくれる魚芳さんの姿からは、その気のいい人柄が浮かび上がりますね。

⑤ **42〜43行目「南風が吹き荒んでものを考えるには明るすぎる」という部分は、「午後」を修飾し、思索に適さない様子を印象的に描写している。**

「散漫な」という言葉も「午後」を修飾していますね。「ものを考える」こと、すなわち「思索に適さない様子」を強調していると見ていいですね。

⑥ **64行目「私の妻は発病し」、67〜68行目「妻の病気は二年三年と長びいていたが」、69行目「病妻」というように、妻の状況を断片的に示し、「私」の生活が次第に厳しくなっていったことを表している。**

「妻の状況を断片的に示し」という部分は間違っていませんが、それを通じて『私』の生活が次第に厳しくなっていった」といった状況の変化は読み取れませんね。中国にいる魚芳さんに千葉名産の蛤の缶詰を送ってあげたりもしていますしね。したがって、これが**二つ目の正解**。

さあ、どうでしたか？　**問1**が**〈語句の意味に関する問題〉**、**問2〜5**が**〈心情に関する問題〉**、**問6**が**〈表現に関する問題〉**でしたが、それぞれきちんと解法をつかめましたか？

はい！　ここで勉強した基本を生かして、他の**〈小説〉**にも取り組んでみます。次はいよいよ**〈複数テクスト〉**の問題ですね！

その意気です！

§4 実戦問題2　複数テクスト

では最後に、ここまでで学んだ「**小説の解き方**」を踏まえつつ、〈**複数テクスト**〉で構成された〈**小説**〉の問題にチャレンジしましょう。

まずは復習から。この章のはじめで、ポイントとして挙げられていたのは、どんなことでしたっけ？

はい。〈**小説**〉の設問は、三つのタイプが考えられるって話でしたよね。①〈**語句の意味に関する問題**〉、②〈**心情に関する問題**〉、③〈**表現に関する問題**〉ですね。①～③を解く際の考え方は異なっているので、それぞれきちんと押さえておくことが大事と教わりました。それと、**リード文がついていたら、本文を読む前に、しっかり内容を押さえること！**

よく覚えていましたね！　頼もしいかぎりです。〈**小説**〉が出題された場合、とりわけ②〈**心情に関する問題**〉の配点が大きくなります。登場人物の心情を把握・推測するヒントを、もう一度確認しておきましょう。

- a　**状況や場面**
- b　**人物関係**
- c　**行動やセリフや表情**
- d　**地の文に直接書かれている心情**

了解です！　でも、〈小説〉の〈複数テクスト〉って難しそう……。

もちろん簡単じゃありません。**共通テスト**は、どの教科をとってもかつての**センター試験**よりも情報が多く難しい問題が多いのですが、現代文もその例外ではありません。でも、安心してください。攻略の正しい道筋はあります。

では、これから問題に取り組んでいきますが、その前に一つだけ。122ページで述べたとおり、**第2問の「文学的文章」は、センター試験と同様に〈小説〉が軸になっています**。**〈複数テクスト〉**における組み合わせを考えると、**小説**の本文に、短い評論を組み合わせたり（このパターンは令和3年度の**共通テスト**が採用しました）、俳句や短歌を含めた**詩**を組み合わせたり（このパターンは令和4年度の**共通テスト**が採用しました）、あるいは「感想文（ノート）」を組み合わせたりする形式が考えられます。

いろいろ組み合わせがあるんですね。大丈夫かな？

たしかにね。でも、基本はやはり**メインになる本文をしっかり読解すること**です。**小説**ならば、まずは本文の**a〈状況や場面〉**と、**b〈人物関係〉**をきちんと把握した上で、**心情問題**に正しいアプローチで取り組むことです。この軸がブレないようにしましょう。

本文解説

▼巻末348ページ

かなり長い**リード文**がついていますね。今まで再三強調してきたように、**リード文**は読解に必要な情報をまとめてある箇所なので、まずはこれを読んで、**重要な情報をあらかじめ整理しておくことが大事です。**

> 次の文章は、黒井千次《くろいせんじ》「庭の男」（一九九一年発表）の一節である。「私」は会社勤めを終え、自宅で過ごすことが多くなっている。隣家（大野家）の庭に息子のためのプレハブ小屋が建ち、そこに立てかけられた看板に描かれた男が、「私」の自宅のダイニングキチン（キッチン）から見える。その存在が徐々に気になりはじめた「私」は、看板のことを妻に相談するなかで、自分が案山子《かかし》をどけてくれと頼んでいる雀《すずめ》のようだと感じていた。以下はそれに続く場面である。これを読んで、後の問い（**問1～5**）に答えよ。

リード文から得られる内容を、以下のようにまとめておきましょう。

a　〈状況や場面〉
- 「私」は会社を退職し、自宅で多くの時間を過ごす
- 隣家の庭に、息子のためのプレハブ小屋が建つ
- 小屋に立てかけられた看板に描かれた男が気になりはじめる

b　〈人物関係〉
- 語り手の「私」……自分のことを「案山子をどけてくれと頼んでいる雀」のように感じる
- 「私」に相談される妻

とりわけ、「自分が案山子をどけてくれと頼んでいる雀のようだと感じていた」は、語り手の心情を比喩的に述べた部分で、設問に関わる可能性が高いですね。注目しておきましょう。

では、本文を読んでいきます。

> 立《たて》看板をなんとかするよう裏の家の息子に頼んでみたら、という妻の示唆を、私は大真面目で受け止めていたわけではなかった。落着《おちつ》いて考えてみれば、その理由を中学生かそこらの少年にどう説明すればよいのか見当もつかない。相手は看板を案山子などとは夢にも思っていないだろうから、雀の論理は通用すまい。ただあの時は、妻が私の側に立ってくれたことに救われ、

「私」に相談された妻は、「立看板をなんとかするよう裏の家の息子に頼んでみたら」と返事をしたんですね。リード文の「雀」が早くも出てきていますね。

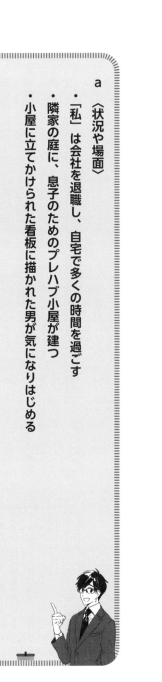

気持ちが楽になっただけの話だった。いやそれ以上に、男と睨《にら》み合った時、なんだ、お前は案山子ではないか、と言ってやる僅かなゆとりが生れるほどの力にはなった。裏返されればそれまでだぞ、と窓の中から毒突くのは、一方的に見詰められるのみの関係に比べればまだましだったといえる。

　しかし実際には、看板を裏返す手立てが摑《つか》めぬ限り、いくら毒突いても所詮空威張りに過ぎぬのは明らかである。そして裏の男は、私のそんな焦りを見透《みすか》したかのように、前にもまして帽子の広いつばの下の眼に暗い光を溜《た》め、こちらを凝視して止《や》まなかった。流しの窓の前に立たずとも、あの男が見ている、との感じは肌に伝わった。暑いのを我慢して南側の子供部屋で本を読んだりしていると、すぐ隣の居間に男の視線の気配を覚えた。そうなると、本を伏せてわざわざダイニングキチンまで出向き、あの男がいつもと同じ場所に立っているのを確かめるまで落着けなかった。

　隣の家に電話をかけ、親に事情を話して看板をどうにかしてもらう、という手も考えた。少年の頭越しのそんな手段はフェアではないだろう、との意識も働いたし、その前に親を納得させる自信がない。もしも納得せぬまま、ただこちらとのいざこざを避けるために親が看板を除去してくれたとしても、相手の内にいかなる疑惑が芽生えるかは容易に想像がつく。あの家には頭のおかしな人間が住んでいる、そんな噂《うわさ》を立てられるのは恐ろしかった。

　ある夕暮れ、それは妻が家に居る日だったが、日が沈んで外が少し涼しく

そうですね。でも、「私」はそうした方策を「大真面目で受け止めていたわけではなかった」んですね。「中学生かそこらの少年」（これがプレハブの主になる隣家の息子ですね）に、看板をどけてほしい理由を説明することが難しいからですね。

「私」はなんだか滑稽ですね。看板に描かれた男に向かって「なんだ、お前は案山子ではないか」とか「裏返されればそれまでだぞ」とかつぶやくなんて。でも、実際には裏返すことはできないので、ますます男の視線を意識するようになるんですね。本文に書いてあるように、親に電話してどうにかしてもらうのも変ですしね。

なった頃、散歩に行くぞ、と裏の男に眼で告げて玄関を出た。家を離れて少し歩いた時、町会の掲示板のある角を曲って来る人影に気がついた。迷彩色のシャツをだらしなくジーパンの上に出し、俯《うつむ》きかげんに道の端をのろのろと近づいて来る。まだ育ち切らぬ柔らかな骨格と、無理に背伸びした身なりとのアンバランスな組合せがおかしかった。細い首に支えられた坊主頭がふと上り、またすぐに伏せられた。A隣の少年だ、と思うと同時に、私はほとんど無意識のように道の反対側に移って彼の前に立っていた。

「ちょっと」

声を掛けられた少年は怯《おび》えた表情で立ち止《どま》り、それが誰かわかると小さく頷《うなず》く仕種《しぐさ》で頭だけ下げ、私を避けて通り過ぎようとした。

「庭のプレハブは君の部屋だろう」

何か曖昧な母音を洩《も》らして彼は微《かす》かに頷いた。

「あそこに立てかけてあるのは、映画の看板かい」

細い眼が閉じられるほど細くなって、警戒の色が顔に浮かんだ。

「素敵な絵だけどさ、うちの台所の窓の真正面になるんだ。置いてあるだけなら、あのオジサンを横に移すか、裏返しにするか——」

そこまで言いかけると、相手は肩を聳《そび》やかす身振りで歩き出そうとした。

「待ってくれよ、頼んでいるんだから」

肩越しに振り返る相手の顔は無表情に近かった。

では、傍線部Aの場面に進みましょう。

「私」はまず、「裏の男」に「散歩に行くぞ」と眼で告げてから外出します。そして「隣の少年」とばったり出会う。すると、「ほとんど無意識のように道の反対側に移って彼の前に立っていた」んですね。こうした行動に「私」を駆り立てた**「要因」**が**問1**で問われています。

「私」は最初、どちらかと言えば下手に出て、少年に看板をどうにかしてほしいと

「もしもさ――」

追おうとした私を振り切って彼は急ぎもせずに離れて行く。

「ジジイ――」

吐き捨てるように彼の俯いたまま低く叫ぶ声がはっきり聞えた。少年の姿が大野家の石の門に吸い込まれるまで、私はそこに立ったまま見送っていた。

ひどく後味の悪い夕刻の出来事を、私は妻に知られたくなかった。少年から見れば我が身が碌《ろく》な勤め先も持たぬジジイであることに間違いはなかったろうが、一応は礼を尽《つ》くして頼んでいるつもりだったのだから、中学生の餓鬼にそれを無視され、罵られたのは身に応えた。B身体の底を殴られたような厭《いや》な痛みを少しでも和らげるために、こちらの申し入れが理不尽なものであり、相手の反応は無理もなかったのだ、と考えてみようともした。謂《いわ》れもない内政干渉として彼が憤る気持ちもわからぬではなかった。しかしそれなら、彼は面を上げて私の申し入れを拒絶すればよかったのだ。所詮当方は雀の論理しか持ち合わせぬのだから、黙って引き下《さが》るしかないわけだ。その方が私もまだ救われたろう。

無視と捨台詞《すてぜりふ》にも似た罵言とは、彼が息子よりも遥《はる》かに歳《とし》若い少年だけに、やはり耐え難かった。

夜が更けてクーラーをつけた寝室に妻が引込んでしまった後も、私は一人

頼んでますね。でも少年はそれを無視して行ってしまう。しかも捨てゼリフは「ジジイ」ですよ！

ちょっとひどいですよね。この時の「私」が感じた「身体の底を殴られたような厭な痛み」に**問2**は焦点を当てています。「一応は礼を尽して頼んでいるつもりだった」のに、「中学生の餓鬼」に無視され罵言まで浴びせられたのは、たしかに「耐え難かった」でしょう。

傍線部Bの段落でも、「所詮当方は雀の論理しか持ち合わせぬのだから、黙って引き下るしかないわけだ」と、「雀」にこだわってますね。

居間のソファーに坐《すわ》り続けた。穏やかな鼾《いびき》が寝室の戸の隙間を洩《も》れて来るのを待ってから、大型の懐中電灯を手にしてダイニングキチンの窓に近づいた。もしや、という淡い期待を抱いて隣家の庭を窺《うかが》った。手前の木々の葉越しにプレハブ小屋の影がぼうと白く漂うだけで、庭は闇に包まれている。網戸に擦《こす》りつけるようにして懐中電灯の明《あか》りをともした。光の環《わ》の中に、きっと私を睨《にら》み返す男の顔が浮かんだ。闇に縁取られたその顔は肌に血の色さえ滲《にじ》ませ、昼間より一層生々しかった。

「馬鹿奴《め》」

呟《つぶや》く声が身体にこもった。暗闇に立つ男を罵っているのか、夕刻の少年に怒りをぶつけているのか、自らを嘲っているのか、自分でもわからなかった。懐中電灯を手にしたまま素早く玄関を出た。土地ぎりぎりに建てた家の壁と塀の間を身体を斜めにしてすり抜ける。建築法がどうなっているのか識《し》らないが、もう少し肥《ふと》れば通ることの叶《かな》わぬ僅かな隙間だった。ランニングシャツ一枚の肩や腕に(注)モルタルのざらつきが痛かった。

東隣との低い生垣《いけがき》に突き当《あた》り、檜葉《ひば》の間を強引に割ってそこを跨《また》ぎ越し、我が家のブロック塀の端を迂回《うかい》すると再び大野家との生垣を掻《か》き分けて裏の庭へと踏み込んだ。乾いた小さな音がして枝が折れたようだったが、気にかける余裕はなかった。

繁みの下の暗がりで一息つき、足許《あしもと》から先に懐中電灯の光をさっと這《は》わせ

傍線部Bで感じた「痛み」が伏線になって、「私」は奇妙な行動に出ます。夜になって妻が寝るのを待ってから、懐中電灯をもって家を出て、隣家の庭に忍び込むんですね。

ちょっと怖いですね。ホラー小説みたい。

てすぐ消した。右手の母屋も正面のプレハブ小屋も、明りは消えて闇に沈んでいる。身を屈《かが》めたまま手探りに進み、地面に雑然と置かれている小さなベンチや傘立てや三輪車をよけて目指す小屋の横に出た。

　男は見上げる高さでそこに平たく立っていた。光を当てなくとも顔の輪郭は夜空の下にぼんやり認められた。そんなただの板と、窓から見える男が同一人物とは到底信じ難かった。これではあの餓鬼に私の言うことが通じなかったとしても無理はない。案山子にとまった雀はこんな気分がするだろうか、と動悸《どうき》を抑えつつも苦笑した。

　しかし濡《ぬ》れたように滑らかな板の表面に触れた時、指先に厭な違和感が走った。それがベニヤ板でも紙でもなく、硬質のプラスチックに似た物体だったからだ。思わず懐中電灯をつけてみずにはいられなかった。果《はた》して断面は分厚い白色で、裏側に光を差し入れるとそこには金属の補強材が縦横に渡されている。人物の描かれた表面処理がいかなるものかまでは咄嗟《とっさ》に摑めなかったが、それが単純に紙を貼りつけただけの代物ではないらしい、との想像はついた。雨に打たれて果無《はかな》く消えるどころか、これは土に埋められても腐ることのないしたたかな男だったのだ。

　それを横にずらすか、道に面した壁に向きを変えて立てかけることは出来ぬものか、と持ち上げようとした。相手は根が生えたかの如《ごと》く動かない。これだけの厚みと大きさがあれば体重もかなりのものになるのだろうか。力の

ハハハ。まあ、「私」の行動について見ていきましょう。自分でもよくわからない感情に衝き動かされて看板の前に立った「私」は、あれほどまでに気になっていた「裏の男」が、単なる板に描かれた絵でしかないことに信じ難い思いを抱きます。二重傍線部は、これにつづく「案山子にとまった雀はこんな気分がするだろうか、と動悸を抑えつつも苦笑した。」という部分に引かれていますね。

やっぱり「雀」ですね！「案山子」と「雀」の比喩は**リード文**でも本文でも言及されていましたが、ここで問題を作ってくるんですね！

入れやすい手がかりを探ろうとして看板の縁を辿《たど》った指が何かに当った。太い針金だった。看板の左端にあけた穴を通して、針金は小屋の樋《とい》としっかり結ばれている。同じような右側の針金の先は、壁に突き出たボルトの頭に巻きついていた。その細工が左右に三つずつ、六ヵ所にわたって施されているのを確かめると、最早《もはや》男を動かすことは諦めざるを得なかった。夕暮れの少年の細めた眼を思い出し、理由はわからぬものの、Cあ奴《やつ》はあ奴でかなりの覚悟でことに臨んでいるのだ、と認めてやりたいような気分がよぎった。

予想どおりですね。でも、「私」は苦笑したのも束の間、その後ショッキングなことを発見するんですね。まずは、看板がベニヤ板や紙でできているのではなく、「硬質のプラスチックに似た物体」で作られた堅固なものだったのです。そこに描かれた男は、そうそう簡単に居なくなることはないとわかるんですね。

さらに「私」は、看板が太い針金でプレハブ小屋に結びつけてあるのを発見します。これはとてもじゃないが動かせないとあきらめた「私」が、夕方に出会った隣家の少年の顔を思い出して、「あ奴はあ奴でかなりの覚悟でことに臨んでいるのだ、と認めてやりたいような気分」を感じるところで本文は終わります。ここに傍線部Cがあり、「私」の心情が問われています。

では、最後に本文の流れをまとめておきましょう。

本文の流れ

a〈状況や場面〉

隣家の看板に描かれた男が気になる

↓

少年と道で出会う

↓

隣家に忍び込んで看板を動かそうとする

b〈人物関係〉

「私」は妻に相談する

↓

看板について少年に頼むが、「ジジイ」と吐き捨てられる

↓

少年が看板を動かせないように固定しているのを知る

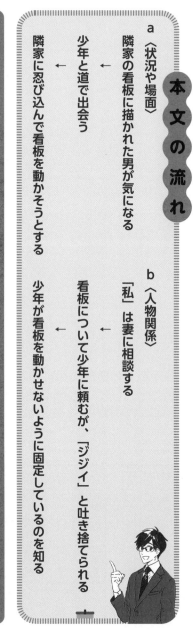

設問解説

問1

では**問1**を解きます。

問1　傍線部A「隣の少年だ、と思うと同時に、私はほとんど無意識のように道の反対側に移って彼の前に立っていた。」とあるが、「私」をそのような行動に駆り立てた要因はどのようなことか。その説明として適当なものを、次の①～⑥のうちから**二つ**選べ。ただし、解答の順序は問わない。

センター試験では、**〈小説〉**の**問1**は**〈語句の意味に関する問題〉**が定番でしたが、この問題では**〈語句の意味に関する問題〉**は省かれていますね。ただし、令和3年度と6年度の**共通テスト**では出題されましたし、語彙力は現代文読解の基礎ですから、**わからない言葉については日頃から辞書を引くクセをつけておいてください。**

設問は、「『私』をそのような行動に駆り立てた要因はどのようなことか」と問うていますね。「そのような行動」とは、隣家の少年を見かけたとたん、なかば無意識のうちに道を渡って彼の前に立ったことを指しています。

「行動」の「要因」ってことは、つまり「私」の心情を聞いているわけですね。

そのとおりです。**〈心情に関する問題〉**の解法で確認したように、ある「行動」からさかのぼって**「心情」**を推測することができるのは、「心情→行動」という因果関係が成立する場合が多いからです。「喜ぶ→バンザイする」とか、「悲しい→泣く」とかね。

では、このときの「私」の心情を本文から確認していきましょう。

まず「私」は、隣家のプレハブ小屋に立てかけられた看板に描かれた男が気になって、どうにかしてほしいと思っていた（**X**）。でも、妻が言うように少年本人に頼むにしても、何で看板をどうにかしてほしいかという理由をうまく説明できる気がしない（**Y**）。また、隣家の親に電話してなんとかしてもらおうにも、やはり親を説得する理由が見つからないし、少年の頭越しに話を進めるのはフェアではないと思いとどまる（**Z**）。

X〜**Z**を念頭に置くと、要するに「私」はにっちもさっちもいかない状況に追いこまれてるんですね。だから、少年と道で出会ったとき、どうするというはっきりとしたアテもないのに、「ほとんど無意識のように」彼の前に立ったんです。この分析を踏まえて、選択肢を吟味しましょう。

①　**親が看板を取り除いたとしても、少年にどんな疑惑が芽生えるか想像し恐ろしく思っていたこと。**

「親が看板を取り除く」という仮定は、たしかに本文にあります。ただし、そこで芽生える「疑惑」は、「少年」というよりむしろ隣の家の「親」のものだと読むべきです。

②　Z
少年を差し置いて親に連絡するような手段は、フェアではないだろうと考えていたこと。

さっき確認したZに該当します。これが一つ目の正解です。

③　**男と睨み合ったとき、お前は案山子ではないかと言ってやるだけの余裕が生まれていたこと。**

たしかに冒頭にこの内容が書かれています。でもこの設問は本文の内容に合致しているかどうかという問題ではなく、傍線部Aのような「行動」に出た「要因」を問うています。「余裕」があるなら、わざわざ少年と話す必要はないですよね。

④　**男の視線を感じると、男がいつもの場所に立っているのを確かめるまで安心できなかったこと。**

この内容も本文に書かれています。でも③と同じ理由で、この設問の答えにはなりません。

⑤　**少年の発育途上の幼い骨格と、無理に背伸びした身なりとの不均衡をいぶかしく感じていたこと。**

傍線部Aの直前に、「まだ育ち切らぬ柔らかな骨格と、無理に背伸びした身なりとのアンバランスな組合せがおかしかった」と書かれています。ただ、選択肢の「いぶかしく感じていた」は、「疑わしく感じた」の意味ですから本文とはズレます。また、このことが少年の前に立つという「行動」の「要因」だとは言えません。

⑥　Y
少年を説得する方法を思いつけないにもかかわらず、X 看板をどうにかしてほしいと願っていたこと。

XとYに該当します。二つ目の正解です。

問 2

問2に進みます。

問2　傍線部B「身体の底を殴られたような厭な痛み」とはどのようなものか。その説明として最も適当なものを、次の①～⑤のうちから一つ選べ。

傍線部B「身体の底を殴られたような厭な痛み」とはどのようなものか、問われています。

これは比喩ですよね。えーと、「ような」があるから**直喩**ですね。体の痛みじゃなくて、心の痛みをこういう風に比喩してるんですね。

そのとおり。でも、かなり痛そうな比喩ですね。本文を確認してみましょう。

「ちょっと」

声を掛けられた少年は怯《おび》えた表情で立ち止《どま》り、それが誰かわかると小さく頷《うなず》く仕種《しぐさ》で頭だけ下げ、私を避けて通り過ぎようとした。

「庭のプレハブは君の部屋だろう」

何か曖昧な母音を洩《も》らして彼は微《かす》かに頷いた。

「あそこに立てかけてあるのは、映画の看板かい」

細い眼が閉じられるほど細くなって、警戒の色が顔に浮かんだ。

「素敵な絵だけどさ、うちの台所の窓の真正面になるんだ。置いてあるだけなら、あのオジサンを横に移すか、裏返しにするか――」

そこまで言いかけると、相手は肩を聳《そび》やかす身振りで歩き出そうとした。

「待ってくれよ、頼んでいるんだから」

肩越しに振り返る相手の顔は無表情に近かった。

「もしもさ――」

追おうとした私を振り切って彼は急ぎもせずに離れて行く。

「ジジイ――」

吐き捨てるように彼の俯いたまま低く叫ぶ声がはっきり聞えた。少年の姿が大野家の石の門に吸い込まれるまで、私はそこに立ったまま見送っていた。

ひどく後味の悪い夕刻の出来事を、私は妻に知られたくなかった。少年から見れば我が身が碌《ろく》な勤め先も持たぬジジイであることに間違いはなかったろうが、一応は礼を尽《つく》して頼んでいるつもりだったのだから、中学生の餓鬼にそれを無視され、罵られたのは身に応えた。B身体の底を殴られたような厭《いや》な痛みを少しでも和らげるために、こちらの申し入れが理不尽なものであり、相手の反応は無理もなかったのだ、と考えてみようともした。謂《いわ》れもない内政干渉として彼が憤る気持ちもわからぬではなかった。しかしそれなら、彼は面を上げて私の申し入れを拒絶すればよかったのだ。所詮当方は雀の論理しか持ち合わせぬのだから、黙って引き下《さが》るしかないわけだ。その方が私もまだ救われたろう。

　無視と捨台詞《すてぜりふ》にも似た罵言とは、彼が息子よりも遥《はる》かに歳《とし》若い少年だけに、やはり耐え難かった。


　波線部の少年の行動を見てください。まず、「私」に声をかけられたとき、「私」を避けて通り過ぎようとします。看板について聞かれると、顔に警戒の色を浮かべます。「私」が「素敵な絵だけどさ」と言いつつ、なんとかしてくれと頼むと、「私」を置いて歩きだし、そればかりか「ジジイ――」と低く叫びます。

　赤で二重傍線を引いたのは、「私」の行動や態度です。ここからわかるように、「私」は「一応は礼を尽して頼んでいる」んですね。それでも少年に「無視され、罵られた」ことが「身に応えた」と感じています。こうした内容を受けて傍線部Bの**比喩**があるわけです。傍線部Bの後には、少年が面を上げて自分の申し入れを拒絶することさえしなかったことに「救われ」ない思いを抱いたとも書かれていますね。「無視と捨台詞にも似た罵言とは、彼が息子よりも遥かに歳若い少年だけに、やはり耐え難かった」という部分も関連していますので、忘れずに確認します。これらを踏まえ、選択肢を見てみましょう。

① **頼みごとに耳を傾けてもらえないうえに、話しかけた際の気遣いも顧みられず一方的に暴言を浴びせられ、存在が根底から否定されたように感じたことによる、解消し難い不快感。**
「存在が根底から否定されたように感じた」という部分が気になったかもしれませんが、これは少年に無視されたこと、

「ジジイ」と吐き捨てられたこと、さらには顔を上げて答えようともしなかったことなどをまとめて言い換えたものだと言えます。「身体の底」という傍線部の表現にも合致しますね。したがってこれが正解。

②　**礼を尽くして頼んだにもかかわらず少年から非難され、自尊心が損なわれたことに加え、そのことを妻にも言えないほどの汚点だと捉えたことによる、深い孤独と屈辱感。**

「自尊心が損なわれた」という部分がおかしい。傍線部Bの直後で「私」は「当方は雀の論理しか持ち合わせぬ」と自嘲的に言っているのですから、ここでは自尊心やプライドが問題になっているのではありません。また、「そのことを妻にも言えないほどの汚点だと捉えた」という部分もダメ。「妻に知られたくなかった」とありますが、それを「言えないほどの汚点」と言い換えるのは飛躍です。

③　**分別のある大人として交渉にあたれば、説得できると見込んでいた歳若い相手から拒絶され、常識だと信じていたことや経験までもが否定されたように感じたことによる、抑え難いいら立ち。**

「分別のある大人として交渉にあたれば、説得できると見込んでいた」という部分が間違い。たしかに「礼を尽して頼んでいる」とは書かれていますが、そうすれば少年を説得できると予想していたという内容は読み取れません。

④　**へりくだった態度で接したために、少年を増長させてしまった一連の流れを思い返し、看板についての交渉が絶望的になったと感じたことによる、胸中をえぐられるような癒し難い無念さ。**

「へりくだった態度で接したために、少年を増長させてしまった」という部分に注目です。「増長する」とは「つけあがる」という意味ですが、「へりくだった態度で接した」から、少年が「増長」したとは言えません。本文からは読み取れない不適当な因果関係を述べているので誤答です。

⑤　**看板について悩む自分に、珍しく助言してくれた妻の言葉を真に受け、幼さの残る少年に対して一方的な干渉をしてしまった自分の態度に、理不尽さを感じたことによる強い失望と後悔。**

全体的に大きく外れた選択肢です。妻の助言が「珍し」いかどうかもわかりませんし、それを「真に受け」て少年に干渉したわけでもありません。そもそも、ここで言う「痛み」は、「自分の態度」に対する「後悔」などではありません。

問3

次は**問3**です。

問3 傍線部C「あ奴はあ奴でかなりの覚悟でことに臨んでいるのだ、と認めてやりたいような気分がよぎった」における「私」の心情の説明として最も適当なものを、次の①〜⑤のうちから一つ選べ。

傍線部Cは、本文の末尾に引かれています。「あ奴」が隣家の少年だということはすぐわかります。では、「かなりの覚悟でことに臨んでいるのだ、と認めてやりたいような気分がよぎった」とはどういうことでしょうか。場面を確認しましょう。少年に無視されて傷ついた「私」は、夜、こっそり隣家の庭に忍び込み、看板に近づきます。しかしそれは「硬質のプラスチックに似た物体」に「金属の補強材」を渡した手強いものでした。動かそうとしても、看板は「根が生えたかの如く動かない」。看板は動かせないように太い針金で厳重に小屋の樋に縛りつけられていたのです。誰に何と言われようと看板を動かさないぞ、という少年の固い意志が読み取れます。

傍線部Cの「こと」とは、看板を動かすか否かという件のことを指しています。そして少年がそれに関して断固たる対策を取っていたことを見て、その意志を「認めてやりたいような気分がよぎった」わけですね。ここで

「認めてやりたいような気分」は、内容を確定するのがかなり難しいので、誤りの選択肢を消していく消去法を有効に使いたいところです。**〈心情に関する問題〉は、「推測」というやや曖昧な部分を含んでいますから、消去法が役に立つことが多い**のです。このことは覚えておいてくださいね。では選択肢を吟味してみましょう。

① **夜中に隣家の庭に忍び込むには決意を必要としたため、看板を隣家の窓に向けて設置した少年も同様に決意をもって行動した可能性に思い至り、共感を覚えたことで、彼を見直したいような気持ちが心をかすめた。**

「夜中に隣家の庭に忍び込むには決意を必要とした」とあります。常識ではたしかにそうでしょうが、本文では「懐中電灯を手にしたまま素早く玄関を出た」とあるだけで、特別な「決意」があったようには書かれていません。したがって少年の決意ある行動に「共感」したとも言えません。

② **隣家の迷惑を顧みることなく、看板を撤去し難いほど堅固に設置した少年の行動には、彼なりの強い思いが込められていた可能性があると気づき、陰ながら応援したいような新たな感情が心をかすめた。**

「陰ながら応援したいような新たな感情」が的外れです。たしかに「認めてやりたいような気分」と書かれてはいますが、それは「応援したい」とは違います。

③ **劣化しにくい素材で作られ、しっかり固定された看板を目の当たりにしたことで、少年が何らかの決意をもってそれを設置したことを認め、その心構えについては受け止めたいような思いが心をかすめた。**

「少年が何らかの決意をもってそれを設置した」ことは「かなりの覚悟でことに臨んでいる」に、「その心構えについては受け止めたいような思いが心をかすめた」という部分は「認めてやりたいような気分がよぎった」に、それぞれ対応しています。よってこれが正解。

④ **迷惑な看板を設置したことについて、具体的な対応を求めるつもりだったが、撤去の難しさを確認した**

ことで、この状況を受け入れてしまったほうが気が楽になるのではないかという思いが心をかすめた。

「撤去の難しさを確認した」は正しいのですが、「この状況を受け入れてしまったほうが気が楽になるのではないか」という部分が誤り。傍線部Cは「あ奴」、つまり少年にむけられた気持ちで、自分が事態を受け入れれば楽になるといったことを指しているのではありません。

⑤ **看板の素材や設置方法を直接確認し、看板に対する少年の強い思いを想像したことで、彼の気持ちを無視して一方的に苦情を申し立てようとしたことを悔やみ、多少なら歩み寄ってもよいという考えが心をかすめた。**

「彼の気持ちを無視して一方的に苦情を申し立てよう」という部分が間違っています。少年と話したとき、「私」は「一応は礼を尽して頼んでいる」と考えていました。また、「多少なら歩み寄ってもよい」と思ったとは読み取れないでしょう。

問4

問4をやりましょう。

問4 本文では、同一の人物や事物が様々に呼び表されている。それらに着目した、後の(i)・(ii)の問いに答えよ。

(i) 隣家の少年を示す表現に表れる「私」の心情の説明として最も適当なものを、次の①～⑤のうちから一つ選べ。

この問題は解きにくいですね。傍線部もないし、何を問われているのかわかりにくいです。

たしかに、少し特殊な設問ですね。でも焦らずにじっくり考えてみましょう。まず、「本文では、同一の人物や事物が様々に呼び表されている」ことに着目した設問だと押さえておきます。さらに、**傍線が引かれていないものは、あらかじめ正解の方向を読み取ることが難しいので、消去法を解法の中心に据えましょう。**

(i)は「隣家の少年を示す表現に表れる『私』の心情」が問われています。選択肢を確認してみます。

① **当初はあくまで他人として「裏の家の息子」と捉えているが、実際に遭遇した少年に未熟さを認めたのちには、「息子よりも遥かに歳若い少年」と表して我が子に向けるような親しみを抱いている。**

「実際に遭遇した少年に未熟さを認めた」という部分がおかしいですね。少年による無視と罵言は「私」を傷つけますが、それを「未熟さ」と感じたとは読み取れないでしょう。また「息子よりも遥かに歳若い少年」という表現が「我が子に向けるような親しみ」を示しているという読みは明らかな間違いです。本文では、「息子よりも遥かに歳若い少年だけに、やはり耐え難かった」となっていますから。

② **看板への対応を依頼する少年に礼を尽くそうとして「君」と声をかけたが、無礼な言葉と態度を向けられたことで感情的になり、「中学生の餓鬼」「あの餓鬼」と称して怒りを抑えられなくなっている。**

「礼を尽くそうとして」という内容は本文に根拠があります。少年に「無礼な言葉と態度を向けられた」という部分もそのとおりです。また、「餓鬼」という言い方は、そうした少年に対する怒りを表現していると言えるでしょう。したがってこれが正解です。

③ **看板撤去の交渉をする相手として、少年とのやりとりの最中はつねに「君」と呼んで尊重する様子を見**

せる一方で、少年の外見や言動に対して内心では「中学生の餓鬼」「あの餓鬼」と侮っている。

「つねに『君』と呼んで尊重する様子を見せる」とありますが、「君」と呼んでいるのは「庭のプレハブは君の部屋だろう」という箇所だけです。また、「少年の外見」を「侮っている」という部分も明らかな間違いです。

④ **交渉をうまく進めるために「君」と声をかけたが、直接の接触によって我が身の老いを強く意識させられたことで、「中学生の餓鬼」「息子よりも遥かに歳若い少年」と称して彼の若さをうらやんでいる。**
後半の「『中学生の餓鬼』『息子よりも遥かに歳若い少年』と称して彼の若さをうらやんでいる」という内容が大きく外れています。

⑤ **当初は親の方を意識して「裏の家の息子」と表していたが、実際に遭遇したのちには少年を強く意識し、「中学生の餓鬼」「息子よりも遥かに歳若い少年」と彼の年頃を外見から判断しようとしている。**
「裏の家の息子」という表現が、少年よりも親を意識したものだとは言えないでしょう。また、「『中学生の餓鬼』『息子よりも遥かに歳若い少年』」といった表現が、「彼の年頃を外見から判断しようとし」たという表面的なことにとどまらないのも明らかです。

(ii)に進みます。今度は少年ではなく、看板の絵に対する表現に関わるものですね。同じように消去法を中心に据えて選択肢を吟味しましょう。かなり長い選択肢ばかりですが、素早く、かつ丁寧に吟味しましょう。

(ii) 看板の絵に対する表現から読み取れる、「私」の様子や心情の説明として最も適当なものを、次の①～④のうちから一つ選べ。

① **「私」は看板を「裏の男」と人間のように意識しているが、少年の前では「映画の看板」と呼び、自分**

の意識が露呈しないように工夫する。しかし少年が警戒すると、「素敵な絵」とたたえて配慮を示した直後に「あのオジサン」と無遠慮に呼んでおり、余裕をなくして表現の一貫性を失った様子が読み取れる。

「裏の男」に「散歩に行くぞ」と眼で告げているのですから、「人間のように意識している」と言えるでしょう。しかし、そうした奇妙な意識を少年の前では隠そうとして最初は「映画の看板」と呼ぶわけです。とはいえ、少年の態度が硬化すると「素敵な絵」と言ったそばから「あのオジサン」と呼び、いかにも支離滅裂な感じです。この選択肢はそういった複雑な心情を表現していると言えます。正解です。

② 「私」は看板について「あの男」「案山子」と比喩的に語っているが、少年の前では「素敵な絵」と大げさにたたえており、さらに、少年が憧れているらしい映画俳優への敬意を全面的に示すように「あのオジサン」と呼んでいる。少年との交渉をうまく運ぼうとして、プライドを捨てて卑屈に振るまう様子が読み取れる。

「案山子」は比喩的と言えるでしょうが、「あの男」は比喩ではありません。また、「少年が憧れているらしい映画俳優への敬意を全面的に示す」なら、「あのオジサン」なんて呼ぶはずはありませんよね。

③ 「私」は妻の前では看板を「案山子」と呼び、単なる物として軽視しているが、少年の前では「素敵な絵」とたたえ、さらに「あのオジサン」と親しみを込めて呼んでいる。しかし、少年から拒絶の態度を示されると、「看板の絵」「横に移す」「裏返しにする」と物扱いしており、態度を都合よく変えている様子が読み取れる。

まず、妻の前ではっきりと看板を「案山子」と呼んだかどうか、リード文からも本文からもはっきりしません。②と同様、「あのオジサン」が「親しみを込め」た呼び方だとも言えないでしょう。

④ **「私」は看板を「裏の男」「あの男」と人間に見立てているが、少年の前でとっさに「映画の看板」「素敵な絵」と表してしまったため、親しみを込めながら「あのオジサン」と呼び直している。突然訪れた少年との直接交渉の機会に動揺し、看板の絵を表する言葉を見失い慌てふためいている様子が読み取れる。**

これも②や③と同じです。「あのオジサン」が出てくる文脈は、「あのオジサンを横に移すか、裏返しにするか」というもので、「親しみ」ではなく、明らかに邪魔者扱いしています。

問5

最後に**問5**です。

問5 Nさんは、二重傍線部「案山子にとまった雀はこんな気分がするだろうか、と動悸を抑えつつも苦笑した。」について理解を深めようとした。まず、国語辞典で「案山子」を調べたところ季語であることがわかった。そこでさらに、歳時記（季語を分類して解説や例句をつけた書物）から「案山子」と「雀」が詠まれた俳句を探し、これらの内容を**【ノート】**に整理した。このことについて、後の(i)・(ii)の問いに答えよ。

【ノート】

●国語辞典にある「案山子」の意味

㋐竹や藁《わら》などで人の形を造り、田畑に立てて、鳥獣が寄るのをおどし防ぐもの。とりおどし。

㋑見かけばかりもっともらしくて、役に立たない人。

季語・秋。

●歳時記に掲載されている 案山子と雀の俳句

ⓐ「案山子立つれば群雀空にしづまらず」（飯田蛇笏《だこつ》）

ⓑ「稲雀追ふ力なき案山子かな」（高浜年尾）

ⓒ「某《それがし》は案山子にて候《そうろう》雀殿」（夏目漱石）

●解釈のメモ

ⓐ遠くにいる案山子に脅かされて雀が群れ騒ぐ風景。

ⓑ雀を追い払えない案山子の様子。

ⓒ案山子が雀に対して虚勢を張っているように見える様子。

●「案山子」と「雀」の関係に注目し、看板に対する「私」の認識を捉えるための観点。

・看板を家の窓から見ていた時の「私」→ X

・看板に近づいた時の「私」→ Y

(i)　Nさんは、「私」が看板を家の窓から見ていた時と近づいた時にわけたうえで、国語辞典や歳時記の内容と関連づけながら【ノート】の傍線部について考えようとした。空欄 X と Y に入る内容の組合せとして最も適当なものを、後の①～④のうちから一つ選べ。

〈複数テクスト〉の構造を作るために、「Nさん」の**【ノート】**を用いていますね。

設問文にもいろいろ書いてあるし、**【ノート】**に書かれた情報も多いし、頭が混乱してしまいそうです。時間がかかっちゃいそうだなあ。

そうですね。時間はかなり厳しいですね。**はじめに**で注意したように、現代文の大問も三つに増えますし、**〈複数テクスト〉**の問題演習を重ねて、**時間配分をしっかり意識しなければなりません**。

まずは設問の要求を確認します。二重傍線部にある「案山子」が俳句の季語であることが指摘され、また「案山子」と「雀」が詠まれた俳句を**【ノート】**にまとめたことが書かれています。**【ノート】**に俳句が三句書かれていますね。この問題は、俳句や短歌などを含む**詩**と**小説**を組み合わせて**複数テクスト化**したものだとも言えます。**【ノート】**は、「国語辞典にある『案山子』の意味」と「歳時記に掲載されている案山子と雀の俳句」、「『案山子』と『雀』の関係に注目し、看板に対する『私』の認識を捉えるための観点」の三つの部分が組み合わさっています。それぞれの部分同士の関係も押さえる必要がありますね。なかなか厄介です。

まずは(i)から。空欄 X は「看板を家の窓から見ていた時の『私』」についての説明、 Y は「看板に近づいた時の『私』」についての説明ですね。前者の「私」は、相手を人間のように感じ、その視線が気になってしょうがない状態です。それに対して、後者は男を描いた看板が「ただの板」だと感じられ、「窓から見える男」とそれが同一人物とは思えないと述べた上で、それまでの我を忘れたかのように混乱していた自分を滑稽にすら感じ、「私」は苦笑しています。

選択肢が、X と Y それぞれ二つずつに分かれていることに気をつけて、的確に吟味しましょう。

(ア) **X ―― 歳時記の句ⓐでは案山子の存在に雀がざわめいている様子であり、国語辞典の説明㋐にある「おどし防ぐ」存在となっていることに注目する。**

前半の説明は正しい。また、これは「案山子」が「おどし防ぐ」存在となっていることだと言えます。X にはこちらが入ります。

(イ) **X ―― 歳時記の句ⓒでは案山子が虚勢を張っているように見え、国語辞典の説明㋑にある「見かけばかりもっともらし」い存在となっていることに注目する。**

X において「案山子」すなわち「看板の男」は、「虚勢を張っている」のでも「見かけばかりもっともらし」い存在になっているのでもなく、気になって仕方がない対象です。したがってこの選択肢は間違いです。

(ウ) **Y ―― 歳時記の句ⓑでは案山子が実際には雀を追い払うことができず、国語辞典の説明㋑にある「見かけばかりもっともらし」い存在となっていることに注目する。**

Y において「雀」すなわち「私」は、「案山子」すなわち「看板の男」に接近しています。しかも、もう恐れや不安を感じていません。したがって、前半も後半も正しいと言えるこの選択肢が Y に入ります。

(エ) **Y ―― 歳時記の句ⓒでは案山子が雀に対して自ら名乗ってみせるだけで、国語辞典の説明㋐にある「おどし防ぐ」存在となっていることに注目する。**

前半の、「案山子が雀に対して自ら名乗ってみせる」という内容が何を指しているのかわかりません。また、後半の「おどし防ぐ」という役割を「案山子」が果たしていないのは明らかです。

① X—(ア)　Y—(ウ)
② X—(ア)　Y—(エ)
③ X—(イ)　Y—(ウ)
④ X—(イ)　Y—(エ)

したがって、答えは①ですね。

(ii)に進みましょう。これは本文と**【ノート】**を踏まえて、「私」の看板に対する認識の変化や心情を問うもので、かなり複雑な問題ですね。やはり消去法を有効に活用したいところです。

(ii) **【ノート】**を踏まえて「私」の看板に対する認識の変化や心情について説明したものとして、最も適当なものを、次の①～⑤のうちから一つ選べ。

① **はじめ「私」は、ⓒ「某は案山子にて候雀殿」の虚勢を張る「案山子」のような看板に近づけず、家のなかから眺めているだけの状態であった。しかし、そばまで近づいたことで、看板は㋑「見かけばかりもっともらし」いものであることに気づき、これまで「ただの板」にこだわり続けていたことに対して大人げなさを感じている。**

「ⓒ『某は案山子にて候雀殿』の虚勢を張る『案山子』のような看板に近づけず」という部分が問題です。(i)の X に入れたのは(ア)だったことを思い出してください。ここで「案山子」は、ⓐのように「雀」である「私」を「おどし防ぐ」存在なのです。後半は合っていますね。

② はじめ「私」は、ⓑ「稲雀追ふ力なき案山子かな」の「案山子」のように看板は自分に危害を加えるようなものではないと理解していた。しかし、意を決して裏の庭に忍び込んだことで、看板のⓐ「おどし防ぐもの」としての効果を実感し、雀の立場として「ただの板」に苦しんでいる自分に気恥ずかしさを感じている。

前半が間違っています。「看板は自分に危害を加えるようなものではない」と思っているなら、それをなんとかしてほしいと切望することはないはずです。後半の「『おどし防ぐもの』としての効果を実感」という内容も間違っています。「私」は看板を「ただの板」だと感じたわけですから。

③ はじめ「私」は、自分を監視している存在として看板を捉え、ⓐ「おどし防ぐもの」と対面するような落ち着かない状態であった。しかし、おそるおそる近づいてみたことで、ⓒ「某は案山子にて候雀殿」のように看板の正体を明確に認識し、「ただの板」に対する怖さを克服しえた自分に自信をもつことができたと感じている。

前半は正しい。しかし、後半の「『ただの板』に対する怖さを克服しえた」という部分がおかしい。「私」は当初「看板の男」を「ただの板」とは思えなかったから、あれほどのこだわりを抱いたのです。

④ はじめ「私」は、ⓐ「とりおどし」のような脅すものとして看板をとらえ、その存在の不気味さを感じている状態であった。しかし、暗闇に紛れて近づいたことにより、実際にはⓑ「稲雀追ふ力なき案山子かな」のような存在であることを発見し、「ただの板」である看板に心を乱されていた自分に哀れみを感じている。

これも前半は正しい。しかし最後の「『ただの板』である看板に心を乱されていた自分に哀れみを感じている」という部分が間違いです。自分を哀れんでいるとは読み取れません。

⑤ **はじめ「私」は、常に自分を見つめる看板に対してⓐ「群雀空にしづまらず」の「雀」のような心穏やかでない状態であった。しかし、そばに近づいてみたことにより、看板は㋑「見かけばかりもっともらし」いものであって恐れるに足りないとわかり、「ただの板」に対して悩んできた自分に滑稽さを感じている。**

前半は正しい。また、後半の「看板」が「恐れるに足りないとわか」ったという内容も、「『ただの板』に対して悩んできた自分に滑稽さを感じている」という部分にも問題はありません。二重傍線部の「苦笑した」という表現には、それまでの自分の恐れぶりを滑稽に思っていることが示されています。

さあ、どうだったでしょう？

かなり大変でした！　でも、**〈複数テクスト〉**に慣れていけば、かかる時間も段々と縮めていける気がします。

たしかに、**〈複数テクスト〉**は共通テストに特有の形式ですから、しっかり慣れておくことが重要ですね。もう一度、最後に確認しておきますが、〈小説〉**では、とりわけ心情問題において、間違った選択肢を削っていく消去法が有効な場合が多い**です。何を答えればいいか、とっさにわからない場合には、まずは消去法を使ってみましょう。

第3章

実用文　ゼロからピークへ

§1 実用文の例題

〈評論文〉と**〈小説〉**については、読解の仕方や設問の解法をマスターできたように思います！
でも、共通テストには、令和7年度から新たな**第3問**が出題されるんですよね？
第3問は、**〈評論文〉**とも**〈小説〉**とも解き方が違うんですか？

そうなんです。令和5年に発表された**「試作問題」**を見るかぎり、今までに出題されなかったタイプの問題だと想定されるので、**第3問用に特化した練習が必要**です。不安だとは思いますが、この本は**第3問**も**〈評論文〉〈小説〉**と同様に、**シンプルで易しめの例題からじっくり階段を上っていきます**から、安心してついてきてください。

頼もしいなあ！　がんばります！

では、**第3問**の大きな傾向から押さえていきましょう。**第3問**も他の問題同様、**〈複数テクスト〉で構成されています**。ただしその複数テクストの中身が問題です。**〈実用文〉**と呼ばれるジャンルにあたるからです。

〈実用文〉って、どういう文章でしたっけ？

序章の13ページでも引用しましたが、念のためもう一度確認しておいた方がよさそうですね。**共通テスト**の国語の**「問題作成方針」（令和4年度）**には、次のように書かれています。

> 言語を手掛かりとしながら、文章から得られた情報を多面的・多角的な視点から解釈したり、目的や場面等に応じて文章を書いたりする力などを求める。近代以降の文章（論理的な文章、文学的な文章、実用的な文章）、古典（古文、漢文）といった題材を対象とし、言語活動の過程を重視する。問題の作成に当たっては、大問ごとに一つの題材で問題を作成するだけでなく、異なる種類や分野の文章などを組み合わせた、複数の題材による問題を含めて検討する。

ここで「実用的な文章」と言われているのは、「図表／グラフ／条文」などといった資料のことだと考えてかまいません。こういった資料は、今まで現代文の問題として出題されたり問われたりすることがなかったものです。だから、本書でしっかり練習しておかなければなりません。

14ページの説明によれば、**〈実用文〉**のポイントは、グラフや条文や図表をあらかじめ全部読むのではなく、**設問に必要なところだけを素早く探しだす**、つまり**「検索」が大事になる**ということでしたよね。でも、実際にはどうやればいいのか……。

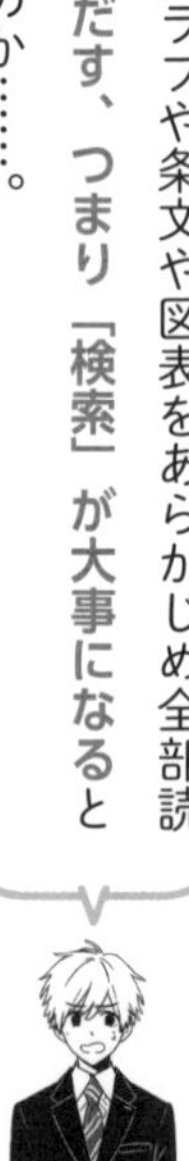

それをこれから練習していくんですよ。では**例題1**で、実際に**〈実用文〉**の解法を確かめてみましょう。

例題1

本文解説

▼巻末361ページ

次の【文章】と【図】は、気候変動が健康に与える影響について調べていたひかるさんが見つけた資料の一部である。これらを読んで、後の問いに答えよ。

あっ！　これは例の、**「共通テーマ」**ってやつですね？　**【文章】**と**【図】**の両方に関わる**「共通テーマ」**は、「気候変動が健康に与える影響」なんですね。

そのとおり。「図表／グラフ／条文」などといった資料と文章を組み合わせる**〈実用文〉**であっても、一つの問題としてまとめられている以上、お互いにまったく関係のないもののゴタ混ぜであるわけはありません。必ずなんらかの**「共通テーマ」**があります。この問題では、**リード文**であらかじめそれを教えてくれているわけです。

この**例題**みたいに、リード文で親切に**「共通テーマ」**を教えてくれていない場合はどうしたらいいんですか？

もちろん、そういう場合もあるでしょうが、そういう時でも**【文章】**のタイトルとか、図表やグラフの見出しとか、そういったところに着目すれば、**「共通テーマ」**を発見するのはそんなに難しくありませんよ。

【文章】　健康分野における、気候変動の影響について

1　ⓐ気候変動による気温上昇は熱ストレス(注1)を増加させ、熱中症(注2)リスクや暑熱による死亡リスク、その他、呼吸器系疾患等の様々な疾患リスクを増加させる。特に、ⓑ暑熱に対して脆《ぜい》弱性が高い高齢者を中心に、暑熱による超過死亡(注3)が増加傾向にあることが報告されている。年によってばらつきはあるもの

この**【文章】**は、タイプとしては**〈評論文〉**ですね。1では、気候変動が熱中症などのリスクを拡大していることが述べられています。

の、熱中症による救急搬送人員・医療機関受診者数・熱中症死亡者数は増加傾向にある。

[2] ⓒ気温の上昇は感染症(注4)を媒介する節足動物の分布域・個体群密度・活動時期を変化させる。感染者の移動も相まって、国内での感染連鎖が発生することが危惧される。これまで侵入・定着がされていない北海道南部でもヒトスジシマカの生息が拡大する可能性や、日本脳炎ウイルスを媒介する外来性の蚊の鹿児島県以北への分布域拡大の可能性などが新たに指摘されている。

[3] 外気温の変化は、水系(注5)・食品媒介性感染症やインフルエンザのような感染症類の流行パターンを変化させる。感染性胃腸炎やロタウイルス感染症、下痢症などの水系・食品媒介性感染症、インフルエンザや手足口病などの感染症類の発症リスク・流行パターンの変化が新たに報告されている。

[4] 猛暑や強い台風、大雨等の極端な気象現象の増加に伴いⓓ自然災害が発生すれば、被災者の暑熱リスクや感染症リスク、精神疾患リスク等が増加する可能性がある。

[5] 2030年代までの短期的には、ⓔ温暖化に伴い光化学オキシダント・オゾン等の汚染物質の増加に伴う超過死亡者数が増加するが、それ以降は減少することが予測されている。

[6] 健康分野における、気候変動による健康面への影響の概略は、次の【図】に示すとおりである。

わかりやすい構成ですね。形式段落ごとに一つの話題が取りあげられています。英語のパラグラフみたいな感じですね。まとめると、こうなります。

[1] 熱中症などの暑熱リスク
[2] 節足動物に媒介される感染症のリスク
[3] インフルエンザなどの感染症のリスク
[4] 自然災害などのリスク
[5] 大気汚染などのリスク

【図】

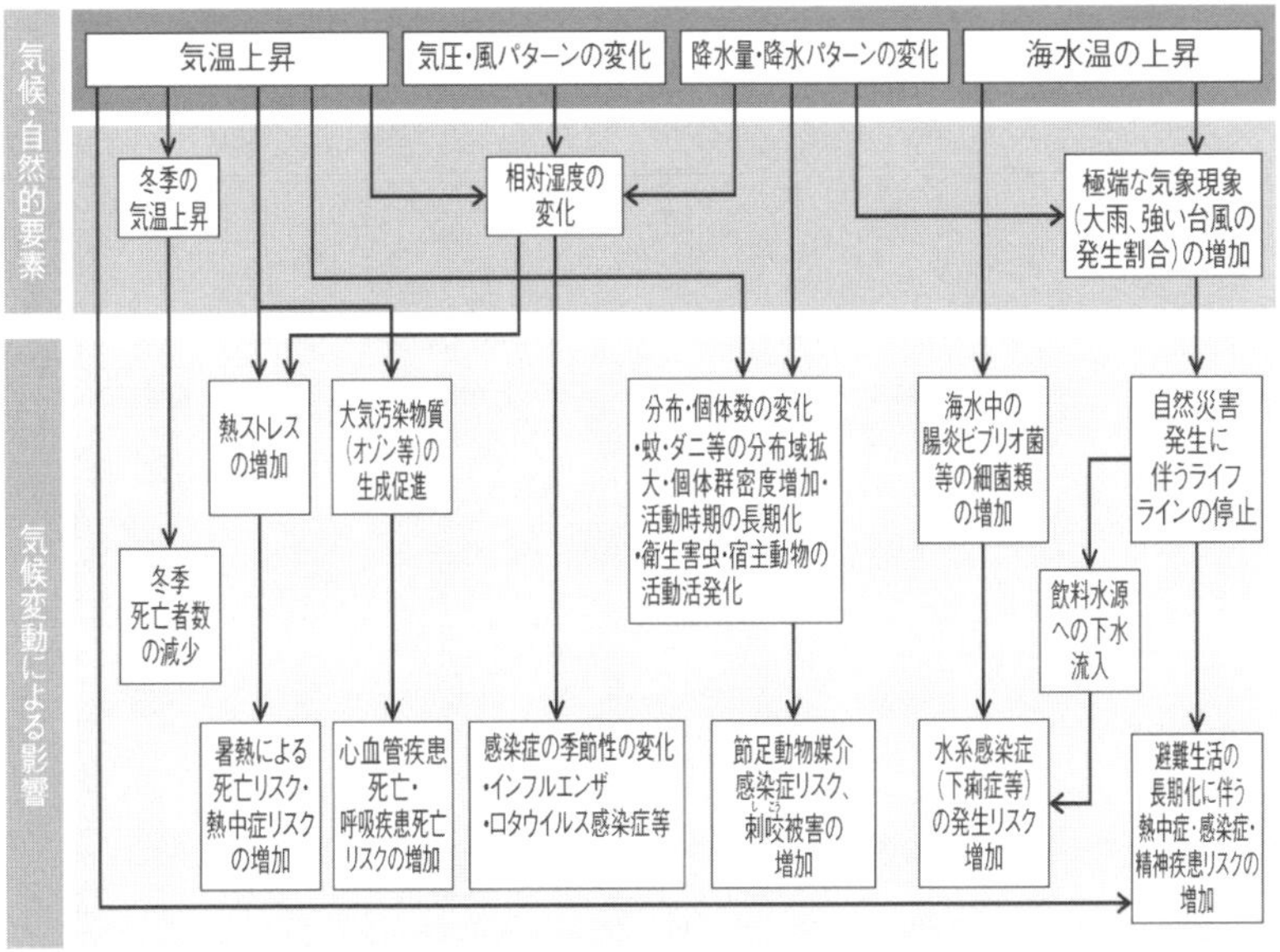

（【文章】と【図】は、環境省「気候変動影響評価報告書　詳細（令和２年12月）」をもとに作成）

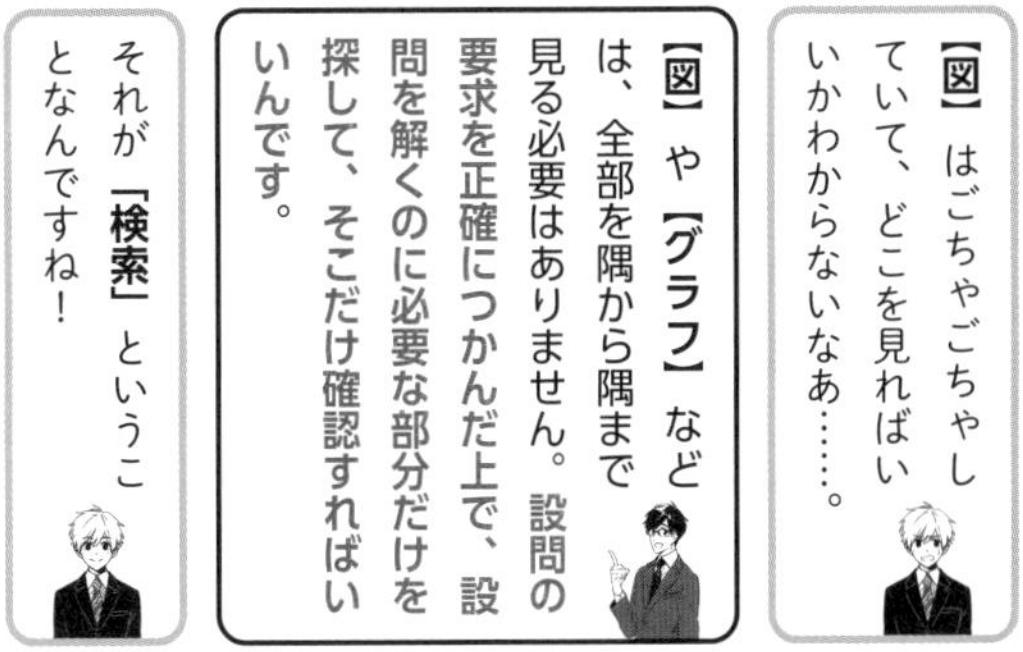

設問解説

問1

では、設問を解いてみましょう。さっき言ったように、【図】は最初から全部見ておく必要はありません。設問を見て、どこを見るか決めればいいのです。

設問はどうなっているでしょうか。

問1　【文章】の下線部ⓐ〜ⓔの内容には、【図】では**省略されているものが二つ**ある。その二つの組合せとして最も適当なものを、次の①〜⑤のうちから一つ選べ。

【文章】の下線部に、【図】では省略されているものが二つあるというんですね。では確認していきましょう。

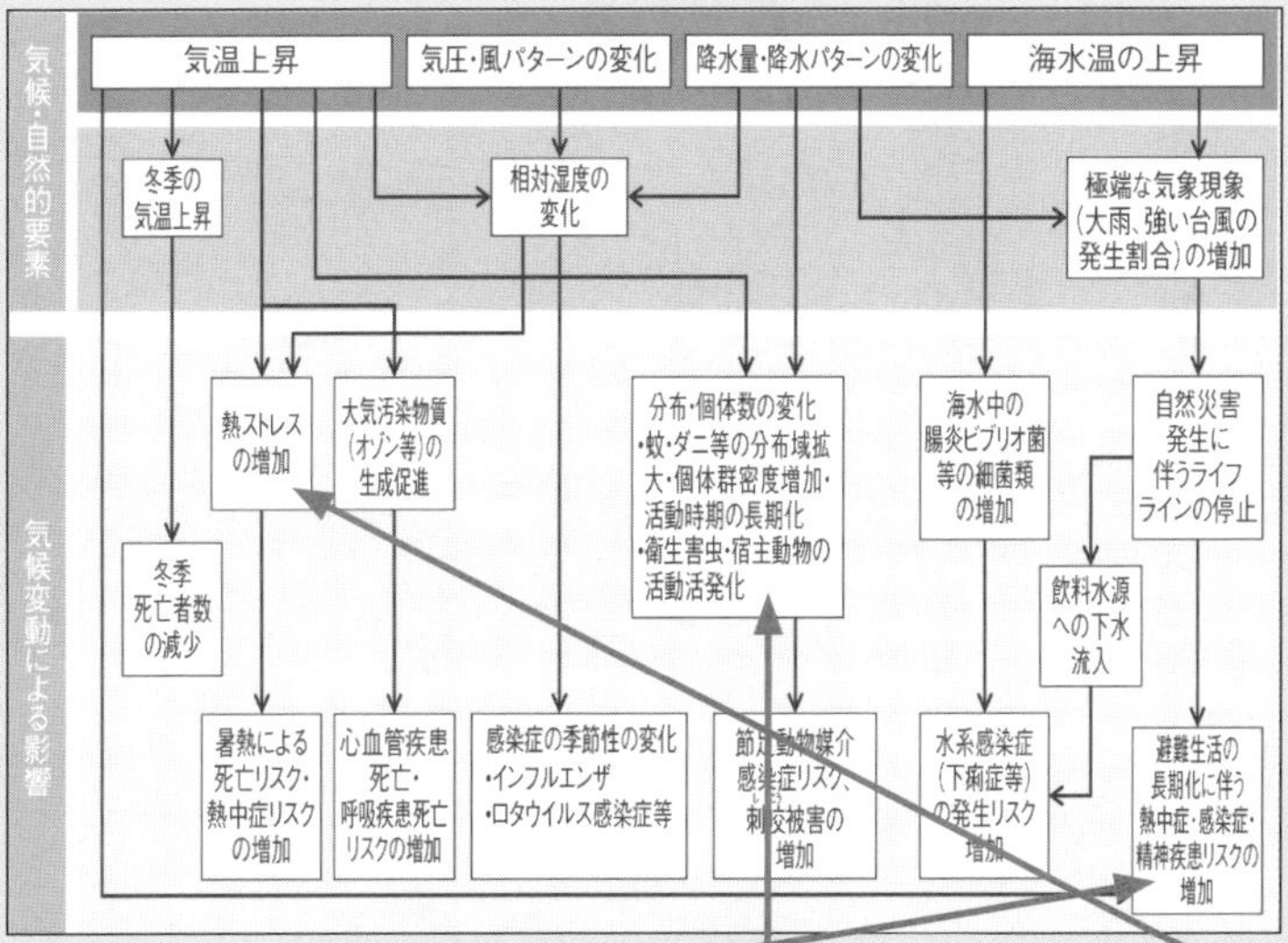

ⓐ気候変動による気温上昇は熱ストレスを増加させ（る）

ⓑ暑熱に対して脆弱性が高い高齢者を中心に、暑熱による超過死亡が増加傾向にある

ⓒ気温の上昇は感染症を媒介する節足動物の分布域・個体群密度・活動時期を変化させる

ⓓ自然災害が発生すれば、被災者の暑熱リスクや感染症リスク、精神疾患リスク等が増加する可能性がある

ⓔ温暖化に伴い光化学オキシダント・オゾン等の汚染物質の増加に伴う超過死亡者数が増加するが、それ以降は減少することが予測されている

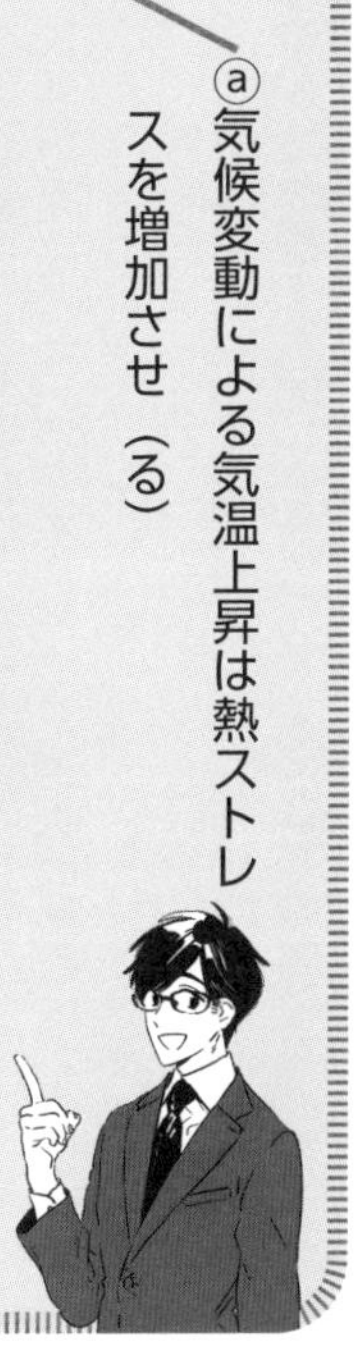

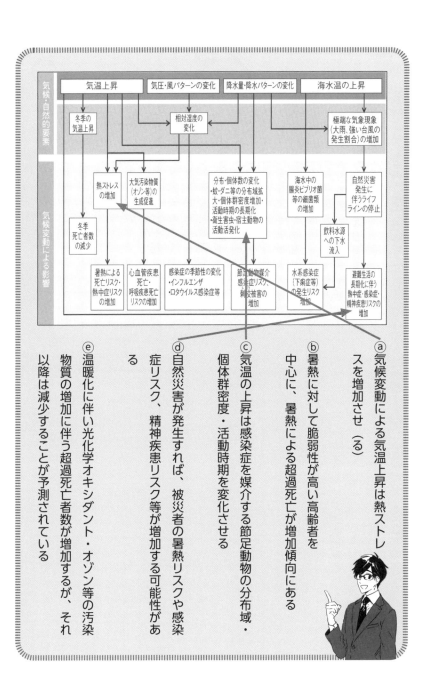

これで一目瞭然ですね。ⓑとⓔが省略されています。

> ① **ⓑとⓔ**（正解）
> ② **ⓐとⓓ**
> ③ **ⓒとⓔ**
> ④ **ⓑとⓓ**
> ⑤ **ⓐとⓒ**

問2

では**問2**に進みましょう。

> **問2　【図】**の内容や表現の説明として**適当でないもの**を、次の①～⑤のうちから一つ選べ。

見なれない形式なので、ちょっと戸惑うかもしれませんが、消去法をうまく使って選択肢を吟味していきましょう。**適当でないもの**という指示にも注意してください。

> ①　**「気候変動による影響」として環境及び健康面への影響を整理して図示し、【文章】の内容を読み手が**

理解しやすいように工夫している。

この内容は正しいですね。

② × **気温上昇によって降水量・降水パターンの変化や海水温の上昇が起こるという因果関係を図示することによって、【文章】の内容を補足している。**

【図】の最上部を見ればわかるように、「気温上昇」と「降水量・降水パターンの変化」の間には因果関係は図示されていません。よってこれが正解。

③ **「気候・自然的要素」と「気候変動による影響」に分けて整理することで、どの要素がどのような影響を与えたかがわかるように提示している。**

【図】の中でこの整理はなされています。

④ **「気候・自然的要素」が及ぼす「気候変動による影響」を図示することにより、特定の現象が複数の影響を生み出し得ることを示唆している。**

一つの現象から、いくつもの矢印が伸びていますね。

⑤ **気候変動によって健康分野が受ける複雑な影響を読み手にわかりやすく伝えるために、いくつかの事象に限定して因果関係を図示している。**

問1で問われていたように、省略されている事象もありました。

なるほど、これが**〈実用文〉**なんですね。パッと見は複雑ですけど、**設問をよく読んで、見るところを絞れば、時間が短縮できそう**です。

そこがキモです。では、同じく気候変動に関わる**例題2**もやっておきましょう。

例題 2

本文解説

▼巻末366ページ

次の【文章】と【グラフ】は、気候変動に関する資料としてひかるさんが見つけたものである。これを読んで、後の問いに答えよ。

【文章】

地球温暖化の対策は、これまで原因となる温室効果ガスの排出を削減する「緩和策」を中心に進められてきた。しかし、世界が早急に緩和策に取り組んだとしても、地球温暖化の進行を完全に制御することはできないと考えられている。温暖化の影響と考えられる事象が世界各地で起こる中、その影響を抑えるためには、私たちの生活・行動様式の変容や防災への投資といった被害を回避、軽減するための「適応策」が求められる。例えば、環境省は熱

この**【文章】**も、やっぱり**〈評論文〉**ですね。これまでの温暖化対策と、これから求められる温暖化対策が**対比**されているようです。

中症予防情報サイトを設けて、私たちが日々の生活や街中で熱中症を予防するための様々な工夫や取り組みを紹介したり、保健活動にかかわる人向けの保健指導マニュアル「熱中症環境保健マニュアル」を公開したりしている。これも暑熱に対する適応策である。また、健康影響が生じた場合、現状の保健医療体制で住民の医療ニーズに応え、健康水準を保持できるのか、そのために不足しているリソース[注1]があるとすれば何で、必要な施策は何かを特定することが望まれる。例えば、21世紀半ばに熱中症搬送者数が2倍以上となった場合、現行の救急搬送システム（救急隊員数、救急車の数等）ですべての熱中症患者を同じ水準で搬送可能なのか、受け入れる医療機関、病床、医療従事者は足りるのか、といった評価を行い、対策を立案していくことが今後求められる。また緩和策と健康増進を同時に進めるコベネフィット[注2]を追求していくことも推奨される。例えば、自動車の代わりに自転車を使うことは、自動車から排出される温室効果ガスと大気汚染物質を減らし（緩和策）、自転車を漕《こ》ぐことで心肺機能が高まり健康増進につながる。肉食を減らし、野菜食を中心にすることは、家畜の飼育過程で糞《ふん》尿などから大量に排出されるメタンガスなどの温室効果ガスを抑制すると同時に、健康増進につながる。こうしたコベネフィットを社会全体で追求していくことは、各セクター[注3]で縦割りになりがちな適応策に横のつながりをもたらすことが期待される。

でも、**第1章**の本格的な**評論文**に比べると読みやすいなあ。**対比**を提示した後は、基本的には具体例を挙げているだけですね。

よく読めていますね。内容をボードにまとめておきましょうか。

これまでの温暖化対策……温室効果ガスの排出を削減する「緩和策」

⇔

これからの温暖化対策……生活・行動様式の変容や防災への投資といった「適応策」

具体例

・「熱中症環境保健マニュアル」
・保健医療体制の見直し
・自動車の代わりに自転車を使う

〔グラフ1〕

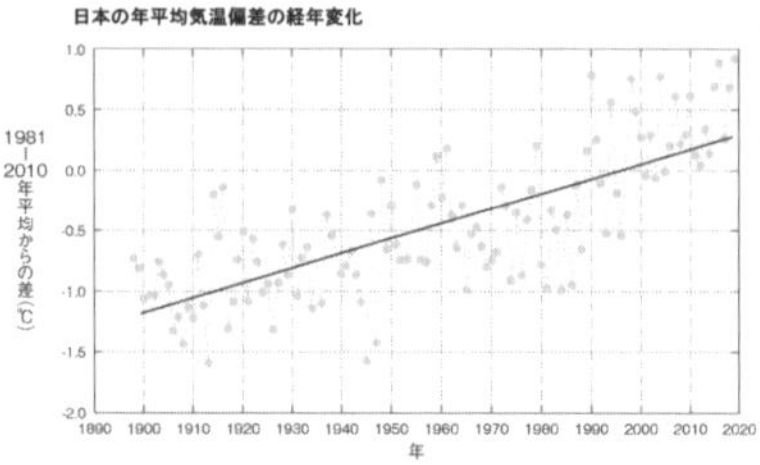

点線で結ばれた点は、国内15観測地点での年平均気温の基準値からの偏差を平均した値を示している。直線は長期変化傾向（この期間の平均的な変化傾向）を示している。基準値は1981～2010年の30年平均値。

〔グラフ2〕

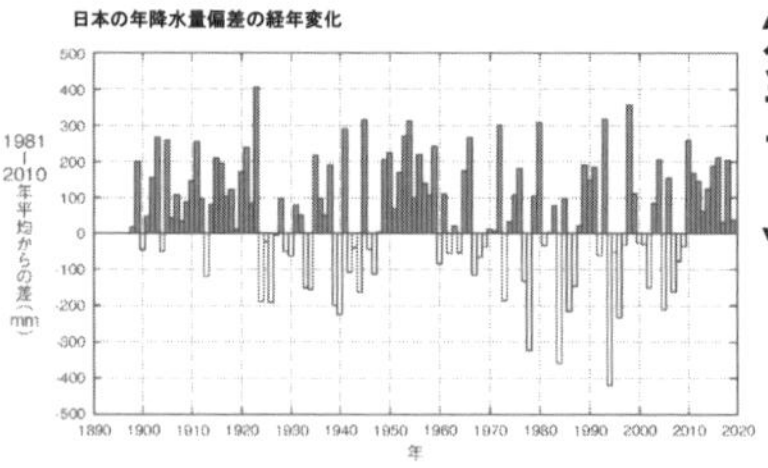

棒グラフは気象庁の観測地点のうち、国内51地点での各年の年降水量の基準値からの偏差を平均した値を示している。0を基準値とし、上側の棒グラフは基準値と比べて多いことを、下側の棒グラフは基準値と比べて少ないことを示している。基準値は1981～2010年の30年間の平均値。

〔グラフ3〕

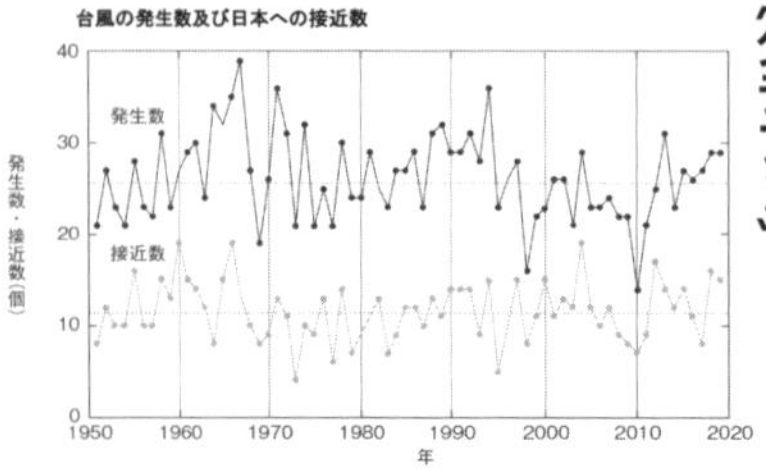

点線は平年値（1950年～2020年の平均）を表す。

（グラフ1～グラフ3は、気象庁「気候変動監視レポート2019（令和2年7月）」をもとに作成）

・肉食を減らし、野菜食を中心にする
コベネフィットを社会全体で追求して、つながりのある「適応策」を展開する

【グラフ】が三つですか。どれもけっこう複雑ですね。

でも、**【グラフ】**も最初に全部チェックしておく必要はありません。それぞれの見出し――「日本の年平均気温偏差の経年変化」「日本の年降水量偏差の経年変化」「台風の発生数及び日本への接近数」――を確認して、後は設問の要求にしたがって、必要な部分だけを**「検索」**しましょう。

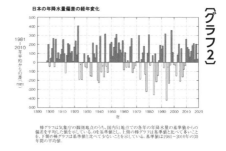

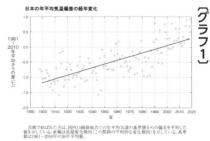

設問解説

問　次のア～エの各文は、ひかるさんが**【文章】**、**【グラフ】**を根拠としてまとめたものである。**【凡例】**に基づいて各文の内容の正誤を判断したとき、その組合せとして最も適当なものを、後の①～⑤のうちから一つ選べ。

【凡例】

正しい　　　――述べられている内容は、正しい。
誤っている　――述べられている内容は、誤っている。
判断できない――述べられている内容の正誤について、**【文章】**、**【グラフ】**からは判断できない。

設問には面倒な指定があります。**【文章】**と**【グラフ】**と**【凡例】**の三つを読み合わせる必要があります。こうした作業には、慣れていくほかありません。

では、選択肢を順に検討していきましょう。

ア　日本の年降水量の平均は一九〇一年から一九三〇年の三〇年間より一九八一年から二〇一〇年の三〇年間の方が多く、気候変動の一端がうかがえる。

【グラフ2】を見ましょう。この読み取りは間違っています。したがってアは「誤っている」です。

イ　台風の発生数が平年値よりも多い年は日本で真夏日・猛暑日となる日が多く、気温や海水温の上昇と台風の発生数は関連している可能性がある。

【グラフ3】を見ましょう。この内容は【文章】や【グラフ】からは判断できません。イは「判断できない」です。

ウ　年平均気温偏差が年を追うごとに大きくなっていくことを踏まえれば、21世紀半ばには熱中症搬送者数が2倍以上になると想定され、その対策が急務となる。

【グラフ1】を見ましょう。波線部は言えそうです。

後半について、【文章】には、「例えば、21世紀半ばに熱中症搬送者数が2倍以上となった場合」という「仮定」の話として書かれているだけなので、実際に「2倍以上」になるかどうかは判断できません。ウは「判断できない」です。

エ　地球温暖化に対して、温室効果ガスの排出削減を目指す緩和策だけでなく、被害を回避、軽減するための適応策や健康増進のための対策も必要である。

この内容は、【文章】の趣旨そのものです。エは「正しい」です。

選択肢で、正しい組み合わせになっているのは、③ですね。こうした組合わせ型の選択肢の場合、たとえばこの問題では明らかにアは「誤っている」ので、③と⑤以外の選択肢は最初から排除して見ないという、さらなるスピードアップの工夫もできますね。

①	ア　正しい ×	イ　誤っている	ウ　判断できない	エ　誤っている
②	ア　判断できない ×	イ　正しい	ウ　正しい	エ　誤っている
③	ア　誤っている	イ　判断できない	ウ　判断できない	エ　正しい
④	ア　正しい ×	イ　判断できない	ウ　誤っている	エ　判断できない

第3問の**例題**はどうでしたか？　**第3問**がどういう問題で、どういうアプローチをしたら、速く正確に解けるか、理解できましたか？

はい！　これで不安が消えました。

§2 実戦問題1

では、いよいよ**〈実用文〉**の実戦問題に入っていきましょう。この問題の配点は、他の大問より低いと考えられます。でも、短い時間で確実に得点するためには、きちんとした戦略が必要です。

「検索」と**「共通テーマ」**ですね。

そのとおりです。その二つを念頭に置いて本文を見ていくことが大事です。ただし、もう一度念を押しておきますが、**〈評論文〉**や**〈小説〉**と異なり、**〈実用文〉**では、複数のテクストをあらかじめすべて読む必要はありません。

でも、現代文では、文章は隅から隅まできちんと読め、と教えられることもありますが……。

〈評論文〉や**〈小説〉**では、そのとおりです。でも、**〈実用文〉**では発想を変える必要があります。この章のはじめで、**〈実用文〉**のポイントは**「検索」**だと言いました。**「検索」**とは、すべてを丹念に読むのではなく、むしろ必要な情報を手っ取り早く探し出し、他は切り捨てる、ということです。だから、**複数のテクストを読む前にまず設問を見て、どこでどういう情報を探すことになるのかをあらかじめ確かめておいた方が、時間の節約になります。**

なるほど。では、まず設問を見てみます。設問は全部で四つですね。そのうち三つは**【レポート】**の穴埋めで、最後の一つは**【レポート】**の主張に関するものですか。

そうなると、**【レポート】**だけは全部しっかり読まなければならないものの、他の**【資料】**は、設問に必要な部分だけを**【検索】**すればよいということになります。この方針を固めたうえで、さっそく**【レポート】**の本文を読んでいきましょう。

本文解説

▼巻末372ページ

ヒロミさんは、日本語の独特な言葉遣いについて調べ、「言葉遣いへの自覚」という題で自分の考えを**【レポート】**にまとめた。**【資料Ⅰ】**～**【資料Ⅲ】**は、**【レポート】**に引用するためのアンケート結果や参考文献の一部を、見出しを付けて整理したものである。これらを読んで、後の問い（**問1～4**）に答えよ。

資料がたくさんあって大変に見えますが、このリード文からすると、どういう点に着目して見ていけばいいと思いますか？

まずは**「共通テーマ」**を見抜くことが必要ですね。うーん、「日本語の独特な言葉遣い」か「言葉遣いへの自覚」でしょうか……。

そうですね。「言葉遣いへの自覚」はヒロミさんがまとめた**【レポート】**の題なのでもちろん大事ですが、**【資料】**はそれをまとめるために調べたものですから、**全部に共通するのは「日本語の独特な言葉遣い」の方でしょうね。**

なるほど、見出しを見ると、**【資料Ⅰ】**は「性別による言葉遣いの違い」ですし、**【資料Ⅱ】**・**【資料Ⅲ】**は「役割語」についてで、これが**「日本語の独特な言葉遣い」**なんですね。でも、「役割語」ってなんだろう？

それは読めばわかりますよ。では順に見ていきましょう。まず**【レポート】**の内容を読み取っていきましょう。**第1章**でやった**〈評論文〉**に比べればやさしいと思いますよ。

はい、やってみます。

1 男女間の言葉遣いの違いは、どこにあるのだろうか。**【資料Ⅰ】**によると、男女の言葉遣いは同じでないと思っている人の割合は、七割以上いる。実際、「このバスに乗ればいいのよね？」は女の子の話し方として、「このカレーライスうまいね！」は男の子の話し方として認識されている。これは、性差によって言葉遣いがはっきり分かれているという、日本語の特徴の反映ではないだろうか。

2 一方、 X にも着目すると、男女の言葉遣いの違いを認識しているものの、女性らしいとされていた言葉遣いがあまり用いられず、逆に男性らしいとされる言葉遣いをしている女性も少なからず存在することが分かる。

3 ここで、**【資料Ⅱ】【資料Ⅲ】**の「役割語」を参照したい。これらの資料によれば、言葉遣いの違いは性別によるとはかぎらない、そして、 Y ということである。

1の強調点は、**〈言葉遣いに性差があるのが日本語の特徴〉**ということですね。

そのとおりです。その調子で続けてみましょう。

ここで言いたいのは、**〈実際には、女性が女性らしい言葉遣いをしているとはかぎらない〉**ということかな。私の周りにも「〜だわ」と言う人はいませんね。

若い人ほど、性差による言葉遣いの違いはなくなっているかもしれませんね。

3は**〈言葉遣いの違いは性差だけに由来しない〉**とまとめられると思います。この「違い」が表れるのが「役割語」なんですね。空欄 Y も、

④ たしかに、**マンガやアニメ、小説などのフィクションにおいて、このような役割語は、非常に発達している。**役割語がなければ、「キャラクタ」を描けないようにすら感じる。とくに、文字は映像と違って、顔は見えないし声も聞こえない。役割語が効率的にキャラクタを描き分けることによって、それぞれのイメージを読者に伝えることができる。その一方で、キャラクタのイメージがワンパターンに陥ってしまうこともある。

⑤ それでは、現実の世界ではどうだろうか。私たちの身近にある例を次にいくつか挙げてみよう。

⑥ 〔　Z　〕

⑦ 以上のように、私たちの周りには多くの役割語があふれている。したがって、役割語の性質を理解したうえで、フィクションとして楽しんだり、時と場所によって用いるかどうかを判断したりするなど、自らの言葉遣いについても自覚的でありたい。

このことに関連しているのでしょうか。

「共通テーマ」は**「日本語の独特な言葉遣い」**でしたから、④ではそこに注目しましょう。

となると、**〈日本語の独特の言葉遣いとしての「役割語」は、マンガやアニメ、小説などのフィクションで発達している〉**とまとめればいいんですね。

④で「フィクション」という仮構の世界について述べていたので、⑤と⑥ではそれに対して「現実の世界」の話をしているんでしょうね。

そのとおり。つまり、④と⑤・⑥が**対比**の構造になっているんですね。

7は**【レポート】**の主張部分ですね。**〈役割語の性質を理解したうえで、自分の言葉遣いに自覚的でありたい〉**ということでしょうか。

よくできました。**【資料Ⅰ】**～**【資料Ⅲ】**は、設問を解く際に**「検索」**することにして、先に進みましょう。

設問解説

問1

では**問1**を解きます。

問1　**【レポート】**の空欄 X には、**【レポート】**の展開を踏まえた**【資料Ⅰ】**の説明が入る。その説明として最も適当なものを、次の①～⑤のうちから一つ選べ。

【レポート】の文脈を踏まえて、**【資料Ⅰ】**から必要な情報を「**検索**」する問題です。選択肢を見ていく前に、**【資料Ⅰ】**の中のどんな情報が必要なのかを**【レポート】**の文脈からあらかじめ推測しておきましょう。

X のある2の要点は、**〈実際には、女性が女性らしい言葉遣いをしているとはかぎらない〉**ということでした。この要点については、「 X にも着目すると」わかるという文脈なので、**【資料Ⅰ】**から**〈実際には、女性が女性らしい言葉遣いをしているとはかぎらない〉ということがわかる部分を「検索」すればいい**ということになります。

つまり、「質問2」の「②次のようなことばづかいはしますか？」というところだけを見ればいいということになります。では、②のどこから**〈女性が女性らしい言葉遣いをしているとはかぎらない〉**ことが読み取れますか？

【資料Ⅰ】　性別による言葉遣いの違い

調査期間　2008/11/23～2008/12/08
調査対象　小学生～高校生10,930人（男子5,787人、女子5,107人、無回答36人）
調査方法　任意で回答
単位　　　全て％

質問1
男の子（人）が使うことばと、女の子（人）が使うことばは、同じだと思いますか？

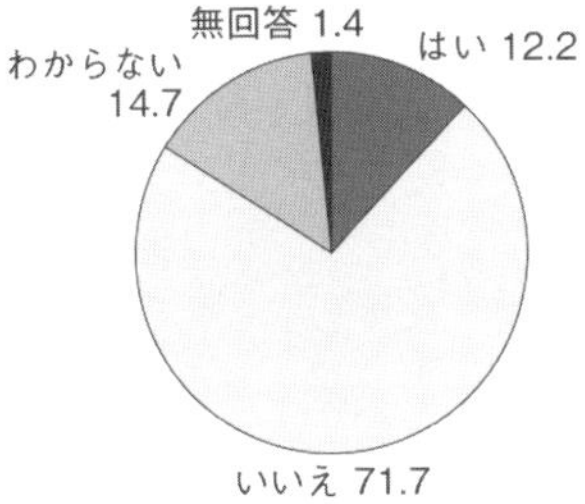

質問2
①次の各文は、男の子、女の子、どちらの話し方だと思いますか？

「このバスに乗ればいいのよね？」

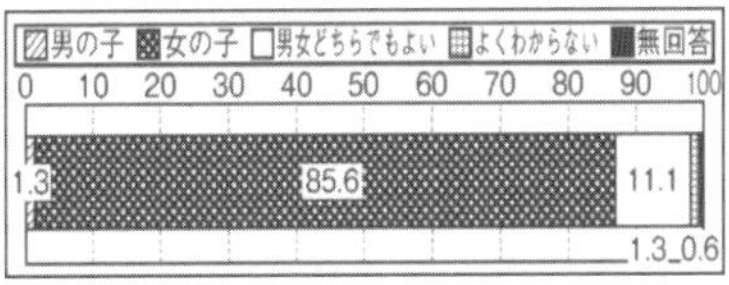

「このカレーライスうまいね！」

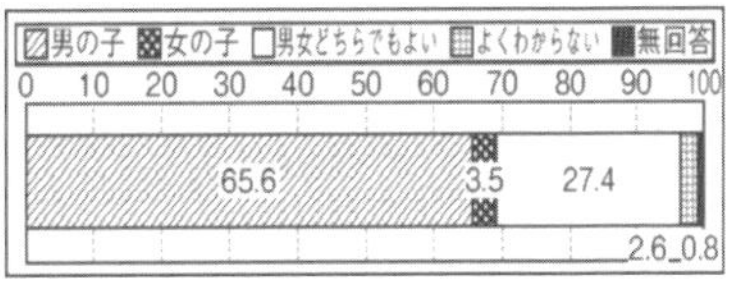

②次のようなことばづかいはしますか？

「このバスに乗ればいいのよね？」

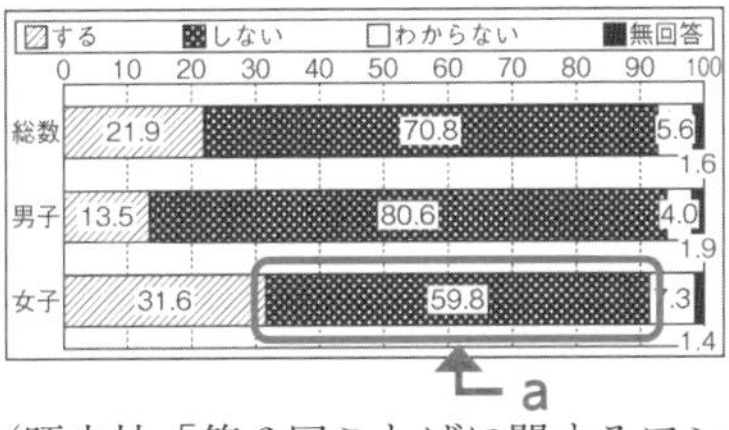

「このカレーライスうまいね！」

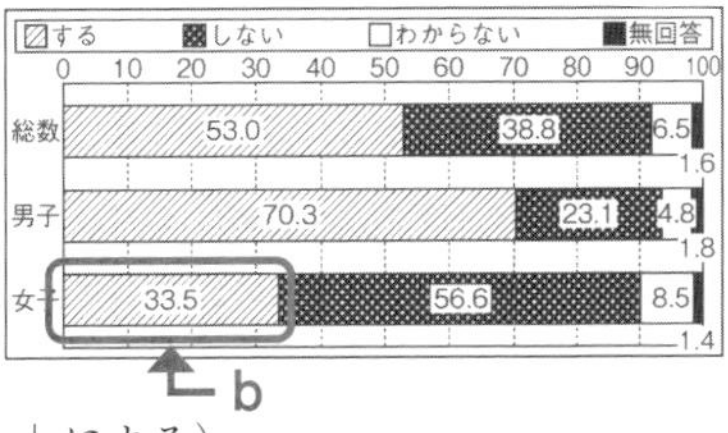

（旺文社「第６回ことばに関するアンケート」による）

「このバスに乗ればいいのよね？」という女性らしい言葉遣いをしない女子が六割近くいる **(a)** ところと、「このカレーライスうまいね！」という男性らしい言葉遣いをする女子が三割以上いる **(b)**、というところですね！

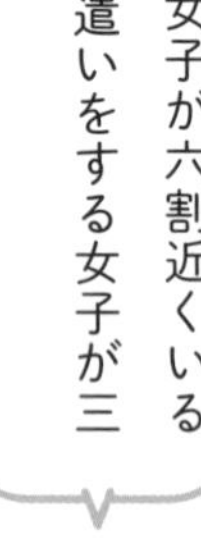

そのとおり。それ以外は必要ない情報ということになりますね。では選択肢を一つずつ見ていきましょう。

① [a]**「このバスに乗ればいいのよね？」を使わない女子は六割近くにのぼり、**×**「このカレーライスうまいね！」を使わない男子は二割を超えていること**

前半はaの内容に合っていますが、後半は「男子」の話題なので関係ありません。

② [a]**「このバスに乗ればいいのよね？」を使う女子は三割程度にとどまり、**[b]**「このカレーライスうまいね！」を使う女子は三割を超えていること**

前半で迷ったかもしれません。「このバスに乗ればいいのよね？」は女性らしいとされる言葉遣いですが、これを「使う女子は三割程度にとどまり」というのは、これを「使わない女子が六割近くいる」というaの内容と裏表の関係にあるので正しいと言えます。このように、正解を隠すために【資料Ⅰ】の語句をそのまま抜き出すのではなく、言い換えていることに注意してください。

③ [a]**「このバスに乗ればいいのよね？」を使わない女子は六割近くにのぼり、**×**「このカレーライスうまいね！」を使わない男女は四割近くにのぼること**

前半はaの内容に合っていますが、後半は「男女」の話題になっているので間違いです。

④ **「このバスに乗ればいいのよね？」を使わない女子は六割近くにのぼり、「このカレーライスうまいね！」を使うか分からないという女子は一割程度にとどまっていること**

前半はaの内容に合っていますが、後半は「使うか分からない」女子が「一割程度」というだけでは、「女性が女性らしい言葉遣いをしているとはかぎらない」ことの根拠とは言えません。

⑤ **「このバスに乗ればいいのよね？」を使う女子は三割程度にとどまり、「このカレーライスうまいね！」を男女どちらが使ってもいいと考える人は三割近くにのぼること**

これも前半はいいですが、後半は「男女」の話になっているので間違いです。

あらかじめ必要な情報は何かを確認しておけば、「検索」も早いですし、選択肢を見極めるのも楽ですね。

きちんと飲みこめましたね！　それが実用文のキモです。

問2

では、次の設問にいきましょう。

問2　**【レポート】**の空欄 Y には、**【資料Ⅱ】**及び**【資料Ⅲ】**の要約が入る。その要約として最も適当なものを、次の①～⑤のうちから一つ選べ。

この問題は**【資料Ⅱ】**と**【資料Ⅲ】**をしっかり読みこんで、「要約」をつくらないとならないんじゃないですか？　大変そう……。

もちろん、そうやっても答えは出ますが、本番ではそんなことをしている時間の余裕はありません。「要約」という言葉だけ見ると大変そうですが、**【資料】**はあくまで**【レポート】**の理解を助けるために**「検索」**するものだということを忘れないでください。

【レポート】の空欄 Y 前後の文脈を見て、それに必要な部分だけを**【資料】**から抜き出せばいいんです。

空欄 Y がある文脈を確認しましょう。「役割語」の説明としてまず**〈言葉遣いの違いは性差だけではない〉**ということが挙げられています。「そして」という〈付け加え〉を示す接続詞でつながる空欄 Y は、「役割語」のもう一つの特徴を述べていることになります。

空欄 Y の後も見てみましょう。その「役割語」のもう一つの特徴は、④から**〈役割語はマンガやアニメ、小説などのフィクションで発達している〉**ということだとわかります。

では、**〈役割語の（性差以外の）特徴〉（a）**と**〈役割語はマンガやアニメ、小説などのフィクションで発達している〉（b）**という2つのポイントに注目しながら、**【資料Ⅱ】**と**【資料Ⅲ】**の重要な部分を抜き出してみましょう。

> **【資料Ⅱ】　役割語の定義**
>
> 役割語について、金水敏『ヴァーチャル日本語　役割語の謎』（岩波書店、二〇〇三年、二〇五頁）では次のように定義している。
>
> 　ある特定の言葉遣い（語彙・語法・言い回し・イントネーション等）を聞くと特定の人物像（[a]年齢、性別、職業、階層、時代、容姿・風貌、性格等）を思い浮かべることができるとき、あるいはある特定の人物像を提示されると、その人物がいかにも使用しそうな言葉遣いを思い浮かべることができるとき、その言葉遣いを「役割語」と呼ぶ。

冒頭に「役割語」の定義がありますが、そこでは「性差」以外の特徴として「年齢、職業、階層、時代、容姿・風貌、性格等」が挙げられています。これが先ほどの**a**に関わります。**【資料Ⅱ】**はここだけ**「検索」**できれば十分です。

【資料Ⅲ】はどうでしょう。

【資料Ⅲ】　役割語の習得時期

多くの日本語話者は、「あら、すてきだわ」「おい、おれは行くぜ」のような言い方が女性や男性の話し方を想起させるという知識を共有している。しかし、現実の日常生活の中でこのようないかにも女性的、いかにも男性的というような表現は今日の日本ではやはりまれになっている。

日常的な音声言語に、語彙・語法的な特徴と性差に関する積極的な証拠が乏しいにもかかわらず、多くのネイティブの日本語話者は、b〈男ことば〉と〈女ことば〉を正しく認識する。むろんこれは、絵本やテレビなどの作品の受容を通して知識を受け入れているのである。この点について考えるために、私が代表者を務める(注)科研費の研究グループで、幼児の役割語認識の発達に関する予備的な実験調査を紹介しよう。図１として示すのは、その実験に用いたイラストである。

この図を被実験者の幼児に示し、さらに音声刺激として次のような文の読み上げを聞かせ、絵の人物を指し示させた。

a　おれは、この町が大好きだぜ。
b　あたしは、この町が大好きなのよ。
c　わしは、この町が大好きなんじゃ。
d　ぼくは、この町が大好きさ。
e　わたくしは、この町が大好きですわ。

図１　役割語習得に関する実験刺激

その結果、三歳児では性差を含む役割語の認識が十分でなかったのに対し、五歳児ではほぼ完璧にできることが分かった（音声的な刺激を用いたので、語彙・語法的な指標と音声的な指標のどちらが効いていたかはこれからの検討課題である）。

幼児が、これらの人物像すべてに現実に出会うということはほとんど考えにくい。これに対して、b幼児が日常的に触れる絵本やアニメ作品等には、役割語の例があふれている。

（金水敏「役割語と日本語教育」『日本語教育』第一五〇号による）

（注）科研費――科学研究費補助金の略。学術研究を発展させることを目的にする競争的資金。

〈「役割語」はフィクションに多い〉というばかりでなく、〈それは幼児の絵本やアニメ作品等にあふれて〉いて、「現実に出会うということはほとんど考えにくい」とあります。だから、そうした「役割語」を**〈フィクションから学んでいるだろう〉**ということが**b**に付け加わりましたね。

では選択肢を見ていきましょう。

① **イラストと音声刺激を用いた発達段階に関する調査によって、役割語の認識は、五歳でほぼ獲得されることが明らかになったが、それは絵本やアニメといった幼児向けのフィクションの影響である（b）**

全体として**b**を詳しく述べていますが、**a**に関する言及がなく、これでは空欄の前の文脈、すなわち**【資料Ⅱ】**の内容・要約が入っていません。したがって間違いです。

② **役割語とは、特定の人物像を想起させたり特定の人物がいかにも使用しそうだと感じさせたりする語彙や言い回しなどの言葉遣いのことであり、日本語の言葉遣いの特徴を端的に示した概念である（a）**

①と逆に**a**しか言及がなく、これでは空欄の後の文脈、すなわち**【資料Ⅲ】**の内容・要約が入っていません。したがって間違いです。

③ **年齢や職業、性格といった話し手の人物像に関する情報と結びつけられた言葉遣いを役割語と呼び、**[a] **私たちはそうした言葉遣いを幼児期から絵本やアニメ等の登場人物の話し方を通して学んでいる**[b]

前半が**a**の、後半が**b**の説明です。これが正解です。

④ **日本語話者であれば言葉遣いだけで特定の人物のイメージを思い浮かべることができるが、こうした特定のイメージが社会で広く共有されるに至ったステレオタイプとしての言語が役割語である**

誰もが「思い浮かべることができる」「イメージ」は既に定着しているわけですから、これが「社会で広く共有されるに至った」という経緯は間違っています。**【資料Ⅱ】【資料Ⅲ】**の要約とも言えず、誤りです。

⑤ a **特定の人物のイメージを喚起する役割語の力が非常に強いのは、** b **幼児期からフィクションを通して刷り込まれているためであるが、** × **成長の過程で理性的な判断によってそのイメージは変えられる**

a・bの説明はありますが、最後の部分はどこからも読み取れません。ほんの一部であれ間違いがあれば、その選択肢全体も誤答になります。

選択肢①と②に注意してください。①は**b**の、②は**a**のポイントをきちんと説明してますが、**a・b**の両方がそろっていないので、**【資料Ⅱ】【資料Ⅲ】**の要約をともに含んでいるとは言えず、設問の要求にきちんと答えていないことになります。このように、**必要な要素を一部しか書いていない選択肢も間違いだ**ということを覚えておきましょう。あくまで正解は、必要なポイントをすべて含んでいる必要があります。

問3

問3に進みます。

問3 **【レポート】**の空欄 Z には、役割語の例が入る。その例として**適当でないもの**を、次の①～⑤のうちから一つ選べ。

空欄 Z には「役割語の例が入る」とありますが、まずは空欄 Z の周囲の文脈を確認しましょう。 4

で「フィクション」について述べられ、それと**対比**する形で5と空欄のある6では、「現実の世界」の話をしています。

この**対比**を踏まえて、〈「現実の世界」における「役割語の例」〉として**「適当でないもの」**がどれかを考えればいいことになります。

① **家族や友だちに対してはくだけた言葉遣いで話すことが多い人が、他人の目を意識して、親密な人にも敬語を用いて話し方を変える場合が見受けられる。**

これは意識して「役割語」を用いている「現実」の例ですね。

② **アニメやマンガ、映画の登場人物を真似るなどして、一般的に男性が用いる「僕」や「俺」などの一人称代名詞を用いる女性が見受けられる。**

前半に「フィクション」の話が出てきますが、それを「現実の世界」で「真似る」例なので、これも適当だと言えます。

③ **ふだん共通語を話す人が話す不自然な方言よりも、周りが方言を話す環境で育てられた人が話す自然な方言の方が好まれるという傾向が見受けられる。**

意識的に言葉遣いを変える例ですが、「方言」は**【資料Ⅱ】**にあった「役割語」の定義の「年齢、性別、職業、階層、時代、容姿・風貌、性格等」のどれにもあてはまりませんね。「方言」とは「地方の言葉」という意味で、場所に基づくものですから、「役割」とは違います。よってこれが**「適当でないもの」**として正解になります。

④ **「ツッコミキャラ」、「天然キャラ」などの類型的な人物像が浸透し、場面に応じてそれらを使い分けるというコミュニケーションが見受けられる。**

これはよく見られる「現実の世界」での「役割語の例」ですね。

⑤ **スポーツニュースで外国人男性選手の言葉が、「俺は〜だぜ」、「〜さ」などと男性言葉をことさら強調して翻訳される場合が見受けられる。**

「ニュース」は「フィクション」ではありません。**【資料Ⅱ】**にあるように、あえて性別をはっきりさせるところに、日本語の「役割語」の特徴がよく出ていると言えます。

問4

ではいよいよ最後の設問です。

問4　ヒロミさんは、**【レポート】**の主張をより理解してもらうためには論拠が不十分であることに気づき、補足しようと考えた。その内容として適当なものを、次の①〜⑥のうちから**二つ**選べ。ただし、解答の順序は問わない。

「論拠」とは、**「主張を証明する根拠」**という意味です。**第1章**のはじめで説明したように、**〈評論文〉**には必ず**「主張」**があり、そしてその**「主張」**を支える**「理由／根拠／論拠」**があります。**〈論拠→主張〉**という**因果関係**をしっかり読むことが、評論の内容を理解することにつながり、ひいては設問に答える際の重要な前提になります。**〈評論文〉を読む時には、主張を支える「根拠／論拠」を押さえる必要がある**ことを、最後にもう一度強調しておきます。

この設問では「**【レポート】**の主張」を補強し支える「**論拠**」が問われていますから、まず「**主張**」がなんだったか思い出しておきましょう。そう、**〈役割語の性質を理解したうえで、自分の言葉遣いに自覚的でありたい〉**ということですね。

この「主張」は、**〈役割語の性質を理解する〉（a）**ことと**〈自分の言葉遣いに自覚的である〉（b）**ことに分けられます。こういうふうに、見さだめるべきポイントを簡潔な形で区分しておくと、選択肢全体を漠然と眺めるより、スピードも正確さもアップします。

この設問では、「主張」を補強する「論拠」を聞いていますので、**a・b**のうちどちらか一つに関わる説明がきちんとあり、それ以外に間違っている部分がなければ正解と言えます。もちろん両方あれば文句なしの正解です。逆に、**a・b**のどちらからも外れるものは間違いです。

では選択肢を見ていきましょう。

① **「今日は学校に行くの」という表現を例にして、日本語における役割語では語彙や語法より音声的な要素が重要であるため、文末のイントネーションによって男女どちらの言葉遣いにもなることを補足する。**

「役割語」は文字上でも区別できるものでしたから、傍線を引いた部分は誤りです。**【資料Ⅲ】**にやや紛らわしいことが書いてありますが、ここは子どもの学習に関する話に限定されていますし、「語彙や語法」と「音声」のどちらが重要かはわからないとされていました。

② **英語の「I」に対応する日本語が「わたし」、「わたくし」、「おれ」、「ぼく」など多様に存在することを例示し、一人称代名詞の使い分けだけでも具体的な人物像を想起させることができることを補足する。**

全体として英語と対比したときの日本語固有の事情を説明するもので、「役割語」が「日本語独特の言葉遣い」とされていたことからすれば、**〈役割語の性質〉（a）**の説明と言えるでしょう。これが一つめの正解です。

③ **マンガやアニメなどに登場する武士や忍者が用いるとされる「～でござる」という文末表現が江戸時代にはすでに使われていたことを指摘し、役割語の多くが江戸時代の言葉を反映していることを補足する。**

そもそも、「マンガやアニメ」の「武士や忍者」が「～でござる」という文末表現を用いるのは、彼らが生きた江戸時代をモデルにしているからであって、あたりまえのことです。これだけをもって、「役割語の多くが江戸時代の言葉を反映している」とは言えません。

④ **役割語と性別、年齢、仕事の種類、見た目などのイメージとがつながりやすいことを踏まえ、不用意に役割語を用いることは人間関係において個性を固定化してしまう可能性があるということを補足する。**

これは前半がaを、後半がbを踏まえています。二つめの正解です。

⑤ **絵本やアニメなどの幼児向けの作品を通していつの間にか認識されるという役割語の習得過程とその影響力の大きさを示し、この時期の幼児教育には子どもの語彙を豊かにする可能性があるということを補足する。**

前半はaの内容と合っていると言えますが、後半は【レポート】の主張の論拠として認められません。前半だけなら正解ですが、後半が誤りなので間違いの選択肢です。

⑥ **役割語であると認識されてはいても実際の場面ではあまり用いられないという役割語使用の実情をもとに、一人称代名詞や文末表現などの役割語の数が将来減少してしまう可能性があるということを補足する。**

④同様に、前半はaの内容と合っていると言えますが、後半は【レポート】の主張の論拠とは言えません。したがって誤答です。

さてこれで**共通テスト**の**現代文**で出題される、**〈評論文〉〈小説〉〈実用文〉**というすべての問題形式を練習してきたことになります。ほとんど**ゼロ**の状態で易しい問題に取り組むところから、だんだんと難しい問題へ、そして**単数テクスト**から**複数テクスト**へ、順を追いながら、**共通テスト**の本番で出題された**実戦問題**という**ピーク**に向けて階段を上ってきました。自信はつきましたか？

はい。階段を一段上るたび、少しずつ自信が増してきました！

それは良かった。でも**安心せず、もう一回、最初からこの本を復習してみてください。この本の内容には、共通テストの現代文で満点をとるための本文読解・設問解法のポイントが、すべて網羅されています**から。

わかりました。一回目は難しく感じた問題も、二回目は易しく思えるかもしれませんね。それが力がついたということなんですね。また、**本文読解や設問解法のポイントで、忘れているものや見落としているものがないか、チェックしてみます。**

すばらしい心がけです。過去問などを演習する時にも、この本で学んだやり方で取り組めば、さらに力がついてきます。そうすれば、必ず本番でも高得点がとれますよ！　応援しています！

はい、がんばります！

おわりに

ちょっと恐縮ですが、ぼく自身の思い出話から始めさせてください。

ぼくは高校時代、ラグビーにのめりこんでいて、三年生になってもほとんど受験勉強らしい受験勉強はしていませんでした。ラグビーはそもそも冬のスポーツなので、ラグビー部を引退したのは12月です。

三年間打ちこんだラグビーが終わって脱力感におそわれるなか、ハタと大変なことに気づきました。1月にある**「共通一次試験」**――この本であつかった**「共通テスト」**の前身の**「センター試験」**の、そのまた前身にあたるテストです。年齢がわかってしまいますね（笑）――までは、もうひと月もありません。

さあ、どうしよう!?　いまさらと言えばいまさらですが、メチャクチャ焦りました。そして、こんな都合のいいことを願ったんですね。

予備知識ゼロのところから、必要なポイントはすべて盛りこみつつムダな部分はすべて刈りこんだ、**「共通一次試験」**に特化した参考書はないものだろうか？　その一冊だけを徹底的にやりこめば、ほかには何もやる必要がない参考書は？　あわよくば、それをマスターすれば、ひと月後のテストで満点がとれるような参考書は？

そんな参考書は、当時はありませんでした。「共通一次対策」をうたう本はいろいろありましたが、内容が**「共**

通一次試験」をはるかに超えて難しかったり、逆に、子どもだましのような薄っぺらな本だったり。――しかたない、出たとこ勝負でいってやれ。これが当時のぼくのやけっぱちな結論（？）でした。

「共通一次試験」は比較的短期間で終わりましたが、**「センター試験」**は30年つづいたので、たくさんの対策本が世にあふれました。そのなかには、これをしっかりやればセンター本番でも高得点をとれるだろう、というハイレベルなものもありました。でも、好事魔《こうじま》多し。**「センター試験」**の「傾向と対策」が研究しまくられ、高得点をとる方法論が確立されてしまったことで、このままじゃいかん、簡単に対策を立てられないような試験をデザインしなければならん、という話になったのです。これが**〈複数テクスト〉**や**〈実用文〉**を採用するという「共通テスト」の導入につながったんですね。

いまの受験生は、数十年前のぼくと同じシチュエーションにあると思います。着々とテストの日は近づいてくるのに、どう勉強したらいいかわからない。でも、決定版と言える参考書は見つからない。――ここで言う**「決定版」**とこういう参考書のことです。

予備知識ゼロのところから、必要なポイントはすべて盛りこみつつムダな部分はすべて刈りこんだ、**「共通テスト」**に特化した参考書。

その一冊だけを徹底的にやりこめば、ほかには何もやる必要がない参考書。

それをマスターすれば、短期間の勉強で満点がとれるような参考書。

ぼくたちが書いたこの本は、「共通テスト［国語］現代文」における、この意味での「決定版」だと自負しています。じっさい、ぼくはドラえもんにタイムマシンを借りて、数十年前の高校三年生のぼくを現代に連れてきたい。そして、この本をわたして、こう言いたい。

これ一冊に集中して、最初から最後まできちんとやりきれば、**「共通テスト」**がどんなテストかまったくわからないはずの君でも、満点がとれるよ、と。そのとき、**「共通一次試験」**を目前にして、どう勉強すればいいのかうろたえていた昔のぼくは、どんな顔をするでしょう?

「共通テスト現代文」を前に不安に思っているひと。どんな勉強をしたらいいかわからないひと。そして、かつてのぼくと同じように、**「決定版」**の参考書がないかな、と探しているひと。

君たちのために、ぼくたちは全力でこの本を書きました。

君たちが、**「共通テスト現代文」**で満点がとれるように。そして第一志望の大学にみごと合格できるように。心から祈っています。

中崎 学

本文イラスト：けーしん
本文デザイン：長谷川有香（ムシカゴグラフィクス）
編集協力：エデュ・プラニング
DTP：明昌堂
校正：あかえんぴつ

改訂
第2版

大学入学 共通テスト

国語［現代文］

の点数が面白いほどとれる本

巻末 問題編

巻末目次

第1章 評論文 ゼロからピークへ

第1章 評論文 ゼロからピークへ

例題1 『キャラ化する／される子どもたち』（平成28年センター本試験を改作）

目標タイム 5分▼3分

次の文章を読んで、後の問いに答えよ。

着せ替え人形のリカちゃんは、一九六七年の初代から現在の四代目に至るまで、世代を超えて人気のある国民的キャラクターです。その累計出荷数は五千万体を超えるそうですから、まさに世代を越えた国民的アイドルといえるでしょう。しかし、時代の推移とともに、そこには変化も見受けられるようです。かつてのリカちゃんは、子どもたちにとって憧れの生活スタイルを演じてくれるイメージ・キャラクターでした。彼女の父親や母親の職業、兄弟姉妹の有無など、その家庭環境についても発売元のタカラトミーが情報を提供し、設定されたその物語の枠組《わくぐみ》のなかで、子どもたちは「ごっこ遊び」を楽しんだものでした。

しかし、平成に入ってからのリカちゃんは、その物語の枠組から徐々に解放され、現在はミニーマウスやポストペットなどの別キャラクターを演じるようにもなっています。自身がキャラクターであるはずのリカちゃんが、まったく別のキャラクターになりきるのです。これは、リカちゃんの捉えられ方が変容していることを示しています。

（土井《どい》隆義《たかよし》『キャラ化する／される子どもたち』による）

問 傍線部「リカちゃんの捉えられ方が変容している」とはどういうことか。その説明として最も適当なものを、次の①〜③のうちから一つ選べ。

① 発売当初は、全世代に均等に愛されていたリカちゃんが、世代ごとにまったく異なる性格を帯びるようになってきたということ。

② 以前は、上流階級の生活を示すキャラクターだったリカちゃんが、より身近な生活スタイルを感じさせるものになったということ。

③ かつては、憧れの生活スタイルを提示していたリカちゃんが、まったく別のキャラクターを演じるものへ変化しているということ。

例題2

「イメージの心理学」

（平成9年度センター本試験を改作）

目標タイム　8分▼5分

次の文章を読んで、後の問いに答えよ。

人間がこの世に生きてゆくためには、いろいろなことをしなくてはならない。自分を取り巻く環境のなかで、うまく生きてゆくためには、環境について多くのことを知り、その仕組みを知らねばならない。このために、自然科学の知が大きい役割を果たす。自然科学の知を得るために、人間は自分を対象から切り離して、客体を観察し、そこに多くの知識を得た。太陽を観察して、それが灼熱《しゃくねつ》の球体であり、われわれの住んでいる地球は自転しつつ、その周りをまわっていることを知った。このような知識により、われわれは太陽の運行を説明できる。

このような自然科学の知は、「自分」を環境から切り離して得たものであるから、誰《だれ》に対しても普遍的に通用する点で、大きい強みを持っている。自然科学の知はどこでも通用する。

（河合《かわい》隼雄《はやお》「イメージの心理学」）

問　傍線部「このような自然科学の知」とあるが、これはどのようなものか。その説明として最も適当なものを、次の①～④のうちから一つ選べ。

①　周囲の環境を客観的に把握することを通じて、人間がより良く生きられるよう、外界のすべてを制御でき

るようになることを目指すもの。

② 自然が人間にとって持つ意味を考究するなかで得られた、人類全体で共有できる知識を、人間社会に適用して利益をあげようとするもの。

③ 自然とともに生きざるをえない人間が、自然を自らと分離して対象化することを通じて、誰とでも共有できる知識を得ようとするもの。

④ 人間を環境から切り離して得られた一般的な知を、人間に対して脅威でしかない自然を手なずけるために活用していこうとするもの。

例題3 「『書くこと』の衰退」

（平成12年度センター本試験を改作）

目標タイム 12分▼7分

次の文章を読んで、後の問いに答えよ。

よく知られているように、音楽を「書き記す」という伝統は、中世後期からルネサンスの記譜法の発明に端を発する。それ以前の音楽は、基本的には口頭伝承に依存したものであったわけだが、合理的な記譜法の発明は、そうした音楽を紙の上に書き留めて保つことを可能にしたのである。そして、ルネサンス期に、そうした記譜法が、更に、ひとつひとつの音の高さや長さを合理的に正確に示し得るように改められてゆくにつれて、かつての口頭伝承依存の時代には思いもよらなかったような、非常に複雑な音楽が可能になってくる——口頭伝承依存期の単旋律の聖歌に代わって、個々に独立した動きをもついくつもの声部が同時に組み合わされるような、複雑な対位法的音楽が、芸術音楽の主体となってゆくのである。

こうした複雑な音楽は、書き記されない限り伝達し得ないというばかりではなく、その作曲そのものも、「書くこと」に依存してはじめて可能になる。それは、一篇《いっぺん》の長大な小説や論文を執筆する文筆家の創作過程になぞらえてみればわかりやすいかもしれない。つまり、文筆家は、頭の中で自分の作品を完成してからそれを機械的に文字として書きつけてゆくわけではなく、書きながら考え、推敲《すいこう》を重ねることによって、徐々に自らの作品を実現してゆく。その意味では、「書くこと」なしには、考えを進めることもできず、したがって、その創作過程は、「書くこと」に依存している、と言えるだろう。このことは、音符を紙に書きつけて作曲してゆく作曲家の創作過程にも当てはまる。すなわち、音楽が紙に書き記されるようになって以来、作曲という創作行為をも含めた意味で、音楽は「筆記」に依存するようになったのである。そして、筆記によって、作曲家は、音楽の細部から全体構造までにわたって入念な制御を行って、ひとつのまとまりのある音楽作品を仕上げることができる。

（近藤譲「『書くこと』の衰退」〈一九八五〉による）

問　傍線部「非常に複雑な音楽が可能になってくる」とあるが、それはなぜか。その説明として最も適当なものを、次の①～⑤のうちから一つ選べ。

① 紙に楽譜を書くことで、頭の中で自分が考えたことを可視化することができ、それによって作曲家は自らの内面的感情という複雑なものを表現できるようになるから。

② 紙に楽譜を書くことで、一つ一つの音がしっかりと固定化され、それまでは曖昧な記憶に頼りがちだった音楽を、正確に演奏することができるようになるから。

③ 紙に楽譜を書くことで、作曲家は自分の創作過程を確認することができるようになり、音の長さや高さを細かく検討しながら、様々な旋律を組み合わせられるようになるから。

④ 紙に楽譜を書くことで、統一化された作品世界を想像することができるようになり、一見無秩序で流動的な音楽を、より秩序だったものへ近づけられるようになるから。

⑤ 紙に楽譜を書くことで、作品は作曲家個人の手を離れ、個々の指揮者や演奏者たちがそれぞれに独自の解釈を加えて、多様で入り組んだ演奏ができるようになるから。

例題4 『都市の憂鬱』

（平成13年度センター本試験を改作）

目標タイム 15分▼10分

次の文章を読んで、後の問いに答えよ。

ヨーロッパにおいては、日記の発達は商人のつける会計簿に一つの起源があるようだ。言いかえれば、自己の内面を日記に綴《つづ》るということは、自己を一種の財と見なして蓄積することであり、それは一方で資本主義、他方で個人主義という、ともに近代ヨーロッパの根幹をなすとも言うべき考え方の成長をまってはじめて現実のものとなった。収集がただの趣味以上のものとして広く行われるようになるのも、おそらくはブルジョワ社会においてのことであって、Aここでも同じ原理が作動しているはずである。ただし、財の蓄積、保存とは言っても、収集や蓄財の場合に対象となるのはいつでも他の財と交換が可能な財であり（たとえば貯《た》めたお金で家を購入する）、したがってこの保存はまだ目的のための手段という性格を多少とも残しているのにたいして、日記に記される自己の他のものに変わりうる余地はほとんどない。それゆえにこそ、日記においては手段の自己目的化が蓄財や収集にもましていっそう激しく進行するのだが。

おそらくは、堅実な（つまり一定の目標をもった）資本家がやがて金をためることだけが目的の守銭奴に堕し、また博物学的興味から何かの収集をはじめたはずの収集家がいつのまにか集めることそれ自体に情熱を傾けるにいたるのと同じ過程でもって、向上のための自己の記録が、自己というものに執着し沈潜する日記に転じたのだった。この自己目的化あるいは自己疎外は、やはり逸脱、倒錯そして結局のところ病としか呼びえないものだろうか。そうではあるにせよ、しかし注目しなければならないのは、[B]こうした逸脱が実は近代社会に内在する性格の縮図にもなっているという点である。たとえば美術館、博物館また古文書館など、その制度化と公開が近代以前の社会では考えられなかったのを思い出すならば、われわれの社会においては、個人のレヴェルで収集癖や日記の習慣が定着するとともに、全体としても、単純な消費の対象とはならない知識や財を記録し保存し、要するに永遠化することに多大のエネルギーが投じられているのがわかる。

（富永茂樹『都市の憂鬱《ゆううつ》』による）

問1 傍線部A「ここでも同じ原理が作動している」とはどういうことか。その説明として最も適当なものを、次の①〜⑤のうちから一つ選べ。

① 近代ヨーロッパにおいて蓄財の精神が働いているのと同じように、ブルジョワ社会においても、財の蓄積を尊ぶ資本主義の原理が働いているということ。

② 自己の内面を日記に綴る営みの背景に資本主義と個人主義の成長という原理が見られるように、趣味の域を超えた収集活動の広がりにもそのような背景があるということ。

③ 収集はただの趣味以上のものであるが、収集活動と趣味活動の双方に、ブルジョワ社会を支える資本主義と個人主義の原理が働いているということ。

④ 資本主義と個人主義という二つの原理が近代ヨーロッパの基本的な精神を形成したように、その二つの原理が同じようにブルジョワ社会を形成したということ。

⑤ 日記の発達の起源に財の蓄積という商業活動の原理があったように、収集活動が趣味以上のものとなっていくのも商業活動のためであるということ。

問2　傍線部Ｂ「こうした逸脱が実は近代社会に内在する性格の縮図にもなっている」とあるが、それはどういうことか。その説明として最も適当なものを、次の①～⑤のうちから一つ選べ。

①　日記が、自己の向上のための記録から、自己目的化した日記へと転じたことと、近代社会において美術館や博物館など事物の収集それ自体に多大なエネルギーを傾ける設備が成立したこととは、同じ精神にもとづいているということ。

②　近代社会において、個人のレヴェルでの収集や自己の記録である日記が定着し、趣味以上のものとして普及したのと同様に、美術館や博物館・古文書館が制度化され、収集されたものが広く一般に公開されるようになったということ。

③　一定の目標を定めて金銭を蓄積していた資本家が、金を貯めることだけが目的の守銭奴と化したように、日記を書くことで日々の反省をしていた日記の書き手も、自己の向上それ自体に深くこだわるようになったということ。

④　近代の資本主義社会で、個人が消費の対象にならない知識や財を記録・蓄積し、保存するようになったのは、美術館や博物館・古文書館の制度化や整備による影響から生じたことで、両者には共通の価値観が見られるということ。

⑤　自己の記録に拘泥する日記が、個人主義に根ざした病を反映する一方で自己の蓄積と再生を目的とするように、近代以前の社会では考えられなかった美術館や博物館などの公開も、知識の保存と更新を目指しているということ。

例題5 『江戸の妖怪革命』

（令和3年度共通テスト本試験を改作）

目標タイム 15分▼8分

次の【文章】は、香川雅信《かがわまさのぶ》『江戸の妖怪革命』の序文の一部である。本文中でいう「本書」とはこの著作を指す。【文章】と【ノート】を読んで、後の問いに答えよ。

【文章】

「表象」という人工的な記号を成立させていたのは、「万物の霊長」とされた人間の力の絶対性であった。ところが近代になると、この「人間」そのものに根本的な懐疑が突きつけられるようになる。人間は「神経」の作用、「催眠術」の効果、「心霊」の感応によって容易に妖怪を「見てしまう」不安定な存在、「内面」というコントロール不可能な部分を抱えた存在として認識されるようになったのだ。かつて「表象」としてフィクショナルな領域に囲い込まれていた妖怪たちは、今度は「人間」そのものの内部に棲みつくようになったのである。

そして、こうした認識とともに生み出されたのが、「私」という近代に特有の思想であった。謎めいた「内面」を抱え込んでしまったことで、「私」は私にとって「不気味なもの」となり、いっぽうで未知なる可能性を秘めた神秘的な存在となった。妖怪は、まさにこのような「私」を投影した存在としてあらわれるようになるのである。

（香川雅信『江戸の妖怪革命』による）

Nさんは、近代の妖怪観の背景に興味をもった。そこで出典の『江戸の妖怪革命』を読み、次の【ノート】を作成した。

【ノート】

本文には、近代において「私」が私にとって「不気味なもの」となったということが書かれていた。このことに関係して、本書第四章には、欧米でも日本でも近代になってドッペルゲンガーや自己分裂を主題とした小説が数多く発表されたとあり、芥川龍之介の小説「歯車」（一九二七年発表）の次の一節が例として引用されていた。

第二の僕、――独逸《どいつ》人の所謂《いわゆる》Doppelgaengerは仕合《しあわ》せにも僕自身に見えたことはなかった。しかし亜米利加《あめりか》の映画俳優になったK君の夫人は第二の僕を帝劇の廊下に見かけていた。（僕は突然K君の夫人に「先達《せんだって》はつい御挨拶もしませんで」と言われ、当惑したことを覚えている。）それからもう故人になったある隻脚《かたあし》の翻訳家もやはり銀座のある煙草《たばこ》屋に第二の僕を見かけていた。死はあるいは僕よりも第二の僕に来るのかも知れなかった。

考察　ドッペルゲンガー（Doppelgaenger）とは、ドイツ語で「二重に行く者」、すなわち「分身」の意味であり、もう一人の自分を「見てしまう」怪異のことである。また、「ドッペルゲンガーを見た者は死ぬと言い伝えられている」と説明されていた。［　　　］

本文に書かれていた「『私』という近代に特有の思想」とは、こうした自己意識を踏まえた指摘だったことがわかった。

問 空欄［　　］に入る最も適当なものを、次の①〜⑤のうちから一つ選べ。

① 「歯車」の僕は、自分の知らないところで別の僕が行動していることを知った。僕はまだ自分でドッペルゲンガーを見たわけではないと安心し、別の僕の行動によって自分が周囲から承認されているのだと悟った。これは、「私」が他人の認識のなかで生かされているという神秘的な存在であることの例にあたる。

② 「歯車」の僕は、自分には心当たりがない場所で別の僕が目撃されていたと知った。僕は自分でドッペルゲンガーを見たわけではないのでひとまずは安心しながらも、もう一人の自分に死が訪れるのではないかと考えていた。これは、「私」が自分自身を統御できない不安定な存在であることの例にあたる。

③ 「歯車」の僕は、身に覚えのないうちに、会いたいと思っていた人の前に別の僕が姿を現していたと知った。僕は自分でドッペルゲンガーを見たわけではないが、別の僕が自分に代わって思いをかなえてくれたことに驚いた。これは、「私」が未知なる可能性を秘めた存在であることの例にあたる。

④ 「歯車」の僕は、自分がいたはずのない場所に別の僕がいたことを知った。僕は自分でドッペルゲンガーを見たわけではないと自分を落ち着かせながらも、自分が分身に乗っ取られるかもしれないという不安を感じた。これは、「私」が「私」という分身にコントロールされてしまう不気味な存在であることの例にあたる。

⑤ 「歯車」の僕は、自分がいるはずのない時と場所で僕を見かけたと言われた。僕は今のところ自分でドッペルゲンガーを見たわけではないので死ぬことはないと安心しているが、他人にうわさされることに困惑していた。これは、「私」が自分で自分を制御できない部分を抱えた存在であることの例にあたる。

例題6 『視覚の生命力──イメージの復権』『ル・コルビュジエと近代絵画──二〇世紀モダニズムの道程』

（令和5年度共通テスト本試験を改作）

目標タイム 20分▼12分

次の【文章Ⅰ】と【文章Ⅱ】は、ともに建築家ル・コルビュジエの建築物における窓について考察している。どちらの文章にもル・コルビュジエ著『小さな家』からの引用が含まれている。これらを読んで、後の問いに答えよ。

【文章Ⅰ】

ル・コルビュジエは、ブエノス・アイレスで行った講演のなかで、「建築の歴史を窓の各時代の推移で示してみよう」といい、また窓によって「建築の性格が決定されてきたのです」と述べている。そして、古代ポンペイの出窓、ロマネスクの窓、ゴシックの窓、さらに一九世紀パリの窓から現代の窓のあり方までを歴史的に検討してみせる。そして「窓は採光のためにあり、換気のためではない」とも述べている。

実際彼は、両親のための家をレマン湖のほとりに建てている。まず、この家は、塀（壁）で囲まれているのだが、これについてル・コルビュジエは、次のように記述している。

囲い壁の存在理由は、北から東にかけて、さらに部分的に南から西にかけて視界を閉ざすためである。四方八方に蔓延《まんえん》する景色というものは圧倒的で、焦点をかき、長い間にはかえって退屈なものになってしまう。このような状況では、もはや〝私たち〟は風景を〝眺め〟ることができないのではなかろうか。景色を望むには、むしろそれを限定しなければならない。思い切った判断によって選別しなければならないのだ。すなわち、まず壁を建てることによって視界を遮《さえ》ぎり、つぎに連《つ》らなる壁面を要所要所取り払い、そこに水平線の広がりを求めるのである。(『小さな家』)

風景を見る「視覚装置」としての窓(開口部)と壁をいかに構成するかが、ル・コルビュジエにとって課題であったことがわかる。

(柏木博《かしわぎひろし》『視覚の生命力――イメージの復権』による)

【文章Ⅱ】

一九二〇年代の最後期を飾る初期の古典的作品サヴォア邸は、見事なプロポーションをもつ「横長の窓」を示す。が一方、「横長の窓」を内側から見ると、それは壁をくりぬいた窓であり、その意味は反転する。それは四周を遮る壁体となる。「横長の窓」は、「横長の壁」となって現われる。

かれは初期につぎのようにいう。「住宅は沈思黙考の場である」。あるいは「人間には自らを消耗する〈仕事の時間〉があり、自らをひき上げて、心の琴線に耳を傾ける〈瞑想《めいそう》の時間〉とがある」。

かれは『小さな家』において「風景」を語る：

「ここに見られる囲い壁の存在理由は、北から東にかけて、さらに部分的に南から西にかけて視界を閉ざすためである。四方八方に蔓延する景色というものは圧倒的で、焦点をかき、長い間にはかえって退屈なものになってしまう。このような状況では、もはや〝私たち〟は風景を〝眺める〟ことができないのではなかろうか。景色を望むには、むしろそれを限定しなければならない。（中略）北側の壁と、そして東側と南側の壁とが〝囲われた庭〟を形成すること、これがここでの方針である」。

ここに語られる「風景」は動かぬ視点をもっている。かれが多くを語った「動く視点」にたいするこの「動かぬ視点」は風景を切りとる。視点と風景は、一つの壁によって隔てられ、そしてつながれる。風景は一点から見られ、眺められる。壁がもつ意味は、風景の観照の空間的構造化である。

（呉谷《くれたに》充利《みつとし》『ル・コルビュジエと近代絵画――二〇世紀モダニズムの道程』による）

問1 傍線部「壁がもつ意味は、風景の観照の空間的構造化である。」とあるが、これによって住宅はどのような空間になるのか。その説明として最も適当なものを、次の①～⑤のうちから一つ選べ。

① 三方を壁で囲われた空間を構成することによって、外光は制限されて一方向からのみ部屋の内部に取り入れられる。このように外部の光を調整する構造により、住宅は仕事を終えた人間の心を癒やす空間になる。

② 外界を壁と窓で切り取ることによって、視点は固定されてさまざまな方向から景色を眺める自由が失われる。このように壁と窓が視点を制御する構造により、住宅はおのずと人間が風景と向き合う空間になる。

③ 四周の大部分を壁で囲いながら開口部を設けることによって、固定された視点から風景を眺めることが

可能になる。このように視界を制限する構造により、住宅は内部の人間が静かに思索をめぐらす空間になる。

④ 四方に広がる空間を壁で限定することによって、選別された視覚から風景と向き合うことが可能になる。このように一箇所において外界と人間がつながる構造により、住宅は風景を鑑賞するための空間になる。

⑤ 周囲を囲った壁の一部を窓としてくりぬくことによって、外界に対する視野に制約が課せられる。このように壁と窓を設けて内部の人間を瞑想へと誘導する構造により、住宅は自己省察するための空間になる。

問2 次に示すのは、授業で**【文章Ⅰ】【文章Ⅱ】**を読んだ後の、話し合いの様子である。空欄 X に入る発言として最も適当なものを、次の①～④のうちから一つ選べ。

> 生徒A――**【文章Ⅰ】**と**【文章Ⅱ】**は、両方ともル・コルビュジエの建築における窓について論じられていたね。
> 生徒B――**【文章Ⅰ】**にも**【文章Ⅱ】**にも同じル・コルビュジエからの引用文があったけれど、少し違っていたよ。
> 生徒C――よく読み比べると、 X 。
> 生徒B――そうか、同じ文献でもどのように引用するかによって随分印象が変わるんだね。

① **【文章Ⅰ】**の引用文は、壁による閉塞とそこから開放される視界についての内容だけど、**【文章Ⅱ】**の引用文では、壁の圧迫感について記された部分が省略されて、三方を囲んで形成される壁の話に接続されて

いる

②【文章Ⅰ】の引用文は、視界を遮る壁とその壁に設けられた窓の機能についての内容だけど、【文章Ⅱ】の引用文では、壁の機能が中心に述べられていて、その壁によってどの方角を遮るかが重要視されている

③【文章Ⅰ】の引用文は、壁の外に広がる圧倒的な景色とそれを限定する窓の役割についての内容だけど、【文章Ⅱ】の引用文では、主に外部を遮る壁の機能について説明されていて、窓の機能には触れられていない

④【文章Ⅰ】の引用文は、周囲を囲う壁とそこに開けられた窓の効果についての内容だけど、【文章Ⅱ】の引用文では、壁に窓を設けることの意図が省略されて、視界を遮って壁で囲う効果が強調されている

実戦問題1

「翻訳をめぐる七つの非実践的な断章」

（平成29年度センター本試験）

目標タイム **40分▼25分**

次の文章を読んで、後の問い（**問1〜6**）に答えよ。なお、設問の都合で本文の段落に1〜15の番号を付してある。（配点　50）

1　僕は普段からあまり一貫した思想とか定見を持たない、いい加減な人間なので、翻訳について考える場合にも、そのときの気分によって二つの対極的な考え方の間を揺れ動くことになる。楽天的な気分のときは、翻訳なんて簡単さ、たいていのものは翻訳できる、と思うのだが、悲観的な気分に落ち込んだりすると、翻訳なんてものは原理的に不可能なのだ、何かを翻訳できると考えることじたい、言語とか文学の本質を弁《わきま》えていない愚かな人間の迷妄ではないか、といった考えに傾いてしまう。

2　まず楽天的な考え方についてだが、翻訳書が溢《あふ》れかえっている世の中を見渡すだけでいい。現実にはたいていのものが——それこそ、翻訳などとうてい不可能のように思えるフランソワ・ラブレー（注1）からジェイムズ・ジョイス（注2）に至るまで——見事に翻訳されていて、日本語でおおよそのところは読み取れるという現実がある。質についてうるさいことを言いさえしなければ、確かにたいていのものは翻訳されている、という確固とした現実がある。

3　しかし、それは本当に翻訳されていると言えるのだろうか。フランス語でラブレーを読むのと、渡辺一夫（注3）訳でラブレーを読むのとでは——渡辺訳が大変な名訳であることは、言うまでもないが——はたして、同じ体験と言えるのだろうか。いや、そもそもそこで「同じ」などという指標を出すことが間違いなのかも知れない。翻訳とはもともと近似的なものでしかなく、その前提を甘受したうえで始めて成り立つ作業ではないのだろうか。などと考え始めると、やはりどうしても悲観的な翻訳観のほうに向かわざるを得なくなる。

4 しかし、こう考えたらどうだろうか。まったく違った文化的背景の中で、まったく違った言語によって書かれた文学作品を、別の言語に訳して、それがまがりなりにも理解されるということじたい、よく考えてみると、何か奇跡のようなことではないのか、と。翻訳をするということ、いや翻訳を試みるということは、この奇跡を目指して、奇跡と不可能性の間で揺れ動くことだと思う。もちろん、心の中のどこかで奇跡を信じているような楽天家でなければ、奇跡を目指すことなどできないだろう。「翻訳家という楽天家たち」とは、青山南(注4)さんの名著のタイトルだが、A翻訳家とはみなその意味では楽天家なのだ。

5 もちろん、個別の文章や単語を(ア)タンネンに検討していけば、「翻訳不可能」だと思われるような例はいくらでも挙げられる。例えばある言語文化に固有の慣用句。昔、アメリカの大学に留学していたときに、こんなことを実際に目撃した記憶がある。中年過ぎの英文学者が生まれて始めてアメリカに留学にやって来た。本はよく読めるけれども、会話は苦手、という典型的な日本の外国文学者である。彼は英文科の秘書のところに挨拶に顔を出し、しばらくたどたどしい英語で自己紹介をしていたのだが、最後に辞去する段になって、「よろしくお願いします」と言おうと思って、それが自分の和文英訳力ではどうしても英訳できないことにはたと気づき、秘書の前に突っ立ったまま絶句してしまったのだ。

6 「よろしくお願いします」というのは、日本語としてはごく平凡な慣用句だが、これにぴったり対応するような表現は、少なくとも英語やロシア語には存在しない。もっと具体的に「私はこれからここで、これこれの研究をするつもりだが、そのためにはこういうサーヴィスが必要なので、秘書であるあなたの助力をお願いしたい」といった言い方ならもちろん英語でもあり得るが、具体的な事情もなくごく(イ)バクゼンと「よろしくお願いします」というのは、もしも無理に「直訳」したら非常に奇妙に(ウ)ヒビくはずである。秘書にしても、もしも突然やってきた外国人に藪《やぶ》から棒にそんなことを言われたら、付き合ったこともない男からいきなり「私のことをよろしく好きになってください」と言われたような感覚を覚えるのではないだろうか。

7 このような意味で訳せない慣用句は、いくらでもある。しかし、日常言語で書かれた小説は、じつはそういった慣用句の塊のようなものだ。それを楽天的な翻訳家はどう処理するのか。戦略は大きく分けて、二つあると思う。一つは、律儀な学者的翻訳によくあるタイプで、一応「直訳」してから、注をつけるといったやり方。例えば、英語で“Good morning!”という表現が出てきたら、とりあえず「いい朝！」と訳してから、その後に（訳注 英語では朝の挨拶として「いい朝」という表現を用いる。もともとは「あなたにいい朝があることを願う」の意味）といった説明を加え、訳者に学のあるところを示すことになる。しかし、小説などにこの注が(エ)ヒンシュツするとどうも興ざめなもので、最近特にこういったやり方はさすがに日本でも評判が悪い（ちなみに、この種の注は、欧米では古典の学術的な翻訳は別として、現代小説ではまずお目にかからない）。

8 では、どうするか。そこでもう一つの戦略になるわけだが、これは近似的な「言い換え」である。つまり、同じような状況のもとで、日本人ならどう言うのがいちばん自然か、考えるということだ。ここで肝心なのは「自然」ということである。翻訳といえども、日本語である以上は、日本語として自然なものでなければならない。いかにも翻訳調の「生硬」な日本語は、最近では評価されない。むしろ、いかに「こなれた」訳文にするかが、翻訳家の腕の見せ所になる。というわけで、イギリス人が「よい朝」と言うところは、日本人なら当然「おはよう」となるし、恋する男が女に向かって熱烈に浴びせる「私はあなたを愛する」という言葉は、例えば、「あのう、花子さん、月がきれいですね」に化けたりする。

9 僕は最近の一〇代の男女の実際の言葉づかいをよく知らないのだが、英語のI love you.に直接対応するような表現は、日本語ではまだ定着していないのではないだろうか。そういうことは、あまりはっきりと言わないのがやはり日本語的なのであって、本当は言わないことをそれらしく言い換えなければならないのだから、翻訳家はつらい。ともかく、そのように言い換えが上手に行われている訳を世間は「こなれている」として高く評価するのだが、厳密に言ってこれは本当に翻訳なのだろうか。B翻訳というよりは、これはむしろ翻訳を回避する技術なのかも知れないのだが、まあ、あまり固いことは言わないでおこう。

10 あまり褒められたことではないのだが、ここで少し長い自己引用をさせていただく。

11 『屋根の上のバイリンガル』という奇妙なタイトルを冠した、僕の最初の本からだ。一九八八年に出て、あまり売れなかった本だから、知っている読者はほとんどいないだろう。

12 「……まだ物心つくかつかないかという頃読んだ外国文学の翻訳で、娘が父親に『私はあなたを愛しているわ』などと言う箇所があったことを、今でも鮮明に覚えている。子供心にも、ああガイジンというのはさすがに言うことが違うなあ、と妙な感心こそしたものの、決して下手くそな翻訳とは思わなかった。子供にしても純真過ぎたのだろうか、翻訳をするのは偉い先生に決まっているのだから、下手な翻訳、まして誤訳などするわけがない、と思い込んでいたのか。それとも、外国人が日本人でない以上、日本人とは違った風にしゃべるのも当然のこととして受け止めていたのか。今となっては、もう自分でも分からないことだし、まあ、そんな詮索はある意味ではどうでもいいのだが、それから二〇年後の自分が翻訳にたずさわり、そういった表現をいかに自然な日本語に変えるかで（自然というのがここでは虚構に過ぎないにしても）四苦八苦することになるだろうと聞かされたら、あの時の少年は一体どんなことを考えただろうか。自分の読んでいる翻訳書がいいものと悪いものに分かれるなどとは夢にも思わず、全てが不分明な薄明のような世界に浸りながら至福の読書体験を送ったかつての少年が後に専門として選んだのはたまたまロシア語とかポーランド語といった『特殊言語』(注5)であったため、当然、翻訳の秘密を手取り足取り教えてくれるようなアンチョコ(注6)に出会うこともなく、始めはまったく手探りで、それこそ『アイ・ラヴ・ユー』に相当するごく単純な表現が出て来るたびに、二時間も三時間も考え込むという日々が続いていたのだった……」

13 大学で現代ロシア文学を翻訳で読むというゼミをやっていたときのこと。ある日、一年生のまだ初々しい女子学生が寄ってきて、こう言った。「センセイ、この翻訳って、とってもこなれてますね。『ぼくはあの娘にぞっこんなんだ』だなんて。まるでロシア文学じゃないみたい」。それは確か、わが尊敬する先輩で、翻訳のうまいことで定評がある、浦雅春(注7)さんの訳だったと思う、そのときすぐにロシア語の原文を確認したわけではないので、単なる推量で言うのだが、それは人によっては「私は彼女を深く愛しているのである」などと四角四面に訳してもおかしくないような箇所だったのではないかと思う。

14 「ぼくはあの娘にぞっこんなんだ」と「私は彼女を深く愛しているのである」では、全然違う。話し言葉としてアットウ(オ)的に自然なのは前者であって（ただし「ぞっこん」などという言い方じたい、ちょっと古くさいが）、実際の会話で後者のような言い方をする人は日本人ではまずいないだろう。しかし、それでは後者が間違いかと言うと、もちろんそう決めつけるわけにもいかない。ある意味では後者のほうが原文の構造に忠実なだけに正しいとさえ言えるのかも知れないのだから。しかし、C正しいか、正しくないか、ということは、厳密に言えば、そもそも正確な翻訳とは何かという言語哲学の問題に行き着くのであり、普通の読者はもちろん言語哲学について考えるために、翻訳小説を読むわけではない。多少不正確であっても、自然であればその方がいい、というのが一般的な受け止め方ではないか。

15 確かに不自然な訳文は損をする。例えば英語の小説を日本語に訳す場合、原文に英語として非標準的な、要するに変な表現が出てくれれば、当然、同じくらい変な日本語に訳すのが「正確」な翻訳だということになるだろう。しかし、最近の「こなれた訳」に慣れた読者はたいていの場合、その変な日本語を訳者のせいにするから、訳者としては——うまい訳者であればあるほど——自分の腕前を疑われたくないばかりに、変な原文をいい日本語に直してしまう傾向がある。

（沼野《ぬまの》充義《みつよし》「翻訳をめぐる七つの非実践的な断章」による）

（注）1 フランソワ・ラブレー——フランスの作家（一四九四—一五五三頃）。
2 ジェイムズ・ジョイス——アイルランドの作家（一八八二—一九四一）。
3 渡辺一夫——フランス文学者（一九〇一—一九七五）。特にラブレーの研究や翻訳に業績がある。
4 青山南——翻訳家、アメリカ文学者、文芸評論家（一九四二—　）。
5 『特殊言語』——ここでは当時の日本でこれらの言語の学習者が英語などに比べて少なかったことを表現している。
6 アンチョコ——教科書などの要点が簡潔にまとめられた、手軽な学習参考書。
7 浦雅春——ロシア文学者（一九四八—　）。

問1 傍線部(ア)〜(オ)に相当する漢字を含むものを、次の各群の①〜⑤のうちから、それぞれ一つずつ選べ。（各

2点）

(ア) タンネン
① イッタン休止する
② タンレンを積む
③ タンセイを込める
④ タンカで運ぶ
⑤ 計画がハタンする

(イ) バクゼン
① バクガからビールが作られる
② サバクの景色を見る
③ ジュバクから解き放たれる
④ 観客がバクショウする
⑤ バクマツの歴史を学ぶ

(ウ) ヒビく
① 物資をキョウキュウする
② ギャッキョウに耐える
③ 他国とキョウテイを結ぶ
④ エイキョウを受ける
⑤ ホドウキョウを渡る

(エ) ヒンシュツ

① ヒンシツを管理する
② カイヒン公園で水遊びをする
③ ヒンパンに訪れる
④ ライヒンを迎える
⑤ 根拠がヒンジャクである

(オ) アットウ

① 現実からトウヒする
② ジャズ音楽にケイトウする
③ トウトツな発言をする
④ シュウトウに準備する
⑤ 食事のトウブンを抑える

問2 傍線部A「翻訳家とはみなその意味では楽天家なのだ」とあるが、どういうことか。その説明として最も適当なものを、次の①〜⑤のうちから一つ選べ。(8点)

① 難しい文学作品を数多く翻訳することによって、いつかは誰でも優れた翻訳家になれると信じているということ。

② どんな言葉で書かれた文学作品であっても、たいていのものはたやすく翻訳できると信じているということ。

③　どんなに翻訳が難しい文学作品でも、質を問わなければおおよそのところは翻訳できると信じているということ。

④　言語や文化的背景がどれほど異なる文学作品でも、読者に何とか理解される翻訳が可能だと信じているということ。

⑤　文学作品を原語で読んだとしても翻訳で読んだとしても、ほぼ同じ読書体験が可能だと信じているということ。

問3　傍線部B「翻訳というよりは、これはむしろ翻訳を回避する技術なのかも知れない」とあるが、筆者がそのように考える理由として最も適当なものを、次の①〜⑤のうちから一つ選べ。（8点）

①　慣用句のような翻訳しにくい表現に対しては、日本語のあいまいさを利用して意味をはっきり確定せずに訳すのが望ましい。だが、それでは原文の意味が伝わらないこともありえ、言葉の厳密な意味を伝達するという翻訳本来の役割から離れてしまうから。

②　慣用句のような翻訳しにくい表現でも、近似的に言い換えることによってこなれた翻訳が可能になる。だが、それは日本語としての自然さを重視するあまり、よりふさわしい訳文を探し求めることの困難に向き合わずに済ませることになるから。

③　慣用句のような翻訳しにくい表現でも、直訳に注を付す方法や言い換えによって翻訳が可能になる。だが、それでは生硬な表現か近似的な言い方となってしまうため、文化の違いにかかわらず忠実に原文を再現するという翻訳の理想から離れたものになるから。

④　慣用句のような翻訳しにくい表現に対して、不自然な表現だとしてもそのまま直訳的に翻訳しておくことで、それが翻訳不可能であることを伝える効果を生む。だが、一方でそのやり方は日本語として自然な翻訳を追求する努力から逃げることになるから。

⑤　慣用句のような翻訳しにくい表現でも、文学作品の名訳や先輩翻訳者の成功例などを参考にすることで、こなれた翻訳が可能になることもある。だが、それでは適切な言い換え表現を自ら探求するという翻訳家の責務をまぬがれることになるから。

問4　傍線部C「正しいか、正しくないか、ということとは、厳密に言えば、そもそも正確な翻訳とは何かという言語哲学の問題に行き着く」とあるが、ここから翻訳についての筆者のどのような考え方がうかがえるか。その説明として最も適当なものを次の①～⑤のうちから一つ選べ。（8点）

①　翻訳の正しさとは、原文の表現が他言語に置き換えられた時に、意味的にも構造的にも一対一で対応すべきという学問的な原則に関わるものである。そのため、このような翻訳家が理想とする厳密な翻訳と、一般の読者が理想とする自然な日本語らしい翻訳とは必然的に相反するものになるという考え方。

②　翻訳の正しさとは、原文の表現を他言語に置き換えるとはどういうことか、あるいはどうあるべきか、という原理的な問いに関わるものである。そのため、原文を自然な日本語に訳すべきか、原文の意味や構造に忠実に訳すべきかという翻訳家の向き合う問題は、容易に解決しがたいものになるという考え方。

③　翻訳の正しさとは、標準的な原文も非標準的な原文もいかに自然な日本語に見せることができるかという翻訳家の技術の問題に関わるものである。そのため、結果としてなされた翻訳が言語哲学的な定義に則

して正確であるかそうでないかは、あまり本質的な問題ではないという考え方。

④ 翻訳の正しさとは、結局は原文を近似的な言葉に置き換えることしかできないという翻訳の抱える限界に関わるものである。とはいえ、翻訳家は自然な日本語に訳すことと原文の意味や構造を崩すことなく訳すことを両立させ、時代を超えて通用する表現を目指すべきであるという考え方。

⑤ 翻訳の正しさとは、原文の意味を自然な日本語で効率的に伝えることと、原文の構造に則して忠実に伝達することという二方向の目的に対する翻訳家の選択に関わるものである。とはいえ、正確であるとはどういうことかは学問的に定義して決定していくべきであるという考え方。

問5 次に示すのは、本文を読んだ後に、五人の生徒が翻訳の仕事について話し合っている場面である。本文の趣旨と**異なる発言**を、次の①～⑤のうちから一つ選べ。（8点）

① 生徒A——私たちは英語の授業などでI love you.は「私はあなたを愛する」と訳すのだと教わったけど、たしかに実際に日本語でそのように言う人はあまりいないよね。筆者は、翻訳先の言語の中に原文とぴったり対応する表現がなくてもそれらしく言い換えなくてはならないことを、翻訳の仕事の難しさだと考えているよ。

② 生徒B——そうだね、原文をそのまま訳すとどうしても違和感が出てしまう場合があるよね。でも、「あのう、花子さん、月がきれいですね」では、愛を告白するという意図が現代の私たちには伝わらないよ。やはり筆者がいうように、時代や文化の違いをなるべく意識させずに読者に理解させることが翻訳の仕事の基本なんだろうね。

③　生徒C――筆者は子供の頃、外国の小説で「私はあなたを愛しているわ」と娘が父親に言う場面を読んで、翻訳の良し悪しを意識せずにいかにも外国人らしいと感心したけど、翻訳家としての経験を積んだ今ではなぜそんなに感心したのかと思っている。考えてみれば私たちは父親にそんな言い方をしないし、結局そこにも文化の差があるってことかな。

④　生徒D――ロシア語からの翻訳の話でいえば「ぼくはあの娘にぞっこんなんだ」は少し古いけど、「私は彼女を深く愛しているのである」と比べたら会話としては自然だね。でも、筆者がいうように後者も正しくないとは言い切れない。こうしたことが起こるのも、ある言葉に対応する表現が別の言語文化の中に必ずあるとは限らないからだね。

⑤　生徒E――でも、普通の読者はそこまで考えないから、自然な印象ならそれでいいってことになる。それで最近の翻訳では、ある言語文化の中で標準的でない表現がわざと用いられている文章まで、こなれた表現に訳す傾向がある。しかし、それではもとの表現がもつ独特のニュアンスが消えてしまう。そこにも筆者の考える翻訳の難しさがあるね。

問6　この文章の表現と構成について、次の問いに答えよ。

(i)　この文章の表現に関する説明として**適当でない**ものを、次の①～④のうちから一つ選べ。（4点）

①　第[4]段落の「しかし、こう考えたらどうだろうか。」は、「こう」の指示内容がわからない段階で提案を投げかけ、読者の注意を引きつける働きをしている。

② 第[4]段落の「翻訳をするということ、いや翻訳を試みるということ」は、「翻訳」に対する筆者の捉え方を、「する」を打ち消して「試みる」に言い換えることによって強調して表している。

③ 第[12]段落の「ガイジン」は、現在では「外国人」という語のほうが一般的であるが、筆者はあえて子供時代の感覚を再現するために、カタカナ表記で使用している。

④ 第[12]段落の「あの時の少年は一体どんなことを考えただろうか」は、過去の自分が考えたことを回想し、当時を懐かしむ感情を表している。

(ii) この文章は、空白行によって四つの部分に分けられている。構成に関する説明として最も適当なものを、次の①〜④のうちから一つ選べ。(4点)

① はじめの部分([1]〜[4]段落)は、この文章のテーマである「翻訳」について、対極的な二つの考え方を示して問題提起し、支持する立場を一方に確定させている。

② 2番目の部分([5]〜[9]段落)は、「翻訳不可能」な具体例を示して翻訳にまつわる問題点を明確にし、「言い換え」という別の手法を示して論を広げている。

③ 3番目の部分([10]〜[12]段落)は、過去のエピソードを引用しながら、筆者が現在の職業に就くことになったきっかけを紹介し、論を補強している。

④ 4番目の部分([13]〜[15]段落)は、翻訳の正しさについて検討し、筆者の考える正しさを示しながらも、結論を読者の判断に委ねている。

実戦問題 2

『食べることの哲学』『食べるとはどういうことか』

（令和4年度共通テスト）

目標タイム 35分▼25分

次の【文章Ⅰ】【文章Ⅱ】を読んで、後の問い（問1〜6）に答えよ。（配点 50）

【文章Ⅰ】　次の文章は、宮沢賢治の「よだかの星」を参照して「食べる」ことについて考察した文章である。なお、表記を一部改めている。

「食べる」ことと「生」にまつわる議論は、どうしたところで動物が主題になってしまう。そこでは動物たちが人間の言葉をはなし、また人間は動物の言葉を理解する（まさに神話的状況である）。そのとき動物も人間も、自然のなかでの生き物として、まったく対等な位相にたってしまうことが重要なのである。動物が人間になるのではない。宮沢の記述からかいまみられるのは、そもそも逆で、人間とはもとより動物である（そうでしかありえない）ということである。そしてそれは考えてみれば、あまりに当然すぎることである。

「よだかの星」は、その意味では、擬人化が(ア)カジョウになされている作品のようにおもわれる。その感情ははっきりと人間的である。よだかは、みなからいじめられ、何をしても孤立してしまう。いつも自分の醜い容姿を気にかけている。親切心で他の鳥の子供を助けても、何をするのかという眼差《まなざ》しでさげすまれる。なぜ自分は生きているのかとおもう。ある意味では、多かれ少なかれ普通の人間の誰もが、一度は心のなかに抱いたことのある感情だ。さらには、よだかにはいじめっ子の鷹《たか》がいる。鷹は、お前は鷹ではないのになぜよだかという名前を名乗るのだ、しかも夜という単語と鷹という単語を借りておかしいではないか、名前を変えろと迫る。よだかはあまりのことに、自分の存在そのものを否定されたかのように感じる。

しかしよだかは、いかに醜くとも、いかに自分の存在を低くみようとも、空を飛び移動するなかで、おおきな口をあけ、羽虫をむさぼり喰《く》ってしまう。それが喉につきささろうとも、甲虫《かぶとむし》を食べてしまう。自然に対しては、自分は支配者のような役割を演じてしまいもするのである。だがどうして自分は羽虫を「食べる」のか。なぜ自分のような存在が、劣等感をもちながらも、他の生き物を食べて生きていくのか、それがよいことかどうかがわからない。

夜だかが思ひ切って飛ぶときは、そらがまるで二つに切れたやうに思はれます。一疋《ぴき》の甲虫が、夜だかの咽喉《のど》にはひって、ひどくもがきました。よだかはすぐそれを呑《の》みこみましたが、その時何だかせなかがぞっとしたやうに思ひました。(『宮沢賢治全集5』、八六頁《ページ》)

A ここからよだかが、つぎのように思考を展開していくことは、あまりに自明なことであるだろう。

(ああ、かぶとむしや、たくさんの羽虫が、毎晩僕に殺される。そしてそのただ一つの僕がこんどは鷹に殺される。それがこんなにつらいのだ。ああ、つらい、つらい。僕はもう虫をたべないで餓《う》ゑて死なう。いやその前にもう鷹が僕を殺すだらう。いや、その前に、僕は遠くの遠くの空の向ふに行ってしまはう。)(同書、八七頁)

当然のことながら、夏の夜の一夜限りの生命かもしれない羽虫を食べること、短い時間しかいのちを送らない甲虫を食べることは、そもそも食物連鎖上のこととしてやむをえないことである。それにそもそもこの話は、もともとはよだかが自分の生のどこかに困難を抱えていて（それはわれわれすべての鏡だ）、それが次第に、他の生き物を殺して食べているという事実の問いに転化され、そのなかで自分も鷹にいずれ食べられるだろう、それならば自分は何も食べず絶食し、空の彼方《かなた》へ消えてしまおうというはなしにさらに転変していくものである。

よだかは大犬座の方に向かい億年兆年億兆年かかるといわれても、さらに大熊星の方に向かい頭を冷やせといわれても、なおその行為をやめることはしない。結局よだかは最後の力を振り絞り、自らが燃え尽きることにより、自己の行為を昇華するのである。

食べるという主題がここで前景にでているわけではない。むしろまずよだかにとって問題なのは、どうして自分のような惨めな存在が生きつづけなければならないのかということであった。そしてその問いの先にあるものとして、ふと無意識に口にしていた羽虫や甲虫のことが気にかかる。そして自分の惨めさを感じつつも、無意識にそれを咀嚼《そしやく》してしまっている自分に対し「せなかがぞっとした」「思ひ」を感じるのである。

よくいわれるように、このはなしは食物連鎖の議論のようにみえる。確かに表面的にはそう読めるだろう。だがよだかは、実はまだ自分が羽虫を食べることがつらいのか、自分が鷹に食べられることがつらいのか、たんに惨めな存在である自らが食べ物を殺して咀嚼することがつらいのか判然と理解しているわけではない。これはむしろ、主題としていえば、まずは食べないことの選択、つまりは断食につながるテーマである。そして、そうであるがゆえに、最終的な星への昇華という宮沢独特のストーリー性がひらかれる仕組みになっているようにもみえる。

ここで宮沢は、食物連鎖からの解放という（仏教理念として充分に想定される）事態だけをとりだすのではない。むしろここでみいだされるのは、心が(イ)キズついたよだかが、それでもなお羽虫を食べるという行為を無意識のうちになしていることに気がつき「せなかがぞっとした」「思ひ」をもつという一点だけにあるようにおもわれる。それは、B人間である（ひょっとしたら同時によだかでもある）われわれすべてが共有するものではないか。そしてこの思いを昇華させるためには、数億年数兆年彼方の星に、自らを変容させていくことしか解決策はないのである。

（檜《ひ》垣《がき》立《たつ》哉《や》『食べることの哲学』による）

【文章Ⅱ】 次の文章は、人間に食べられた豚肉（あなた）の視点から「食べる」ことについて考察した文章である。

長い旅のすえに、あなたは、いよいよ、人間の口のなかに入る準備を整えます。箸で挟まれたあなたは、まったく抵抗できぬままに口に運ばれ、アミラーゼの入った唾液をたっぷりかけられ、舌になぶられ、硬い歯によって噛《か》み切られ、すり潰されます。そのあと、歯の隙間に残ったわずかな分身に別れを告げ、食道を通って胃袋に入り、酸の海のなかでドロドロになります。十二指腸でも膵液《すいえき》と胆汁が流れ込み消化をアシストし、小腸にたどり着きます。ここでは、小腸の運動によってあなたは前後左右にもまれながら、六メートルに及ぶチューブをくねくね旅します。そのあいだ、小腸に出される消化酵素によって、炭水化物がブドウ糖や麦芽糖に、脂肪を脂肪酸とグリセリンに分解され、それらが腸に吸収されていきます。ほとんどの栄養を吸い取られたあなたは、すっかりかたちを変えて大腸にたどり着きます。

大腸は面白いところです。大腸には消化酵素はありません。そのかわりに無数の微生物が棲《す》んでいるのです。人間は、微生物の集合住宅でもあります。その微生物たちがあなたを(ウ)襲い、あなたのなかにある繊維を発酵させます。繊維があればあるほど、大腸の微生物は活性化するので、小さい頃から繊維をたっぷり含むニンジンやレンコンなどの根菜を食べるように言われているのです。そうして、いよいよあなたは便になって肛門《こうもん》からトイレの中へとダイビングします。こうして、下水の旅をあなたは始めるのです。

こう考えると、食べものは、人間のからだのなかで、急に変身を(エ)トげるのではなく、ゆっくり、じっくりと時間をかけ、徐々に変わっていくのであり、どこまでが食べものであり、どこからが食べものでないのかについて決めるのはとても難しいことがわかります。

答えはみなさんで考えていただくとして、二つの極端な見方を示して、終わりたいと思います。

一つ目は、人間は「食べて」などいないという見方です。食べものは、口に入るまえは、塩や人工調味料など一部の例外を除いてすべて生きものであり、その死骸であって、それが人間を通過しているにすぎない、と考えることもけっして言いすぎではありません。人間は、生命の循環の通過点にすぎないのであって、地球全体の生命活動がうまく回転するように食べさせられている、と考えていることです。

二つ目は、肛門から出て、トイレに流され、下水管を通って、下水処理場で微生物の力を借りて分解され、海と土に戻っていき、そこからまた微生物が発生して、それを魚や虫が食べ、その栄養素を用いて植物が成長し、その植物や魚をまた動物や人間が食べる、という循環のプロセスと捉えることです。つまり、ずっと食べものである、ということ。世の中は食べもので満たされていて、食べものは、生きものの死によって、つぎの生きものに生を(オ)与えるバトンリレーである。しかも、バトンも走者も無数に増えるバトンリレー。誰の口に入るかは別として、人間を通過しているにすぎないのです。

どちらも極端で、どちらも間違いではありません。しかも、C二つとも似ているところさえあります。死ぬのがわかっているのに生き続けるのはなぜか、という質問にもどこかで関わってきそうな気配もありますね。

（藤原《ふじはら》辰史《たつし》『食べるとはどういうことか』による）

問1 次の(i)・(ii)の問いに答えよ。

(i) 傍線部(ア)・(イ)・(エ)に相当する漢字を含むものを、次の各群の①〜④のうちから、それぞれ一つずつ選べ。（各2点）

(ア) カジョウ
① ジョウチョウな文章
② 予算のジョウヨ金
③ 汚れをジョウカする
④ ジョウキを逸する

(イ) キズついた
① 入会をカンショウする
② 音楽をカンショウする
③ カンショウ的な気分になる
④ 箱にカンショウ材を詰める

(エ) トげる
① 過去の事例からルイスイする
② キッスイの江戸っ子
③ マスイをかける
④ 計画をカンスイする

(ii) 傍線部(ウ)・(オ)とは**異なる意味**を持つものを、次の各群の①～④のうちから、それぞれ一つずつ選べ。(各2点)

(ウ) 襲い
① ヤ襲
② セ襲
③ キ襲
④ ライ襲

(オ) 与える
① キョウ与
② ゾウ与
③ カン与
④ ジュ与

問2 傍線部A「ここからよだかが、つぎのように思考を展開していく」とあるが、筆者はよだかの思考の展開をどのように捉えているか。その説明として最も適当なものを、次の①～⑤のうちから一つ選べ。(7点)

① よだかは、生きる意味が見いだせないままに羽虫や甲虫を殺して食べていることに苦悩し、現実の世界から消えてしまおうと考えるようになる。

② よだかは、みなにさげすまれるばかりかついには鷹に殺されてしまう境遇を悲観し、彼方の世界へ旅立

とうと考えるようになる。

③　よだかは、羽虫や甲虫を殺した自分が鷹に殺されるという弱肉強食の関係を嫌悪し、不条理な世界を拒絶しようと考えるようになる。

④　よだかは、他者を犠牲にして生きるなかで自分の存在自体が疑わしいものとなり、新しい世界を目指そうと考えるようになる。

⑤　よだかは、鷹におびやかされながらも羽虫や甲虫を食べ続けているという矛盾を解消できず、遠くの世界で再生しようと考えるようになる。

問3　傍線部Ｂ「人間である（ひょっとしたら同時によだかでもある）われわれすべてが共有するものではないか」とあるが、それはどういうことか。その説明として最も適当なものを、次の①〜⑤のうちから一つ選べ。（7点）

①　存在理由を喪失した自分が、動物の弱肉強食の世界でいつか犠牲になるかもしれないと気づき、自己の無力さに落胆するということ。

②　生きることに疑念を抱いていた自分が、意図せずに他者の生命を奪って生きていることに気づき、自己に対する強烈な違和感を覚えるということ。

③　存在を否定されていた自分が、無意識のうちに他者の生命に依存していたことに気づき、自己を変えようと覚悟するということ。

④　理不尽な扱いに打ちのめされていた自分が、他者の生命を無自覚に奪っていたことに気づき、自己の罪

深さに動揺するということ。

⑤　惨めさから逃れたいともがいていた自分が、知らないままに弱肉強食の世界を支える存在であったことに気づき、自己の身勝手さに絶望するということ。

問4　傍線部C「二つとも似ているところさえあります」とあるが、どういう点で似ているのか。その説明として最も適当なものを、次の①〜⑤のうちから一つ選べ。(7点)

①　人間の消化過程を中心とする見方ではなく、微生物の活動と生物の排泄行為から生命の再生産を捉えている点。

②　人間の生命維持を中心とする見方ではなく、別の生きものへの命の受け渡しとして食べる行為を捉えている点。

③　人間の食べる行為を中心とする見方ではなく、食べられる側の視点から消化と排泄の重要性を捉えている点。

④　人間の生と死を中心とする見方ではなく、地球環境の保護という観点から食べることの価値を捉えている点。

⑤　人間の栄養摂取を中心とする見方ではなく、多様な微生物の働きから消化のメカニズムを捉えている点。

問5　**【文章Ⅱ】**の表現に関する説明として最も適当なものを、次の①〜⑤のうちから一つ選べ。(7点)

① 豚肉を「あなた」と見立てるとともに、食べられる生きものの側の心情を印象的に表現することで、無機的な消化過程に感情移入を促すように説明している。

② 豚肉を「あなた」と見立てるとともに、消化酵素と微生物とが協同して食べものを分解する様子を比喩的に表現することで、消化器官の働きを厳密に描いている。

③ 豚肉を「あなた」と見立てるとともに、食べものが消化器官を通過していく状況を擬態語を用いて表現することで、食べることの特殊な仕組みを筋道立てて説明している。

④ 豚肉を「あなた」と二人称で表しながら、比喩を多用して消化過程を表現することで、生きものが他の生物の栄養になるまでの流れを軽妙に説明している。

⑤ 豚肉を「あなた」と二人称で表しながら、生きものが消化器官でかたちを変えて物質になるさまを誇張して表現することで、消化の複雑な過程を鮮明に描いている。

問6 Mさんは授業で**【文章Ⅰ】**と**【文章Ⅱ】**を読んで「食べる」ことについて自分の考えを整理するため、次のような**【メモ】**を作成した。これについて、後の(i)・(ii)の問いに答えよ。

【メモ】

〈1〉 共通する要素 ［どちらも「食べる」ことと生命の関係について論じている。］

⇩

〈2〉 「食べる」ことについての捉え方の違い

【文章Ⅰ】 ［ X ］

【文章Ⅱ】 ［「食べる」ことは、生物を地球全体の生命活動に組み込むものである。］

⇩

〈3〉 まとめ ［ Y ］

(i) Mさんは〈1〉を踏まえて〈2〉を整理した。空欄 X に入る最も適当なものを、次の①〜④のうちから一つ選べ。（6点）

① 「食べる」ことは、弱者の生命の尊さを意識させる行為である。

② 「食べる」ことは、自己の生命を否応なく存続させる行為である。

③ 「食べる」ことは、意図的に他者の生命を奪う行為である。

④ 「食べる」ことは、食物連鎖から生命を解放する契機となる行為である。

(ii) Mさんは〈1〉〈2〉を踏まえて「〈3〉まとめ」を書いた。空欄 Y に入る最も適当なものを、次の①〜④のうちから一つ選べ。(6点)

① 他者の犠牲によってもたらされたよだかの苦悩は、生命の相互関係における多様な現象の一つに過ぎない。しかし見方を変えれば、自他の生を昇華させる行為は、地球全体の生命活動を円滑に動かすために欠かせない要素であるとも考えられる。

② 苦悩から解放されるためによだかが飢えて死のうとすることは、生命が本質的には食べてなどいないという指摘に通じる。しかし見方を変えれば、地球全体の生命活動を維持するためには、食べることの認識を改める必要があるとも考えられる。

③ 無意識によだかが羽虫や甲虫を食べてしまう行為には、地球全体の生命活動を循環させる重要な意味がある。しかし見方を変えれば、一つ一つの生命がもっている生きることへの衝動こそが、循環のプロセスを成り立たせているとも考えられる。

④ 他者に対してよだかが支配者となりうる食物連鎖の関係は、命のバトンリレーのなかで解消されるものである。しかし見方を変えれば、地球全体の生命活動を円滑にするためには、食べることによって生じる序列が不可欠であるとも考えられる。

第2章 小説 ゼロからピークへ

例題1 『司令の休暇』（平成4年度センター試験を改作）

目標タイム 6分▼3分

次の文章は、阿部昭の小説『司令の休暇』の一節である。これを読んで、後の問に答えよ。

この時間でも、もう日射《ひざ》しがきつかった。通りに出て見ると、門の前はおふくろと妻が早起きをして掃いたらしく、すっかりきれいになって水も打ってあった。寝台自動車がやって来るのが九時の約束で、それまでにまだ少々間《ま》があった。そいつがここへ来て停る、そしておやじを運び出す、……その瞬間がおやじと僕の三十何年間の家庭生活の終わりになるのだ。人気のない路上に立って海のほうから吹いてくる風にあたりながら、しきりにそのことを思った。すると僕は心のどこかで、とりかえしのつかぬ事態にうかうかと手を貸してしまったような、狼狽《ろうばい》じみた気持ちに襲われた。おやじが病院へ行くことをあんなに拒んだのも、おふくろが畳の上で死なせてやりたいと言いつづけたのも、つまりは永年見慣れたこの海辺の景色とおさらばすることを言ったのだ。こんな簡単なことだったのだ。それならばなぜ家に置いといてやれなかったのだろう。

問 傍線部「狼狽じみた気持ちに襲われた。」とあるが、なぜそのような気持ちに襲われたのか。その説明として最も適当なものを、次の①～③のうちから一つ選べ。

① 永年見慣れた海辺の景色から離れることを嫌がる父母の言葉を聞いてはいたが、病の重くなった父が病院に行くことに安心したから。

② 病気の進行を認めず、家庭内で療養すれば治ると考える父母の意向を汲まなければ、三十年におよぶ家庭生活に汚点を残すと考えたから。

③ 自宅で療養したいと望む父母の願いの意味がやっと分かり、父を家にとどめることもできたのに、入院させてしまう愚かさに気づいたから。

例題2 「笛」

（平成21年度センター試験を改作）

目標タイム 8分▼5分

次の文章は、野上弥生子《やえこ》の小説「笛」の一節である。つねは、十五年前に夫良造を亡くし、苦労してきみと清太の姉弟を育てた。現在つねの家には、工場に勤めている清太、新作と結婚したきみの一家が同居している。つねは献身的に家族に尽くしてきたが、しだいに若夫婦が中心となっていく家の中で居場所がなくなりつつあった。ある日、かつての奉公先から留守宅に住み込んで管理をしてほしいと頼まれて、つねはきみに相談する。以下はそれに続く部分である。これを読んで、後の問いに答えよ。

つねが息子と行くとなれば、その家で暮らすわけで、牛込《うしごめ》の旦那《だんな》が約束した手当は、清太が工場からなんだかんだとさし引かれたあとに持って戻る金より、少なくなかった。そちらで食べてもらうのだから、との理由によってである。

「あの辺からなら、南武線にいっぺん乗り換えればすむのだし、清ちゃんだってそう遠くなりはしないわ、それに交通費までだしてくれるなんて、そんな旨《うま》い話はないじゃないの、お母さん。」

「そう思えば、そうだけれど。」

つねはあいまいな語尾を、冷《さ》めかけた番茶とともに咽喉《のど》の奥にすべりこませた。なにか自分に舞いこんだ幸運であるかのように張りきった娘のいい方が、いっそ淋《さび》しかった。つねにしろ思いもよらぬ収入の約束は、次第に視力も衰え、縫い物だって、いつまで根をつめてやれるか分らないのだから、まことに救いの神というべきである。それだのに、つねは娘に反対してもらいたかった。たとえば、過分な手当はそれだけ留守番の責任を重大にするわけだし、年を取って、そんなに無理をしなくともよいではないか。それに今日までずっと一緒に暮らして来たのに、いまさら別れ別れになることもなかろう、とこんなふうにでもいってくれたら。――しかし、母娘ながらに恨《うら》みがましい言葉までは洩《も》らしえなかった。

問 傍線部「つねはあいまいな語尾を、冷めかけた番茶とともに咽喉の奥にすべりこませた」とあるが、ここでのつねの心情はどのようなものか。その説明として最も適当なものを、次の①～④のうちから一つ選べ。

① 調子のいい娘の言葉に不快な思いを抱き、相談する相手としてきみは当てにならないと失望を感じている。

② 引越し話に反対しない娘の態度に失望しながらも、家族一緒に暮らしていたいとも言えずやるせなく感じている。

③ 娘の冷たい対応に不満を抱きながらも、仲のよい親子どうしだから言えることなのだろうと優しく受け入れている。

④ 家族と一緒に暮らしていきたいという希望を知っていながら、娘の言葉がそれを無視しているので悲しいと思っている。

例題3 「てのひら」

（平成23年度センター試験を改作）

目標タイム 10分▼7分

次の文章は、木内昇《きうちのぼり》の小説「てのひら」の一節である。昭和三十年代の東京、夫と二人暮らしの佳代子《かよこ》は地方から上京してくる母との二年ぶりの再会を楽しみにしていた。これを読んで、後の問いに答えよ。

お昼は資生堂パーラーでとった。母はメニューを見て「高いよ。高いねぇ」と念仏のように呟《つぶや》いた。

「いいのよ、私も食べたいもの。たまの贅沢だもの」

佳代子がそう言うと不承不承、「じゃあ、佳代ちゃんと同じものをいただこうかね」と顔に不安を浮かべたまま言った。節々が鉤《かぎ》状に曲がった指でコップを摑《つか》んで、一口水を含み、「帰りは歩きで行こうね」と微笑《ほほえ》んだ。

「無理よ。ここから千駄木《せんだぎ》まで歩くのは」

「平気だよ。お母さん、足は丈夫だよ」

母はテーブルの下からひょいと下駄《げた》をのぞかせた。鼻緒は美しかったが、よく見ると歯のちびた下駄だった。

「歩きやすいんだから。鼻緒をすげ替えてもう十五年も履いてるんだ」

佳代子は、周囲のテーブルに母の声が届いてしまうことを恐れた。そういう心持ちになったのは初めてのことだった。

「そうだお母さん、帰りに新しい履き物を買いましょうよ。銀座だったら質のいいものをたくさん置いているはずだから」

母はとんでもないと首を振り、「新しいのを買ったって、生きているうちに履ききれないもの」と、そう言った。なんの感傷もない、あまりに自然な物言いだった。だから無駄になっちゃうよ、と母は言ったのだ。

佳代子はこういう高級レストランに出入りする婦人たちを、常々疎ましく思っていた。つつましい暮らしこそが理想だった。けれど今日ばかりは彼女たちの華美な装いや振る舞いが羨《うらや》ましかった。こんな風に奔放で浪費家の母だったら、どれほど気が楽だったろう、と。

母は、人混《ひとご》みというものに至って無頓着《むとんじゃく》だった。そんなものがこの世にあるということなど、まるで知らないようだった。

翌日行った浅草でも、ふたりはうまく人の流れに乗ることができず、仲見世《なかみせ》や浅草寺《せんそうじ》の人混みに、波間に浮かぶ木の葉のようにもてあそばれた。母は気になるものがあると周りも見ずに立ち止まり「あれ、ごらん」と幼げな声で佳代子に話しかける。そのたびに人波が遮断され、過ぎゆく人々が迷惑顔を容赦なくこちらに向けた。佳代子が母を守るように手を添えても、みな平気でぶつかっていった。腹の中に言いしれぬ怒りが湧《わ》いて治まらなかった。東京という街の雑な味気なさを憎らしく思った。きっとこの街は、あっけらかんとすべてを暴いてしまうのだ。

慣れないことで佳代子もすっかり人酔いし、足も疲れたから甘味処《かんみどころ》に寄りましょうと誘ってみると、母はやはり「六十円もするもの」と首を振った。佳代子は、自分の厚意がいちいち値踏みされるようで虚《むな》しかった。母はそんな佳代子に構わず、楽しげに昔話をした。幼い頃《ころ》の佳代子の話を。ちびた下駄の音がからからと空疎だった。

問 傍線部「ちびた下駄の音がからからと空疎だった」とあるが、この「下駄の音」に対して佳代子はどのような感慨を抱いているか。その説明として最も適当なものを、次の①〜⑤のうちから一つ選べ。

① すり減った下駄の音が他人の思惑に左右されず確信を持って行動する母の姿と重なり、せわしない都会で周囲に振り回されて自らを見失いがちな自分と、変わらぬ母が引き比べられて我が身の情けなさにとらわれている。

② おしゃれな人々が集う東京の街中で、新しい履き物を買わずに古い下駄をかたくなに履き続ける母のしみったれた態度を見た佳代子は乾いた下駄の音を聞くにつけ、若い頃の誇り高さを失った母に失望している。

③ 外出する際つい地味で質素な身なりをしてしまうことを控えめに語る話しぶりから、華美を競い合う東京に順応しようとしている母の価値観の変化をかぎ取り、母の思いと裏腹な下駄の音に違和感を感じている。

④ 変化が激しく人情味のない都会の現状を把握できず、しかもちびた下駄を平気で履き続けている母の足音に、外出時には都会人のようにふるまってほしいという思いが届いていないことを感じ悲しさを覚えている。

⑤ 人々の価値観のずれや老いをあらわにしてしまう東京に響く下駄の音に寂しさを覚え、東京を案内して母親を喜ばせようとする自分の思いが届かず、屈託なく昔話をする母の気持ちとの食い違いをかみしめている。

例題4 「アカシヤの大連」

（平成元年度共通一次試験を改作）

目標タイム 15分▼10分

次の文章は、清《きよ》岡《おか》卓《たか》行《ゆき》の小説「アカシヤの大連」（一九六九年発表）の一節である。「彼」は当時日本の植民地だった大連に生まれ育った日系二世である。これを読んで、後の問いに答えよ。

五月にはいると、一、二回の雨のあとで、空は眼《め》を洗いたくなるほど濃い青に澄みきり（そのように鮮やかなプラッシャン・ブルーを、彼は日本の空に見たことがなかった）、風は爽やかで、気温は肌に快い暖かさになったのであった。特に、彼の心を激しく打ったのは、久しく忘れていたアカシヤの花の甘く芳しい薫りである。

五月の半ばを過ぎた頃《ころ》、南山麓《なんざんろく》の歩道のあちこちに沢山植えられている並木のアカシヤは、一斉に花を開いた。すると、町全体にA あの悩ましく甘美な匂い、あの、純潔のうちに疼《うず》く欲望のような、あるいは、逸楽のうちに回想される清らかな夢のような、どこかしら寂しげな匂いが、いっぱいに溢《あふ》れたのであった。

夕ぐれどき、彼はいつものように独りで町を散歩しながら、その匂いを、ほとんど全身で吸った。時には、一握りのその花房を取って、一つ一つの小さな花を嚙《か》みしめながら、淡い蜜の喜びを味わった。その仄《ほの》かに甘い味は、たとえば、小学生の頃のかくれんぼ、高い赤煉瓦《れんが》の塀に登って、そこに延びてきているアカシヤの枝の豊かな緑に身を隠し、その棘《とげ》に刺さらないように用心しながら、その花の蜜を嘗《な》めた、長く明るい午後などを思い出させた。そして彼は、この町こそやはり自分の本当のふるさとなのだと、思考を通じてではなく、肉体を通じてしみじみと感じたのであった。

彼の父も母も、高知県の出身であったから、彼の戸籍上のふるさとは、彼が徴兵検査と召集のために二度ほど出かけて行ったその南国の土地のほかにはなかった。実際に父祖の土地を見たとき、彼は自分が予期していた以上の好意を、その素朴でおおらかな田園に覚えた。父の生まれた田野町《たのちょう》や、その隣の母の生まれた奈半利町《なはりちょう》には、戦争をしている国の一部とは思えないような静けさがあった。そして、そこで、伯母や従兄《いとこ》たちがふるまってくれた鮎《あゆ》の塩焼、鰹《かつお》のたたき、あるいは、生きているようなちりめんじゃこの酢のものなどは、彼の飢えていた胃袋を強く魅惑した。しかし、Bこれが自分のふるさとだという実感は、どうしても湧いてこないのであった。

問1 傍線部Aの表現にはどんな特徴があるか。その説明として最も適当なものを、次の①〜⑤のうちから一つ選べ。

① 矛盾した感覚的な語を組み合わせて、アカシヤの悩ましく官能的な匂いを巧妙に表現している。
② とらえどころのないアカシヤの匂いの曖昧さを強く印象づけるために、矛盾した語を多用している。
③ アカシヤの匂いによって喚起される微妙な心情を、矛盾を含んだ比喩を重ね用いて表現している。
④ 記憶の中のアカシヤと現実のそれとの微妙な関係を、修飾語をいくつも重ねて表現している。
⑤ 植民地大連にただよう異国情緒を、甘美なアカシヤの匂いを用いて、写実的に表現している。

問2 傍線部B「これが自分のふるさとだという実感は、どうしても湧いてこないのであった」とあるが、それはなぜか。その説明として最も適当なものを、次の①〜⑤のうちから一つ選べ。

① 戸籍上のふるさとにすぎないという先入観に縛られ、土地や人々の良さが身に染みてこなかったから。
② 自分の肉体を通して風土と結びついていくという懐かしい感覚が、ほとんど感じられなかったから。
③ 植民地とはいえ都会育ちだった者にとっては、田園地帯の素朴さは余りに異質なものだったから。
④ 父祖の出身地とは言っても、自分はもちろん、父や母も実際には住んだことのなかった土地だったから。
⑤ ふるさとについての意識の核に位置するはずの、幼少年時代の記憶がまったく欠けていたから。

例題5 「飢えの季節」

（令和5年度共通テストを改作）

目標タイム 18分▼10分

次の文章は、梅崎春生《うめざきはるお》の小説「飢えの季節」の一節である。第二次世界大戦の終結直後、食糧難の東京が舞台である。これを読んで、後の問いに答えよ。

私の給料が月給でなく日給であること、そしてそれも一日三円の割であることを知ったときの私の衝動はどんなであっただろう。それを私は月末の給料日に、鼠のような風貌の庶務課長から言いわたされたのであった。庶務課長のキンキンした声の内容によると、私は（私と一緒に入社した者も）しばらくの間は見習《みならい》社員というわけで、実力次第ではこれからどんなにでも昇給させるから、力を落《おと》さずにしっかりやるように、という話であった。

そして声をひそめて、

「君は朝も定刻前にちゃんとやってくるし、毎日自発的に一時間ほど残業をやっていることは、僕もよく知っている。会長も知っておられると思う。だから一所懸命（注1）にやって呉（注2）れたまえ。君にはほんとに期待しているのだ」

私はその声をききながら、私の一日の給料が一枚の外食券の闇価と同じだ、などということをぼんやり考えていたのである。日給三円だと聞かされたときの衝動は、すぐ胸の奥で消えてしまって、その代《かわ》りに私の手足のさきまで今ゆるゆると拡《ひろ》がってきたのは、水のように静かな怒りであった。私はそのときすでに、此処《ここ》を辞める決心をかためていたのである。課長の言葉がとぎれるのを待って、私は低い声でいった。

「私はここを辞めさせて頂きたいとおもいます」

なぜ、と課長は鼠のようにずるい視線をあげた。

「一日三円では食えないのです。食えないことは、やはり良くないことだと思うんです」

そう言いながらも、ここを辞めたらどうなるか、という危惧がかすめるのを私は意識した。しかしそんな危惧があるとしても、それはどうにもならないことであった。私は私の道を自分で切りひらいてゆく他はなかった。ふつうのつとめをしていては満足に食べて行けないなら、私は他に新しい生き方を求めるよりなかった。

「君にはほんとに期待していたのだがなあ」

ほんとに期待していたのは、庶務課長よりもむしろ私なのであった。ほんとに私はどんなに人並みな暮《くら》しの出来る給料を期待していただろう。盗みもする必要がない、静かな生活を、私はどんなに希求していたことだろう。しかしそれが絶望であることがはっきり判ったこの瞬間、私はむしろある勇気がほのぼのと胸にのぼってくるのを感じていたのである。

その日私は会計の係から働いた分だけの給料を受取《うけと》り、永久にこの焼けビル(注3)に別れをつげた。電車みちまで出てふりかえると、曇り空の下で灰色のこの焼けビルは、私の飢えの季節の象徴のようにかなしくそそり立っていたのである。

(注) 1 外食券——戦中・戦後の統制下で、役所が発行した食券。
2 闇価——闇売りにおける価格。
3 焼けビル——戦災で焼け残ったビル。「私」の勤め先がある。

問1 傍線部「私はむしろある勇気がほのぼのと胸にのぼってくるのを感じていたのである。」とあるが、このときの「私」の心情の説明として最も適当なものを、次の①～⑤のうちから一つ選べ。

① 希望していた静かな暮らしが実現できないことに失望したが、その給料では食べていけないと主張できたことにより、これからは会社の期待に添って生きるのではなく自由に生きようと徐々に思い始めている。

② これから新しい道を切り開いていくため静かな生活はかなわないと悲しんでいたが、課長に言われた言葉を思い出すことにより、自分がすべきことをイメージできるようになりにわかに自信が芽生えてきている。

③ 昇給の可能性もあるとの上司の言葉はありがたかったが、盗みをせざるを得ないほどの生活不安を解消するまでの説得力を感じられないのでそれを受け入れられず、物乞いをしてでも生きていこうと決意を固めている。

④ 人並みの暮らしができる給料を期待していたが、その願いが断たれたことで現在の会社勤めを辞める決意をし、将来の生活に対する懸念はあるものの新たな生き方を模索しようとする気力が湧き起こってきている。

⑤ 期待しているという課長の言葉とは裏腹の食べていけないほどの給料に気落ちしていたが、一方で課長が自分に期待していた事実があることに自信を得て、新しい生活を前向きに送ろうと少し気楽になっている。

問2 Wさんのクラスでは、本文の理解を深めるために教師から本文と同時代の**【資料】**が提示された。Wさんは、【資料】を参考に「マツダランプの広告」と本文の「焼けビル」との共通点をふまえて「私」の「飢え」を考察することにし、【文章】を書いた。【文章】中の空欄［　　］に入るものとして最も適当なものを、次の①～④のうちから一つ選べ。

【資料】

●マツダランプの広告

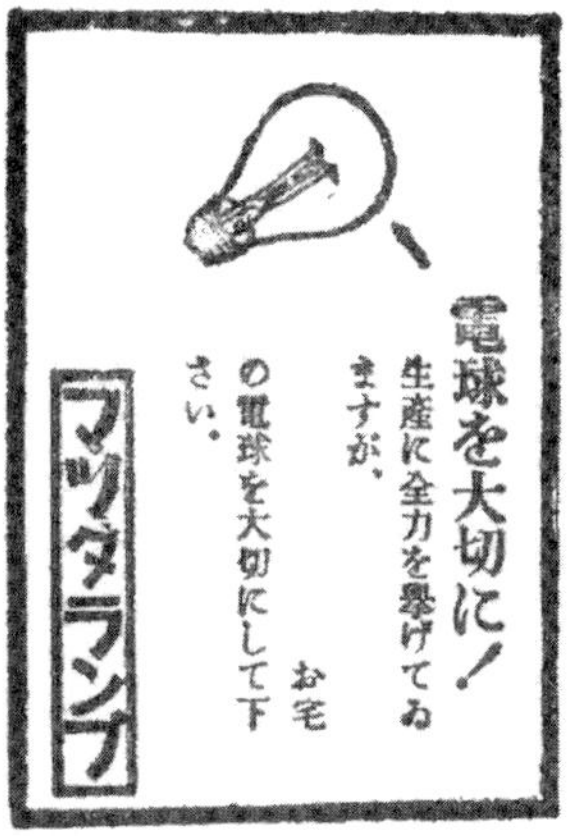

雑誌『航空朝日』（一九四五年九月一日発行）に掲載

●補足

この広告は、戦時中には「生産《せいさん》に全力《ぜんりょく》を擧《あ》げてゐますが、御家庭用は尠《すく》なくなりますから、お宅の電球を大切にして下さい。」と書かれていた。戦後も物が不足していたため、右のように変えて掲載された。

【文章】

【資料】のマツダランプの広告は、戦後も物資が不足している社会状況を表している。この広告と「飢えの季節」本文の最後にある「焼けビル」とには共通点がある。[　　　　]

① それは、戦時下の軍事的圧力の影響が、終戦後の日常生活の中においても色濃く残っているということだ。

② それは、戦時下に生じた倹約の精神が、終戦後の人びとの生活態度においても保たれているということだ。

③ それは、戦時下に存在した事物が、終戦に伴い社会が変化する中においても生き延びているということだ。

④ それは、戦時下の国家貢献を重視する方針が、終戦後の経済活動においても支持されているということだ。

例題6 「パンドラの匣」

（令和5年度共通テスト追試験を改作）

目標タイム 20分▼12分

次の文章は、太宰治《だざいおさむ》「パンドラの匣《はこ》」（一九四六年発表）の一節である。この小説は、第二次世界大戦の終結直後、結核を患う主人公の「僕」の、療養施設の療養者たちとの集団生活を描いている。本文中に登場する「かっぽれ」「越後」は、同室者たちのあだ名である。「かっぽれ」は、同室者たちを代表して、施設内のレクリエーションである「慰安放送」で自作の俳句を発表することになった。これを読んで、後の問いに答えよ。

露の世は露の世ながらさりながら

誰やらの句だ。これは、いけないと思った。けれども、それをあからさまに言って、かっぽれに赤恥をかかせるような事もしたくなかった。

「どれもみな、うまいと思いますけど、この、最後の一句は他のと取りかえたら、もっとよくなるんじゃないかな。素人考えですけど。」

「そうですかね。」かっぽれは不服らしく、口をとがらせた。「その句が一ばんいいと私は思っているんですがね。」

そりゃ、いい筈《はず》だ。俳句の門外漢の僕でさえ知っているほど有名な句なんだもの。

「いい事は、いいに違いないでしょうけど。」

僕は、ちょっと途方に暮れた。

「わかりますかね。」かっぽれは図に乗って来た。「いまの日本国に対する私のまごころも、この句には織り込まれてあると思うんだが、わからねえかな。」と、少し僕を軽蔑するような口調で言う。

「どんな、まごころなんです。」と僕も、Aもはや笑わずに反問した。

「わからねえかな。」と、かっぽれは、君もずいぶんトンマな男だねえ、と言わんばかりに、眉をひそめ、「日本のいまの運命をどう考えます。露の世でしょう？　その露の世は露の世である。さりながら、諸君、光明を求めて進もうじゃないか。いたずらに悲観する勿《なか》れ、といったような意味になって来るじゃないか。これがすなわち私の日本に対するまごころというわけのものなんだ。わかりますかね。」

しかし、僕は内心あっけにとられた。この句は、君、一茶《いっさ》（注1）が子供に死なれて、露の世とあきらめてはいるが、それでも、悲しくてあきらめ切れぬという気持《きもち》の句だった筈ではなかったかしら。それを、まあ、ひどいじゃないか。きれいに意味をひっくりかえしている。これが越後の所謂《いわゆる》「こんにちの新しい発明」（注2）かも知れないが、あまりにひどい。かっぽれのまごころには賛成だが、Bとにかく古人の句を盗んで勝手な意味をつけて、もてあそぶのは悪い事だし、それにこの句をそのまま、かっぽれの作品として事務所に提出されては、この「桜の間」の名誉にもかかわると思ったので、僕は、勇気を出して、はっきり言ってやった。

「でも、これとよく似た句が昔の人の句にもあるんです。盗んだわけじゃないでしょうけど、誤解されるといけませんから、これは、他のと取りかえたほうがいいと思うんです。」

（注）1　一茶――小林一茶（一七六三―一八二七）。江戸時代後期の俳人。
2　「こんにちの新しい発明」――本文より前の一節で、「越後」は詩の創作には「こんにちの新しい発明が無けれ

ばいけない。」と述べている。

問1 傍線部Ａ「もはや笑わずに反問した」とあるが、それはなぜか。その理由の説明として最も適当なものを、次の①～⑤のうちから一つ選べ。

① 俳句に対する「かっぽれ」の真摯な態度に触れる中で、「僕」は笑いながら無難にやり過ごそうとしていた自らの慢心を悔いて、よりよい作品へと昇華させるために心を鬼にして添削しようと意気込んだから。

② 「かっぽれ」の稚拙な俳句に対して笑いをこらえるのに必死であったが、俳句に対する真剣な思いをとうとうと述べるその姿に触発されて、「僕」も本気で応えなければ失礼に当たると深く反省したから。

③ 「僕」に俳句の知識がないと見くびっている「かっぽれ」に対し、提出された俳句が盗作であることに気付いていることを匂わせ、お互いの上下関係を明確にするため決然と異議を唱えておきたいと考えたから。

④ 「かっぽれ」の俳句に対して曖昧な批判をしたことで、「僕」には俳句を評する力がないと「かっぽれ」が侮ってきたため、俳句に込めた彼の思いをとことん追及することでその言い分を否定しようとしたから。

⑤ 「かっぽれ」の顔を立てて名句の盗用について直接的な指摘を避けるうちに、「かっぽれ」が「僕」を軽んじる態度を取り始めたため、調子を合わせるのを止めて改まって発言の趣旨を聞きただそうとしたから。

問2　授業で本文を読んだ後、傍線部B「古人の句を盗んで勝手な意味をつけて、もてあそぶ」をきっかけに、文学作品と読者との関係はどのようなものかを考えることになった。教師からは、本文よりも後の場面の一節が**【資料】**として配付された。**【資料】**を読むと、文学作品と読者との関係についての「僕」の考えが、本文の傍線部Bの時点から変化したことがわかる。この変化について説明したものとして最も適当なものを、次の①〜④のうちから一つ選べ。

【資料】　太宰治「パンドラの匣」　本文より後の「マア坊」の発言から始まる一節

「慰安放送？　あたしの句も一緒に出してよ。ほら、いつか、あなたに教えてあげたでしょう？（略）」果《は》たして然《しか》りだ。しかし、かっぽれは、一向に平気で、

「うん。あれは、もう、いれてあるんだ。」

「そう。しっかりやってね。」

僕は微笑した。

これこそは僕にとって、所謂「こんにちの新しい発明」であった。この人たちには、作者の名なんて、どうでもいいんだ。みんなで力を合《あわ》せて作ったもののような気がしているのだ。そうして、みんなで一日を楽しみ合う事が出来たら、それでいいのだ。芸術と民衆との関係は、元来そんなものだったのではなかろうか。（中略）あの人たちには、作者なんて、てんで有り難くないんだ。一茶が作っても、かっぽれが作っても、マア坊が作っても、その句が面白くなけりゃ、無関心なのだ。社交上のエチケットだとか、または、趣味の向上だなんて事のために無理に芸術の「勉強」をしやしないのだ。自分の心にふれた作品だけを自分流儀で

覚えて置くのだ。それだけなんだ。

①「僕」は、文学作品を作者が意図する意味に基づいて読むべきだという考えであったが、その後、読者に共有されることで新しい意味を帯びることもあるという考えを持ち始めている。

②「僕」は、文学作品の意味を決定するのは読者であるという考えであったが、その後、作者の意図に沿って読む厳格な態度は作品の魅力を減退させていくという考えになりつつある。

③「僕」は、文学作品の価値は作者によって生み出されるという考えであったが、その後、多様性のある価値は読者によって時代とともに付加されていくという考えを持ち始めている。

④「僕」は、文学作品の価値は時代によって変化していくものだという考えであったが、その後、読者が面白いと感じることによって価値づけられることもあるという考えになりつつある。

実戦問題 1 「翳」

(令和2年度センター試験)

目標タイム 30分▼20分

次の文章は、原民喜《はらたみき》「翳《かげ》」(一九四八年発表)の一節である。これを読んで、後の問い(**問1〜6**)に答えよ。なお、設問の都合で本文の上に行数を付してある。(配点 50)

私は一九四四年の秋に妻を喪《うしな》ったが、ごく少数の知己へ送った死亡通知のほかに、満洲《まんしゅう》にいる魚芳《うおよし》へも端書《はがき》を差出《さしだ》しておいた。妻を喪った私は悔《くや》み状が来るたびに、丁寧に読み返し仏壇のほとりに供えておいた。紋切型の悔み状であっても、それにはそれでまた喪にいるものの心を鎮めてくれるものがあった。本土空襲も漸《ようや》く切迫しかかった頃のことで、出した死亡通知に何の返事も来ないものもあった。出した筈《はず》の通知にまだ返信が来ないという些細《ささい》なことも、私にとっては時折気に掛《かか》るのであったが、妻の死を知って、ほんとうに悲しみを頒《わか》ってくれるだろうとおもえた川瀬成吉からもどうしたものか、何の返事もなかった。

私は妻の遺骨を郷里の墓地に納めると、再び棲《す》みなれた千葉の借家に立帰《たちかえ》り、そこで四十九日を迎えた。輸送船の船長をしていた妻の義兄が台湾沖で沈んだということをきいたのもその頃である。サイレンはもう頻々と鳴り唸《うな》っていた。A そうした、暗い、望みのない明け暮れにも、私は凝《じっ》と蹲《うずくま》ったまま、妻と一緒にすごした月日を回想することが多かった。その年も暮れようとする、底冷えの重苦しい、曇った朝、一通の封書が私のところに舞《まい》込《こ》んだ。差出人は新潟県××郡××村×川瀬丈吉となっている。一目見て、魚芳の父親らしいことが分《わか》ったが、何気なく封を切ると、内味《なかみ》まで父親の筆跡で、息子の死を通知して来たものであった。私が満洲にいるとばかり思っていた川瀬成吉は、私の妻より五ヵ月前に既にこの世を去っていたのである。

私がはじめて魚芳(注1)を見たのは十二年前のことで、私達が千葉の借家へ移った時のことである。私たちがそこへ越した、その日、彼は早速顔をのぞけ、それからは殆《ほとん》ど毎日註文《ちゅうもん》を取りに立寄《たちよ》った。大概朝のうち註文を取ってまわり、夕方自転車で魚を配達するのであったが、どうかすると何かの都合で、日に二三度顔を現わすこともあった。そういう時も彼は気軽に一里(注2)あまりの路《みち》を自転車で何度も往復した。私の妻は毎日顔を逢《あ》わせているので、時々、彼のことを私に語るのであったが、まだ私は何の興味も関心も持たなかったし、殆ど碌《ろく》に顔も知っていなかった。

私がほんとうに魚芳の小僧を見たのは、それから一年後のことと云《い》っていい。ある日、私達は隣家の細君と一緒にブラブラと千葉海岸の方へ散歩していた。すると、向《むこう》の青々とした草原の径《みち》をゴムの長靴をひきずり、自転車を脇に押しやりながら、ぶらぶらやって来る青年があった。私達の姿を認めると、いかにも懐《なつか》しげに帽子をとって、挨拶をした。

「魚芳さんはこの辺までやって来るの」と隣家の細君は訊《たず》ねた。

「ハア」と彼はこの一寸《ちょっと》した逢遭《ほうそう》(注3)を、いかにも愉《たの》しげにニコニコしているのであった。やがて、彼の姿が遠ざかって行くと、隣家の細君は、

「ほんとに、あの人は顔だけ見たら、まるで良家のお坊ちゃんのようですね」と嘆じた。その頃から私はかすかに魚芳に興味を持つようになっていた。

その頃──と云っても隣家の細君が魚芳をほめた時から、もう一年は隔《へだた》っていたが、──私の家に宿なし犬が居ついて、表の露次(注4)でいつも寝そべっていた。褐色の毛並《けなみ》をした、その懶惰《らんだ》な雌犬は魚芳のゴム靴の音をきくと、のそのそと立上《たちあが》って、鼻さきを持上《もちあ》げながら自転車の後について歩く。何となく魚芳はその犬に対しても愛嬌《あいきょう》を

示すような身振《みぶり》であった。彼がやって来ると、この露次は急に賑《にぎ》やかになり、細君や子供たちが一頻《ひとしき》り陽気に騒ぐのであったが、ふと、その騒ぎも少し鎮まった頃、窓の方から向を見ると、魚芳は木箱の中から魚の頭を取出《とりだ》して犬に与えているのであった。そこへ、もう一人雑魚売りの爺《じい》さんが天秤棒《てんびんぼう》を担いでやって来る。魚芳のおとなしい物腰に対して、この爺さんの方は威勢のいい商人であった。そうするとまた露次は賑やかになり、爺さんの忙しげな庖丁《ほうちょう》の音や、魚芳の滑らかな声が暫《しばら》くつづくのであった。――こうした、のんびりした情景はほとんど毎日繰返《くりかえ》されていたし、ずっと続いてゆくもののようにおもわれた。だが、日華事変(注5)の頃から少しずつ変《かわ》って行くのであった。

　私の家は露次の方から三尺幅(注6)の空地を廻《まわ》ると、台所に行かれるようになっていたが、そして、台所の前にもやはり三尺幅の空地があったが、そこへ毎日、八百屋、魚芳をはじめ、いろんな御用聞《ごようきき》(注7)がやって来る。台所の障子一重を隔てた六畳が私の書斎になっていたので、御用聞と妻との話すことは手にとるように聞《きこ》える。私はぼんやりと彼等《かれら》の会話に耳をかたむけることがあった。ある日も、それは南風が吹き荒《すさ》んでものを考えるには明るすぎる、散漫な午後であったが、米屋の小僧と魚芳と妻との三人が台所で賑やかに談笑していた。そのうちに彼等の話題は教練(注8)のことに移って行った。二人とも青年訓練所へ通っているらしく、その台所前の狭い空地で、魚芳たちは「になえつつ」(注9)の姿勢を実演して(ア)興じ合っているのであった。二人とも来年入営(注10)する筈であったので、兵隊の姿勢を身につけようとして陽気に騒ぎ合っているのだ。その恰好《かっこう》がおかしいので私の妻は笑いこけていた。だが、B何か笑いきれないものが、目に見えないところに残されているようでもあった。台所へ姿を現していた御用聞のうちでは、八百屋がまず召集され、つづいて雑貨屋の小僧が、これは海軍志願兵になって行ってしまった。それから、豆腐屋の若衆がある日、赤襷《あかだすき》(注11)をして、台所に立寄り忙しげに別れを告げて行った。目に見えない憂鬱の影はだんだん濃くなっていたようだ。が、魚芳は相変らず元気で小豆《こまめ》に立働《たちはた》いた。妻が私の着古しのシャツなどを与えると、大喜びで彼はそんなものも早速身に着けるのであった。朝は暗いうちから市場へ行き、夜は皆が寝静まる時まで板場で働く、そんな内幕も妻に語るようになった。料理の骨《こつ》が憶《おぼ》えたくて堪《たま》らないので、教えを乞うと、親方は庖丁を使いながら彼の方を見やり、「黙って見ていろ」と、ただ、そう呟《つぶや》くのだそうだ。鞠躬如《きっきゅうじょ》(注12)として勤勉に立働く魚芳は、もしかすると、そこの家の養子にされるのではあるまいか、と私の妻は臆測もした。ある時も魚芳は私の妻に、——あなたとそっくりの写真がありますよ。それが主人のかみさんの妹なのですが、と大発見をしたように告げるのであった。

冬になると、魚芳は鵯《ひよどり》を持って来て呉《く》れた。彼の店の裏に畑があって、そこへ毎朝沢山小鳥が集まるので、釣《つり》針に蚯蚓《みみず》を附《つ》けたものを木の枝に吊《つる》しておくと、小鳥は簡単に獲《と》れる。餌は前の晩しつらえておくと、霜の朝、小鳥は木の枝に動かなくなっている——この手柄話を妻はひどく面白がったし、私も好きな小鳥が食べられるので喜んだ。すると、魚芳は殆ど毎日小鳥を獲ってはせっせと私のところへ持って来る。夕方になると台所に彼の弾んだ声がきこえるのだった。——この頃が彼にとっては一番愉しかった時代かもしれない。その後戦地へ赴いた彼に妻が思い出を書いてやると、「帰って来たら又幾羽でも鵯《ひよどり》鳥を獲って差上げます」と何かまだ弾む気持をつたえるような返事であった。

翌年春、魚芳は入営し、やがて満洲の方から便りを寄越すようになった。その年の秋から私の妻は発病し療養生活を送るようになったが、妻は枕頭《ちんとう》で女中(注13)を指図して慰問の小包を作らせ魚芳に送ったりした。温かそうな毛の帽子を着た軍服姿の写真(注14)が満洲から送って来た。きっと魚芳はみんなに可愛《かわい》がられているに違いない。炊事も出来るし、あの気性では誰からも(イ)重宝がられるだろう、と妻は時折噂《うわさ》をした。妻の病気は二年三年と長びいていたが、そのうちに、魚芳は北支(注15)から便りを寄越すようになった。もう程なく除隊(注16)になるから帰ったらよろしくお願いする、とあった。魚芳はまた帰って来て魚屋が出来ると思っているのかしら……と病妻は心細げに嘆息した。

一しきり台所を賑わしていた御用聞きたちの和やかな声ももう聞かれなかったし、世の中はいよいよ兇悪《きょうあく》な貌《かお》を露出している頃であった。千葉名産の蛤《はまぐり》の缶詰を送ってやると、大喜びで、千葉へ帰って来る日をたのしみにしている礼状が来た。年の暮、新潟の方から梨の箱が届いた。差出人は川瀬成吉とあった。それから間もなく除隊になった挨拶状が届いた。魚芳が千葉へ訪れて来たのは、その翌年であった。

その頃女中を傭《やと》えなかったので、妻は寝たり起きたりの身体で台所をやっていたが、ある日、台所の裏口へ軍服姿の川瀬成吉がふらりと現れたのだった。彼はきちんと立ったまま、ニコニコしていた。久振《ひさしぶ》りではあるし、私も頻《しき》りに上《あが》ってゆっくりして行けとすすめたのだが、C彼はかしこまったまま、台所のところの閾《しきい》から一歩も内へ這入《はい》ろうとしないのであった。「何になったの」と、軍隊のことはよく分らない私達が訊ねると、「兵長になりました」と嬉《うれ》しげに応え、これからまだ魚芳へ行くのだからと、倉皇(注17)として立去《たちさ》ったのである。

そして、それきり彼は訪ねて来なかった。あれほど千葉へ帰る日をたのしみにしていた彼はそれから間もなく満洲の方へ行ってしまった。だが、私は彼が千葉を立去る前に街の歯医者でちらとその姿を見たのであった。恰《ちょう》度《ど》私がそこで順番を待っていると、後から入って来た軍服の青年が歯医者に挨拶をした。「ほう、立派になったね」と老人の医者は懐しげに肯《うなず》いた。やがて、私が治療室の方へ行きそこの椅子に腰を下《おろ》すと、間もなく、後からやって来たその青年も助手の方の椅子に腰を下した。「これは仮りにこうしておきますから、また郷里の方でゆっくりお治しなさい」その青年の手当はすぐ終《おわ》ったらしく、助手は「川瀬成吉さんでしたね」と、机のところのカードに彼の名を記入する様子であった。それまで何となく重苦しい気分に沈んでいた私はその名をきいて、はっとしたが、その時にはもう彼は階段を降りてゆくところだった。

それから二三ヵ月して、新京(注18)の方から便りが来た。川瀬成吉は満洲の吏員(注19)に就職したらしかった。あれほど内地を恋しがっていた魚芳も、一度帰ってみて、すっかり失望してしまったのであろう。私の妻は日々に募ってゆく生活難を書いてやった。すると満洲から返事が来た。「大根一本が五十銭、内地の暮しは何のことやらわかりません。おそろしいことですね」――こんな一節があった。しかしこれが最後の消息であった。その後私の妻の病気は悪化し、もう手紙を認《したた》めることも出来なかったが、満洲の方からも音沙汰なかった。

その文面によれば、彼は死ぬる一週間前に郷里に辿《たど》りついているのである。「兼て彼《か》の地に於《おい》て病を得、五月一日帰郷、五月八日、永眠仕《つかまつり》候《そうろう》」と、その手紙は悲痛を押《おし》つぶすような調子ではあるが、それだけに、侘《わび》しいものの姿が、一そう大きく浮《うか》び上って来る。

あんな気性では皆から可愛がられるだろうと、よく妻は云っていたが、善良なだけに、彼は周囲から過重な仕事を押つけられ、悪い環境や機構の中を堪え忍んで行ったのではあるまいか。親方から庖丁の使い方は教えて貰えなくても、辛棒《しんぼう》した魚芳、久振りに訪ねて来ても、台所の閾から奥へは遠慮して這入ろうともしない魚芳。郷里から軍服を着て千葉を訪れ、(ウ)晴れがましく顧客の歯医者で手当してもらう青年。そして、遂に病軀《びょうく》をかかえ、とぼとぼと遠国から帰って来る男。……ぎりぎりのところまで堪えて、郷里に死にに還った男。私は何となしに、また魯迅《ろじん》(注20)の作品の暗い翳を思い浮べるのであった。

終戦後、私は郷里にただ死にに帰って行くらしい疲れはてた青年の姿を再三、汽車の中で見かけることがあった。……

(注) 1 彼は早速顔をのぞけ――「彼は早速顔をのぞかせ」の意。
2 一里――里は長さの単位。一里は約三・九キロメートル。
3 逢遭――出会い。

4　露次――ここでは、家と家との間の細い通路。「露地」「路地」などとも表記される。
5　日華事変――日中戦争。当時の日本での呼称。
6　三尺――尺は長さの単位。一尺は約三〇・三センチメートル。
7　御用聞――得意先を回って注文を聞く人。
8　教練――軍事上の訓練。
9　になえつつ――銃を肩にかけること。また、その姿勢をさせるためにかけた号令でもあった。
10　入営――兵務につくため、軍の宿舎に入ること。
11　赤襷――ここでは、召集令状を受けて軍隊に行く人がかけた赤いたすき。
12　鞠躬如として――身をかがめてかしこまって。
13　女中――ここでは、一般家庭に雇われて家事をする女性。当時の呼称。
14　写真が満洲から送って来た。――「写真が満洲から送られて来た。」の意。
15　北支――中国北部。当時の日本での呼称。
16　除隊――現役兵が服務解除とともに予備役（必要に応じて召集される兵役）に編入されて帰郷すること。
17　倉皇として――急いで。
18　新京――現在の中国吉林省長春市。いわゆる「満洲国」の首都とされた。
19　吏員――役所の職員。
20　魯迅――中国の作家（一八八一―一九三六）。本文より前の部分で魯迅の作品に関する言及がある。

問1　傍線部(ア)～(ウ)の本文中における意味として最も適当なものを、次の各群の①～⑤のうちから、それぞれ一

つずつ選べ。（各3点）

(ア) 興じ合っている

① 互いに面白がっている
② 負けまいと競っている
③ それぞれが興奮している
④ わけもなくふざけている
⑤ 相手とともに練習している

(イ) 重宝がられる

① 頼みやすく思われ使われる
② 親しみを込めて扱われる
③ 一目置かれて尊ばれる
④ 思いのままに利用される
⑤ 価値が低いと見なされる

(ウ) 晴れがましく

① 何の疑いもなく
② 人目を気にしつつ
③ 心の底から喜んで
④ 誇らしく堂々と
⑤ すがすがしい表情で

問2 傍線部A「そうした、暗い、望みのない明け暮れにも、私は凝と蹲ったまま、妻と一緒にすごした月日を回想することが多かった。」とあるが、それはどういうことか。その説明として最も適当なものを、次の①〜⑤のうちから一つ選べ。（7点）

① 生命の危機を感じさせる事態が続けざまに起こり恐怖にかられた「私」は、妻との思い出に逃避し安息

を感じていた。

② 身近な人々の相次ぐ死に打ちのめされた「私」は、やがて妻との生活も思い出せなくなるのではないかとおびえていた。

③ 世の中の成り行きに閉塞感を覚えていた「私」は、妻と暮らした記憶によって生活への意欲を取り戻そうとしていた。

④ 戦局の悪化に伴って災いが次々に降りかかる状況を顧みず、「私」は亡き妻への思いにとらわれ続けていた。

⑤ 思うような連絡すら望めない状況にあっても、「私」は妻を思い出させるかつての交友関係にこだわり続けていた。

問3 傍線部B「何か笑いきれないものが、目に見えないところに残されているようでもあった」とあるが、「私」がこのとき推測した妻の心情はどのようなものか。その説明として最も適当なものを、次の①〜⑤のうちから一つ選べ。(8点)

① 魚芳たちが「になえつつ」を練習する様子に気のはやりがあらわで、そうした態度で軍務につくならば、彼らは生きて帰れないのではと不安がっている。

② 皆で明るく振る舞ってはいても、魚芳たちは「になえつつ」の練習をしているのであり、以前の平穏な日々が終わりつつあることを実感している。

③ 「になえつつ」の練習をしあう様子に、魚芳たちがいだく期待を感じ取りつつも、商売人として一人前

になれなかった境遇にあわれみを覚えている。

④ 魚芳たちは熱心に練習してはいるものの、「になえつつ」の姿勢すらうまくできていないため、軍務についたら苦労するのではと懸念している。

⑤ 魚芳たちは将来の不安を紛らそうとして、騒ぎながら「になえつつ」の練習をしているのだが、そのふざけ方がやや度を越していると感じている。

問4 傍線部C「彼はかしこまったまま、台所のところの閾から一歩も内へ這入ろうとしないのであった」とあるが、魚芳は「私達」に対してどのような態度で接しようとしているか。その説明として最も適当なものを、次の①〜⑤のうちから一つ選べ。（8点）

① 戦時色が強まりつつある時期に、連絡せずに「私達」の家を訪問するのは兵長にふさわしくない行動だと気づき、改めて礼儀を重んじようとしている。

② 再び魚屋で仕事ができると思ってかつての勤め先に向かう途中に立ち寄ったので、台所から上がれという「私達」の勧めを丁重に断ろうとしている。

③ 「私達」に千葉に戻るのを楽しみだと言いつつ、除隊後新潟に帰郷したまま連絡を怠り、すぐに訪れなかったことに対する後ろめたさを隠そうとしている。

④ 「私達」と手紙で近況を報告しあっていたが、予想以上に病状が悪化している「妻」の姿を目の当たりにして驚き、これ以上迷惑をかけないようにしている。

⑤ 除隊後に軍服姿で「私達」を訪ね、姿勢を正して笑顔で対面しているが、かつて御用聞きと得意先であ

った間柄を今でもわきまえようとしている。

問5 本文中には「私」や「妻」あての手紙がいくつか登場する。それぞれの手紙を読むことをきっかけとして、「私」の感情はどのように動いていったか。その説明として最も適当なものを、次の①～⑤のうちから一つ選べ。（8点）

① 妻の死亡通知に対する悔み状（2行目）を読んで、紋切型の文面からごく少数の知己とでさえ妻の死の悲しみを共有しえないことを知った。その後、満洲にいる魚芳から返信が来ないという些細なことが気掛かりになる。やがて魚芳とも悲しみを分かち合えないのではないかと悲観的な気持ちが強まった。

② 川瀬丈吉からの封書（10行目、93行目）を読んで、川瀬成吉が帰郷の一週間後に死亡していたことを知った。生前の魚芳との交流や彼の人柄を思い浮かべ、彼の死にやりきれなさを覚えていく。終戦後、汽車でしばしば見かけた疲弊して帰郷する青年の姿に、短い人生を終えた魚芳が重なって見えた。

③ 満洲から届いた便り（64行目）を読んで、魚芳が入営したことを知った。妻が送った防寒用の毛の帽子をかぶる魚芳の写真が届き（65～66行目）、新たな環境になじんだ様子を知る。だが、すぐに赴任先が変わったので、周囲に溶け込めず立場が悪くなったのではないかと心配になった。

④ 北支から届いた便り（68行目）を読んで、魚芳がもうすぐ除隊になることを知った。そこには千葉に戻って魚屋で働くことを楽しみにしているから帰ったらよろしくお願いするとあった。この言葉から、時局を顧みない楽天的な傾向が魚芳たちの世代に浸透しているような感覚にとらわれていった。

⑤ 新京から届いた便り（87行目）を読んで、川瀬成吉が満洲の吏員に就職したらしいことを知った。妻が

内地での生活難を訴えると、それに対してまるで他人事のように語る返事が届いた。あれほど内地を恋しがっていたのに、役所に勤めた途端に内地への失望感を高めたことに不満を覚えた。

問6 この文章の表現に関する説明として**適当でないもの**を、次の①～⑥のうちから二つ選べ。ただし、解答の順序は問わない。（各5点）

① 1行目「魚芳」は川瀬成吉を指し、20行目の「魚芳」は魚屋の名前であることから、川瀬成吉が、彼の働いている店の名前で呼ばれている状況が推定できるように書かれている。

② 1行目「私は一九四四年の秋に妻を喪った」、14行目「私がはじめて魚芳を見たのは十二年前のことで」のように、要所で時を示し、いくつかの時点を行き来しつつ記述していることがわかるようにしている。

③ 21行目「ブラブラと」、25行目「ニコニコ」、31行目「のそのそと」、100行目「とぼとぼと」と、擬態語を用いて、人物や動物の様子をユーモラスに描いている。

④ 31～34行目に記された宿なし犬との関わりや57～63行目の鶫をめぐるエピソードを提示することで、魚芳の人柄を浮き彫りにしている。

⑤ 42～43行目「南風が吹き荒んでものを考えるには明るすぎる」という部分は、「午後」を修飾し、思索に適さない様子を印象的に描写している。

⑥ 64行目「私の妻は発病し」、67～68行目「妻の病気は二年三年と長びいていたが」、69行目「病妻」というように、妻の状況を断片的に示し、「私」の生活が次第に厳しくなっていったことを表している。

実戦問題 2 「庭の男」

（令和4年度共通テスト）

目標タイム 30分▼20分

次の文章は、黒井《くろい》千次《せんじ》「庭の男」（一九九一年発表）の一節である。「私」は会社勤めを終え、自宅で過ごすことが多くなっている。隣家（大野家）の庭に息子のためのプレハブ小屋が建ち、そこに立てかけられた看板に描かれた男が、「私」の自宅のダイニングキッチン（キッチン）から見える。その存在が徐々に気になりはじめた「私」は、看板のことを妻に相談するなかで、自分が案山子《かかし》をどけてくれと頼んでいる雀《すずめ》のようだと感じていた。以下はそれに続く場面である。これを読んで、後の問い（**問1〜5**）に答えよ。（配点　50）

立《たて》看板をなんとかするよう裏の家の息子に頼んでみたら、という妻の示唆を、私は大真面目で受け止めていたわけではなかった。落着《おちつ》いて考えてみれば、その理由を中学生かそこらの少年にどう説明すればよいのか見当もつかない。相手は看板を案山子などとは夢にも思っていないだろうから、雀の論理は通用すまい。ただあの時は、妻が私の側に立ってくれたことに救われ、気持ちが楽になっただけの話だった。いやそれ以上に、男と睨《にら》み合った時、なんだ、お前は案山子ではないか、と言ってやる僅かなゆとりが生れるほどの力にはなった。裏返されればそれまでだぞ、と窓の中から毒突くのは、一方的に見詰められるのみの関係に比べればまだましだったといえる。

しかし実際には、看板を裏返す手立てが摑《つか》めぬ限り、いくら毒突いても所詮空威張りに過ぎぬのは明らかである。そして裏の男は、私のそんな焦りを見透《みすか》したかのように、前にもまして帽子の広いつばの下の眼に暗い光を溜《た》め、こちらを凝視して止《や》まなかった。流しの窓の前に立たずとも、あの男が見ている、との感じは肌に伝わった。暑いのを我慢して南側の子供部屋で本を読んだりしていると、すぐ隣の居間に男の視線の気配を覚えた。そうなると、本を伏せてわざわざダイニングキチンまで出向き、あの男がいつもと同じ場所に立っているのを確かめるまで落着けなかった。

　隣の家に電話をかけ、親に事情を話して看板をどうにかしてもらう、という手も考えた。少年の頭越しのそんな手段はフェアではないだろう、との意識も働いたし、その前に親を納得させる自信がない。もしも納得せぬまま、ただこちらとのいざこざを避けるために親が看板を除去してくれたとしても、相手の内にいかなる疑惑が芽生えるかは容易に想像がつく。あの家には頭のおかしな人間が住んでいる、そんな噂《うわさ》を立てられるのは恐ろしかった。

　ある夕暮れ、それは妻が家に居る日だったが、日が沈んで外が少し涼しくなった頃、散歩に行くぞ、と裏の男に眼で告げて玄関を出た。家を離れて少し歩いた時、町会の掲示板のある角を曲って来る人影に気がついた。迷彩色のシャツをだらしなくジーパンの上に出し、俯《うつむ》きかげんに道の端をのろのろと近づいて来る。まだ育ち切らぬ柔らかな骨格と、無理に背伸びした身なりとのアンバランスな組合せがおかしかった。細い首に支えられた坊主頭がふと上り、またすぐに伏せられた。A隣の少年だ、と思うと同時に、私はほとんど無意識のように道の反対側に移って彼の前に立っていた。

「ちょっと」

　声を掛けられた少年は怯《おび》えた表情で立ち止《ど》まり、それが誰かわかると小さく頷《うなず》く仕種《しぐさ》で頭だけ下げ、私を避けて通り過ぎようとした。

「庭のプレハブは君の部屋だろう」

何か曖昧な母音を洩《も》らして彼は微《かす》かに頷いた。

「あそこに立てかけてあるのは、映画の看板かい」

細い眼が閉じられるほど細くなって、警戒の色が顔に浮かんだ。

「素敵な絵だけどさ、うちの台所の窓の真正面になるんだ。置いてあるだけなら、あのオジサンを横に移すか、裏返しにするか——」

そこまで言いかけると、相手は肩を聳《そび》やかす身振りで歩き出そうとした。

「待ってくれよ、頼んでいるんだから」

肩越しに振り返る相手の顔は無表情に近かった。

「もしもさ——」

追おうとした私を振り切って彼は急ぎもせずに離れて行く。

「ジジイ——」

吐き捨てるように彼の俯いたまま低く叫ぶ声がはっきり聞えた。少年の姿が大野家の石の門に吸い込まれるまで、私はそこに立ったまま見送っていた。

ひどく後味の悪い夕刻の出来事を、私は妻に知られたくなかった。少年から見れば我が身が碌《ろく》な勤め先も持たぬジジイであることに間違いはなかったろうが、一応は礼を尽《つ》くして頼んでいるつもりだったのだから、中学生の餓鬼にそれを無視され、罵られたのは身に応えた。B身体の底を殴られたような厭《いや》な痛みを少しでも和らげるために、こちらの申し入れが理不尽なものであり、相手の反応は無理もなかったのだ、と考えてみようともした。謂《いわ》れもない内政干渉として彼が憤る気持ちもわからぬではなかった。しかしそれなら、彼は面を上げて私の申し入れを拒絶すればよかったのだ。所詮当方は雀の論理しか持ち合わせぬのだから、黙って引き下《さが》るしかないわけだ。

その方が私もまだ救われたろう。

無視と捨台詞《すてぜりふ》にも似た罵言とは、彼が息子よりも遥《はる》かに歳若《とし》い少年だけに、やはり耐え難かった。

夜が更けてクーラーをつけた寝室に妻が引込んでしまった後も、私は一人居間のソファーに坐《すわ》り続けた。穏やかな鼾《いびき》が寝室の戸の隙間を洩《も》れて来るのを待ってから、大型の懐中電灯を手にしてダイニングキチンの窓に近づいた。もしや、という淡い期待を抱いて隣家の庭を窺《うかが》った。手前の木々の葉越しにプレハブ小屋の影がぼうと白く漂うだけで、庭は闇に包まれている。網戸に擦《こす》りつけるようにして懐中電灯の明《あか》りをともした。光の環《わ》の中に、きっと私を睨《にら》み返す男の顔が浮かんだ。闇に縁取られたその顔は肌に血の色さえ滲《にじ》ませ、昼間より一層生々しかった。

「馬鹿奴《め》」

呟《つぶや》く声が身体にこもった。暗闇に立つ男を罵っているのか、夕刻の少年に怒りをぶつけているのか、自らを嘲っているのか、自分でもわからなかった。懐中電灯を手にしたまま素早く玄関を出た。土地ぎりぎりに建てた家の壁と塀の間を身体を斜めにしてすり抜ける。建築法がどうなって(注)いるのか識《し》らないが、もう少し肥《ふと》れば通ることの叶《かな》わぬ僅かな隙間だった。ランニングシャツ一枚の肩や腕にモルタルのざらつきが痛かった。

東隣との低い生垣《いけがき》に突き当《あた》り、檜葉《ひば》の間を強引に割ってそこを跨《また》ぎ越し、我が家のブロック塀の端を迂回《うかい》すると再び大野家との生垣を掻《か》き分けて裏の庭へと踏み込んだ。乾いた小さな音がして枝が折れたようだったが、気にかける余裕はなかった。

繁みの下の暗がりで一息つき、足許《あしもと》から先に懐中電灯の光をさっと這《は》わせてすぐ消した。右手の母屋も正面のプレハブ小屋も、明りは消えて闇に沈んでいる。身を屈《かが》めたまま手探りに進み、地面に雑然と置かれている小さなベンチや傘立てや三輪車をよけて目指す小屋の横に出た。

男は見上げる高さでそこに平たく立っていた。光を当てなくとも顔の輪郭は夜空の下にぼんやり認められた。そんなただの板と、窓から見える男が同一人物とは到底信じ難かった。これではあの餓鬼に私の言うことが通じなかったとしても無理はない。案山子にとまった雀はこんな気分がするだろうか、と動悸《どうき》を抑えつつも苦笑した。しかし濡《ぬ》れたように滑らかな板の表面に触れた時、指先に厭な違和感が走った。それがベニヤ板でも紙でもなく、硬質のプラスチックに似た物体だったからだ。思わず懐中電灯をつけてみずにはいられなかった。果《はた》して断面は分厚い白色で、裏側に光を差し入れるとそこには金属の補強材が縦横に渡されている。人物の描かれた表面処理がいかなるものかまでは咄嗟《とっさ》に摑めなかったが、それが単純に紙を貼りつけただけの代物ではないらしい、との想像はついた。雨に打たれて果無《はかな》く消えるどころか、これは土に埋められても腐ることのないしたたかな男だったのだ。

それを横にずらすか、道に面した壁に向きを変えて立てかけることは出来ぬものか、と持ち上げようとした。相手は根が生えたかの如《ごと》く動かない。これだけの厚みと大きさがあれば体重もかなりのものになるのだろうか。力の入れやすい手がかりを探ろうとして看板の縁を辿《たど》った指が何かに当った。太い針金だった。看板の左端にあけた穴を通して、針金は小屋の樋《とい》としっかり結ばれている。同じような右側の針金の先は、壁に突き出たボルトの頭に巻きついていた。その細工が左右に三つずつ、六ヵ所にわたって施されているのを確かめると、最早《もはや》男を動かすことは諦めざるを得なかった。夕暮れの少年の細めた眼を思い出し、理由はわからぬものの、C あ奴《やつ》はあ奴でかなりの覚悟でことに臨んでいるのだ、と認めてやりたいような気分がよぎった。

（注）モルタル――セメントと砂を混ぜ、水で練り合わせたもの。タイルなどの接合や、外壁の塗装などに用いる。

問1　傍線部Ａ「隣の少年だ、と思うと同時に、私はほとんど無意識のように道の反対側に移って彼の前に立っていた。」とあるが、「私」をそのような行動に駆り立てた要因はどのようなことか。その説明として適当なものを、次の①〜⑥のうちから**二つ**選べ。ただし、解答の順序は問わない。（各4点）

①　親が看板を取り除いたとしても、少年にどんな疑惑が芽生えるか想像し恐ろしく思っていたこと。
②　少年を差し置いて親に連絡するような手段は、フェアではないだろうと考えていたこと。
③　男と睨み合ったとき、お前は案山子ではないかと言ってやるだけの余裕が生まれていたこと。
④　男の視線を感じると、男がいつもの場所に立っているのを確かめるまで安心できなかったこと。
⑤　少年の発育途上の幼い骨格と、無理に背伸びした身なりとの不均衡をいぶかしく感じていたこと。
⑥　少年を説得する方法を思いつけないにもかかわらず、看板をどうにかしてほしいと願っていたこと。

問2　傍線部Ｂ「身体の底を殴られたような厭な痛み」とはどのようなものか。その説明として最も適当なものを、次の①〜⑤のうちから一つ選べ。（8点）

①　頼みごとに耳を傾けてもらえないうえに、話しかけた際の気遣いも顧みられず一方的に暴言を浴びせられ、存在が根底から否定されたように感じたことによる、解消し難い不快感。
②　礼を尽くして頼んだにもかかわらず少年から非難され、自尊心が損なわれたことに加え、そのことを妻にも言えないほどの汚点だと捉えたことによる、深い孤独と屈辱感。
③　分別のある大人として交渉にあたれば、説得できると見込んでいた歳若い相手から拒絶され、常識だと

信じていたことや経験までもが否定されたように感じたことによる、抑え難いいら立ち。

④　へりくだった態度で接したために、少年を増長させてしまった一連の流れを思い返し、看板についての交渉が絶望的になったと感じたことによる、胸中をえぐられるような癒し難い無念さ。

⑤　看板について悩む自分に、珍しく助言してくれた妻の言葉を真に受け、幼さの残る少年に対して一方的な干渉をしてしまった自分の態度に、理不尽さを感じたことによる強い失望と後悔。

問3　傍線部C「あ奴はあ奴でかなりの覚悟でことに臨んでいるのだ、と認めてやりたいような気分がよぎった」における「私」の心情の説明として最も適当なものを、次の①～⑤のうちから一つ選べ。（8点）

①　夜中に隣家の庭に忍び込むには決意を必要としたため、看板を隣家の窓に向けて設置した少年も同様に決意をもって行動した可能性に思い至り、共感を覚えたことで、彼を見直したいような気持ちが心をかすめた。

②　隣家の迷惑を顧みることなく、看板を撤去し難いほど堅固に設置した少年の行動には、彼なりの強い思いが込められていた可能性があると気づき、陰ながら応援したいような新たな感情が心をかすめた。

③　劣化しにくい素材で作られ、しっかり固定された看板を目の当たりにしたことで、少年が何らかの決意をもってそれを設置したことを認め、その心構えについては受け止めたいような思いが心をかすめた。

④　迷惑な看板を設置したことについて、具体的な対応を求めるつもりだったが、撤去の難しさを確認したことで、この状況を受け入れてしまったほうが気が楽になるのではないかという思いが心をかすめた。

⑤　看板の素材や設置方法を直接確認し、看板に対する少年の強い思いを想像したことで、彼の気持ちを無

視して一方的に苦情を申し立てようとしたことを悔やみ、多少なら歩み寄ってもよいという考えが心をかすめた。

問4 本文では、同一の人物や事物が様々に呼び表されている。それらに着目した、後の(i)・(ii)の問いに答えよ。

(i) 隣家の少年を示す表現に表れる「私」の心情の説明として最も適当なものを、次の①～⑤のうちから一つ選べ。(6点)

① 当初はあくまで他人として「裏の家の息子」と捉えているが、実際に遭遇した少年に未熟さを認めたのちには、「息子よりも遥かに歳若い少年」と表して我が子に向けるような親しみを抱いている。

② 看板への対応を依頼する少年に礼を尽くそうとして「君」と声をかけたが、無礼な言葉と態度を向けられたことで感情的になり、「中学生の餓鬼」「あの餓鬼」と称して怒りを抑えられなくなっている。

③ 看板撤去の交渉をする相手として、少年とのやりとりの最中はつねに「君」と呼んで尊重する様子を見せる一方で、少年の外見や言動に対して内心では「中学生の餓鬼」「あの餓鬼」と侮っている。

④ 交渉をうまく進めるために「君」と声をかけたが、直接の接触によって我が身の老いを強く意識させられたことで、「中学生の餓鬼」「息子よりも遥かに歳若い少年」と称して彼の若さをうらやんでいる。

⑤ 当初は親の方を意識して「裏の家の息子」と表していたが、実際に遭遇したのちには少年を強く意識し、「中学生の餓鬼」「息子よりも遥かに歳若い少年」と彼の年頃を外見から判断しようとしている。

(ii) 看板の絵に対する表現から読み取れる、「私」の様子や心情の説明として最も適当なものを、次の①～④のうちから一つ選べ。(6点)

① 「私」は看板を「裏の男」と人間のように意識しているが、少年の前では「映画の看板」と呼び、自分の意識が露呈しないように工夫する。しかし少年が警戒すると、「素敵な絵」とたたえて配慮を示した直後に「あのオジサン」と無遠慮に呼んでおり、余裕をなくして表現の一貫性を失った様子が読み取れる。

② 「私」は看板について「あの男」「案山子」と比喩的に語っているが、少年の前では「素敵な絵」と大げさにたたえており、さらに、少年が憧れているらしい映画俳優への敬意を全面的に示すように「あのオジサン」と呼んでいる。少年との交渉をうまく運ぼうとして、プライドを捨てて卑屈に振るまう様子が読み取れる。

③ 「私」は妻の前では看板を「案山子」と呼び、単なる物として軽視しているが、少年の前では「素敵な絵」とたたえ、さらに「あのオジサン」と親しみを込めて呼んでいる。しかし、少年から拒絶の態度を示されると、「看板の絵」「横に移す」「裏返しにする」と物扱いしており、態度を都合よく変えている様子が読み取れる。

④ 「私」は看板を「裏の男」「あの男」と人間に見立てているが、少年の前でとっさに「映画の看板」「素敵な絵」と表してしまったため、親しみを込めながら「あのオジサン」と呼び直している。突然訪れた少年との直接交渉の機会に動揺し、看板の絵を表する言葉を見失い慌てふためいている様子が読み取れる。

問5　Nさんは、二重傍線部「案山子にとまった雀はこんな気分がするだろうか、と動悸を抑えつつも苦笑した。」について理解を深めようとした。まず、国語辞典で「案山子」を調べたところ季語であることがわかった。そこでさらに、歳時記（季語を分類して解説や例句をつけた書物）から「案山子」と「雀」が詠まれた俳句を探し、これらの内容を【ノート】に整理した。このことについて、後の(i)・(ii)の問いに答えよ。

【ノート】

●国語辞典にある「案山子」の意味

㋐竹や藁《わら》などで人の形を造り、田畑に立てて、鳥獣が寄るのをおどし防ぐもの。とりおどし。［季語・秋］。

㋑見かけばかりもっともらしくて、役に立たない人。

●歳時記に掲載されている［案山子と雀の俳句］

ⓐ「案山子立つれば群雀空にしづまらず」（飯田蛇笏《だこつ》）

ⓑ「稲雀追ふ力なき案山子かな」（高浜年尾）

ⓒ「某《それがし》は案山子にて候《そうろう》雀殿」（夏目漱石）

●解釈のメモ

ⓐ遠くにいる案山子に脅かされて雀が群れ騒ぐ風景。

ⓑ雀を追い払えない案山子の様子。

ⓒ案山子が雀に対して虚勢を張っているように見える様子。

●「案山子」と「雀」の関係に注目し、看板に対する「私」の認識を捉えるための観点。

・看板を家の窓から見ていた時の「私」→［　X　］

・看板に近づいた時の「私」→［　Y　］

(i) Nさんは、「私」が看板を家の窓から見ていた時と近づいた時にわけたうえで、国語辞典や歳時記の内容と関連づけながら【ノート】の傍線部について考えようとした。空欄 X と Y に入る内容の組合せとして最も適当なものを、後の①～④のうちから一つ選べ。(6点)

(ア) X ―― 歳時記の句ⓐでは案山子の存在に雀がざわめいている様子であり、国語辞典の説明㋐にある「おどし防ぐ」存在となっていることに注目する。

(イ) X ―― 歳時記の句ⓒでは案山子が虚勢を張っているように見え、国語辞典の説明㋑にある「見かけばかりもっともらし」い存在となっていることに注目する。

(ウ) Y ―― 歳時記の句ⓑでは案山子が実際には雀を追い払うことができず、国語辞典の説明㋑にある「見かけばかりもっともらし」い存在となっていることに注目する。

(エ) Y ―― 歳時記の句ⓒでは案山子が雀に対して自ら名乗ってみせるだけで、国語辞典の説明㋐にある「おどし防ぐ」存在となっていることに注目する。

① X―(ア)　Y―(ウ)
② X―(ア)　Y―(エ)
③ X―(イ)　Y―(ウ)
④ X―(イ)　Y―(エ)

(ii)【ノート】を踏まえて「私」の看板に対する認識の変化や心情について説明したものとして、最も適当なものを、次の①～⑤のうちから一つ選べ。(8点)

① はじめ「私」は、ⓒ「某は案山子にて候雀殿」の虚勢を張る「案山子」のような看板に近づけず、家のなかから眺めているだけの状態であった。しかし、そばまで近づいたことで、看板は㋑「見かけばかりもっともらしい」ものであることに気づき、これまで「ただの板」にこだわり続けていたことに対して大人げなさを感じている。

② はじめ「私」は、ⓑ「稲雀追ふ力なき案山子かな」の「案山子」のように看板は自分に危害を加えるようなものではないと理解していた。しかし、意を決して裏の庭に忍び込んだことで、看板の㋐「おどし防ぐもの」としての効果を実感し、雀の立場として「ただの板」に苦しんでいる自分に気恥ずかしさを感じている。

③ はじめ「私」は、自分を監視している存在として看板を捉え、㋐「おどし防ぐもの」と対面するような落ち着かない状態であった。しかし、おそるおそる近づいてみたことで、ⓒ「某は案山子にて候雀殿」のように看板の正体を明確に認識し、「ただの板」に対する怖さを克服しえた自分に自信をもつことができたと感じている。

④ はじめ「私」は、㋐「とりおどし」のような脅すものとして看板をとらえ、その存在の不気味さを感じている状態であった。しかし、暗闇に紛れて近づいたことにより、実際にはⓑ「稲雀追ふ力なき案山子かな」のような存在であることを発見し、「ただの板」である看板に心を乱されていた自分に哀れみを感じている。

⑤　はじめ「私」は、常に自分を見つめる看板に対してⓐ「群雀空にしづまらず」の「雀」のような心穏やかでない状態であった。しかし、そばに近づいてみたことにより、看板は㋑「見かけばかりもっともらし」いものであって恐れるに足りないとわかり、「ただの板」に対して悩んできた自分に滑稽さを感じている。

例題1 「気候変動」についての問題1

（令和5年に発表された試作問題を改作）

目標タイム 15分▼8分

次の【文章】と【図】は、気候変動が健康に与える影響について調べていたひかるさんが見つけた資料の一部である。これらを読んで、後の問いに答えよ。

【文章】 健康分野における、気候変動[注1]の影響について

ⓐ気候変動による気温上昇は熱ストレスを増加させ、熱中症[注2]リスクや暑熱による死亡リスク、その他、呼吸器系疾患等の様々な疾患リスクを増加させる。特に、ⓑ暑熱に対して脆《ぜい》弱性が高い高齢者を中心に、暑熱による超過死亡[注3]が増加傾向にあることが報告されている。年によってばらつきはあるものの、熱中症による救急搬送人員・医療機関受診者数[注4]・熱中症死亡者数は増加傾向にある。

ⓒ気温の上昇は感染症を媒介する節足動物の分布域・個体群密度・活動時期を変化させる。感染者の移動も相まって、国内での感染連鎖が発生することが危惧される。これまで侵入・定着がされていない北海道南部でもヒトスジシマカの生息が拡大する可能性や、日本脳炎ウイルスを媒介する外来性の蚊の鹿児島県以北への分布域拡大

の可能性などが新たに指摘されている。

外気温の変化は、水系・食品媒介性感染症(注5)やインフルエンザのような感染症類の流行パターンを変化させる。感染性胃腸炎やロタウイルス感染症、下痢症などの水系・食品媒介性感染症、インフルエンザや手足口病などの感染症類の発症リスク・流行パターンの変化が新たに報告されている。

猛暑や強い台風、大雨等の極端な気象現象の増加に伴い自然災害が発生すれば、被災者の暑熱リスクや感染症リスク、精神疾患リスク等が増加する可能性がある。ⓓ

2030年代までの短期的には、温暖化に伴い光化学オキシダント・オゾン等の汚染物質の増加に伴う超過死亡者数が増加するが、それ以降は減少することが予測されている。ⓔ

健康分野における、気候変動による健康面への影響の概略は、次の【図】に示すとおりである。

（注）
1　熱ストレス……高温による健康影響の原因の総称。
2　リスク……危険が生じる可能性や度合い。
3　超過死亡……過去のデータから統計的に推定される死者数をどれだけ上回ったかを示す指標。
4　感染症を媒介する節足動物……昆虫やダニ類など。
5　水系・食品媒介性感染症……水、食品を介して発症する感染症。

【図】

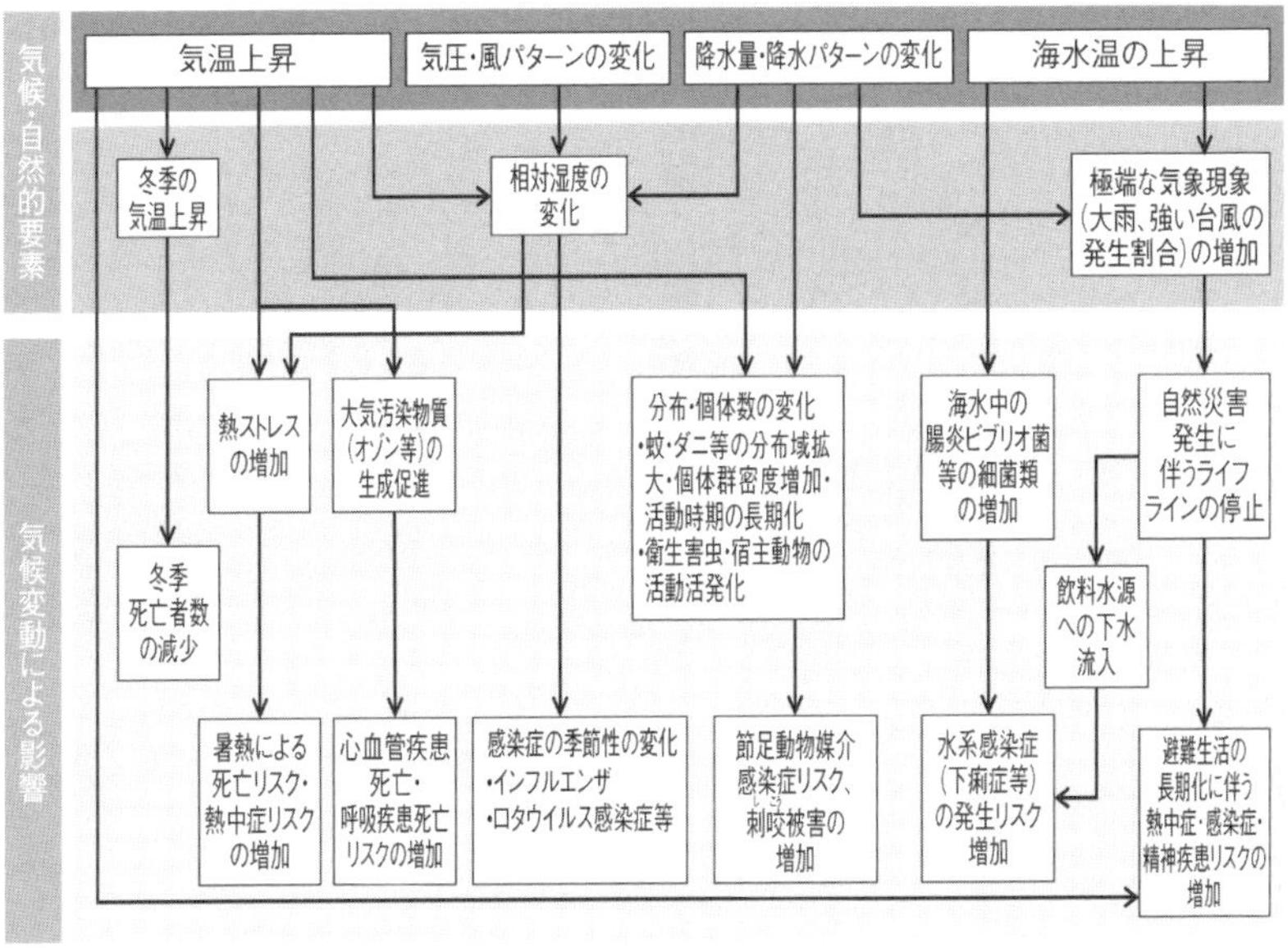

（**【文章】**と**【図】**は、環境省「気候変動影響評価報告書　詳細（令和２年12月）」をもとに作成）

問1 **【文章】**の下線部ⓐ～ⓔの内容には、**【図】**では**省略されているものが二つ**ある。その二つの組合せとして最も適当なものを、次の①～⑤のうちから一つ選べ。

① ⓑとⓔ
② ⓐとⓓ
③ ⓒとⓔ
④ ⓑとⓓ
⑤ ⓐとⓒ

問2 **【図】**の内容や表現の説明として**適当でないもの**を、次の①～⑤のうちから一つ選べ。

① 「気候変動による影響」として環境及び健康面への影響を整理して図示し、**【文章】**の内容を読み手が理解しやすいように工夫している。
② 気温上昇によって降水量・降水パターンの変化や海水温の上昇が起こるという因果関係を図示することによって、**【文章】**の内容を補足している。
③ 「気候・自然的要素」と「気候変動による影響」に分けて整理することで、どの要素がどのような影響を与えたかがわかるように提示している。
④ 「気候・自然的要素」が及ぼす「気候変動による影響」を図示することにより、特定の現象が複数の影響を生み出し得ることを示唆している。

⑤　気候変動によって健康分野が受ける複雑な影響を読み手にわかりやすく伝えるために、いくつかの事象に限定して因果関係を図示している。

例題2 「気候変動」についての問題2

（令和5年に発表された試作問題を改作）

目標タイム 15分▼8分

次の【文章】と【グラフ】は、気候変動に関する資料としてひかるさんが見つけたものである。これを読んで、後の問いに答えよ。

【文章】

地球温暖化の対策は、これまで原因となる温室効果ガスの排出を削減する「緩和策」を中心に進められてきた。しかし、世界が早急に緩和策に取り組んだとしても、地球温暖化の進行を完全に制御することはできないと考えられている。温暖化の影響と考えられる事象が世界各地で起こる中、その影響を抑えるためには、私たちの生活・行動様式の変容や防災への投資といった被害を回避、軽減するための「適応策」が求められる。例えば、環境省は熱中症予防情報サイトを設けて、私たちが日々の生活や街中で熱中症を予防するための様々な工夫や取り組みを紹介したり、保健活動にかかわる人向けの保健指導マニュアル「熱中症環境保健マニュアル」を公開したりしている。これも暑熱に対する適応策である。また、健康影響が生じた場合、現状の保健医療体制で住民の医療ニーズに応え、健康水準を保持できるのか、そのために不足しているリソース[注1]があるとすれば何で、必要な施策は何かを特定することが望まれる。例えば、21世紀半ばに熱中症搬送者数が2倍以上となった場合、現行の救急搬送システム（救急隊員数、救急車の数等）ですべての熱中症患者を同じ水準で搬送可能なのか、受け入れる医療機関、病床、医療従事者は足りるのか、といった評価を行い、対策を立案していくことが今後求められる。また緩和策と健康増進を同時に進めるコベネフィット[注2]を追求していくことも推奨される。例えば、自動車の代わりに自転車を使うことは、自動車から排出される温室効果ガスと大気汚染物質を減らし（緩和策）、自転車を漕《こ》ぐことで心肺機能が高まり健康増進につながる。肉食を減らし、野菜食を中心にすることは、家畜の飼育過程で糞《ふん》尿などから大量に排出されるメタンガスなどの温室効果ガスを抑制すると同時に、健康増進につながる。こうしたコベネフィットを社会全体で追求していくことは、各セクター[注3]で縦割りになりがちな適応策に横のつながりをもたらすことが期待される。

（橋爪《はしづめ》真弘《まさひろ》「公衆衛生分野における気候変動の影響と適応策」による）

（注）1　リソース……資源。
2　コベネフィット……一つの活動が複数の利益につながること。
3　セクター……部門、部署。

【グラフ1】

日本の年平均気温偏差の経年変化

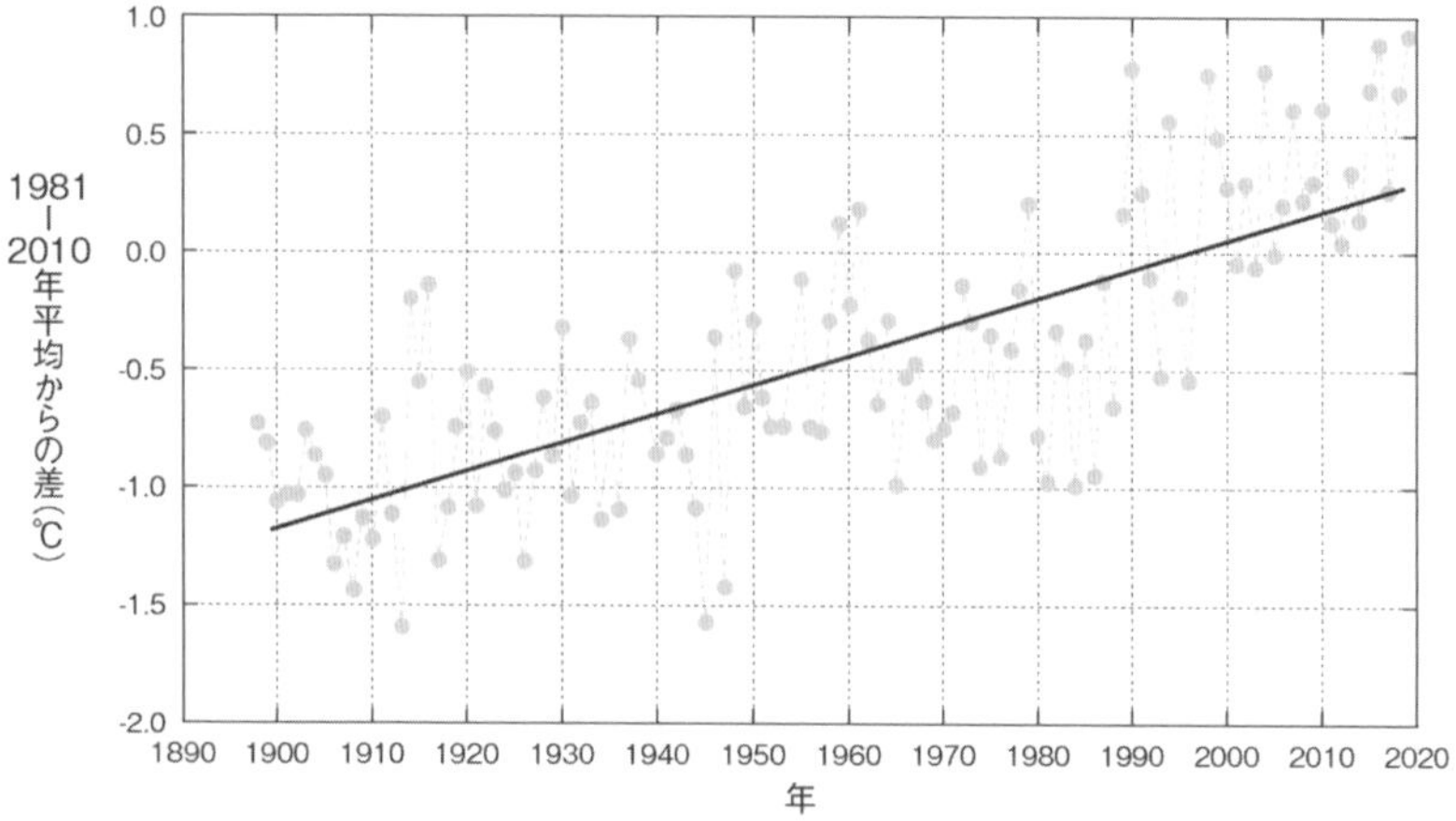

点線で結ばれた点は、国内15観測地点での年平均気温の基準値からの偏差を平均した値を示している。直線は長期変化傾向（この期間の平均的な変化傾向）を示している。基準値は1981～2010年の30年平均値。

【グラフ2】

日本の年降水量偏差の経年変化

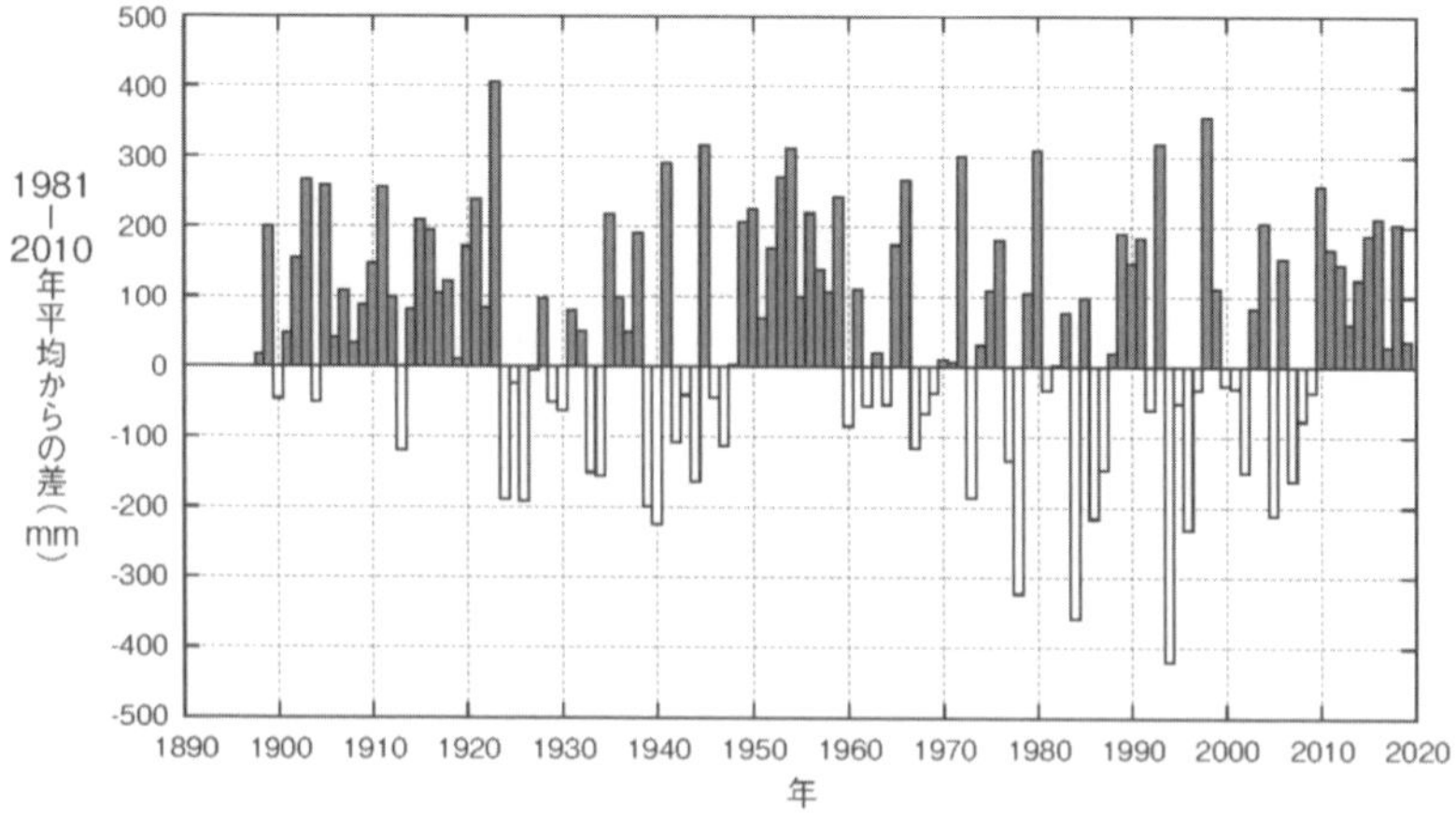

棒グラフは気象庁の観測地点のうち、国内51地点での各年の年降水量の基準値からの偏差を平均した値を示している。0を基準値とし、上側の棒グラフは基準値と比べて多いことを、下側の棒グラフは基準値と比べて少ないことを示している。基準値は1981～2010年の30年間の平均値。

【グラフ3】

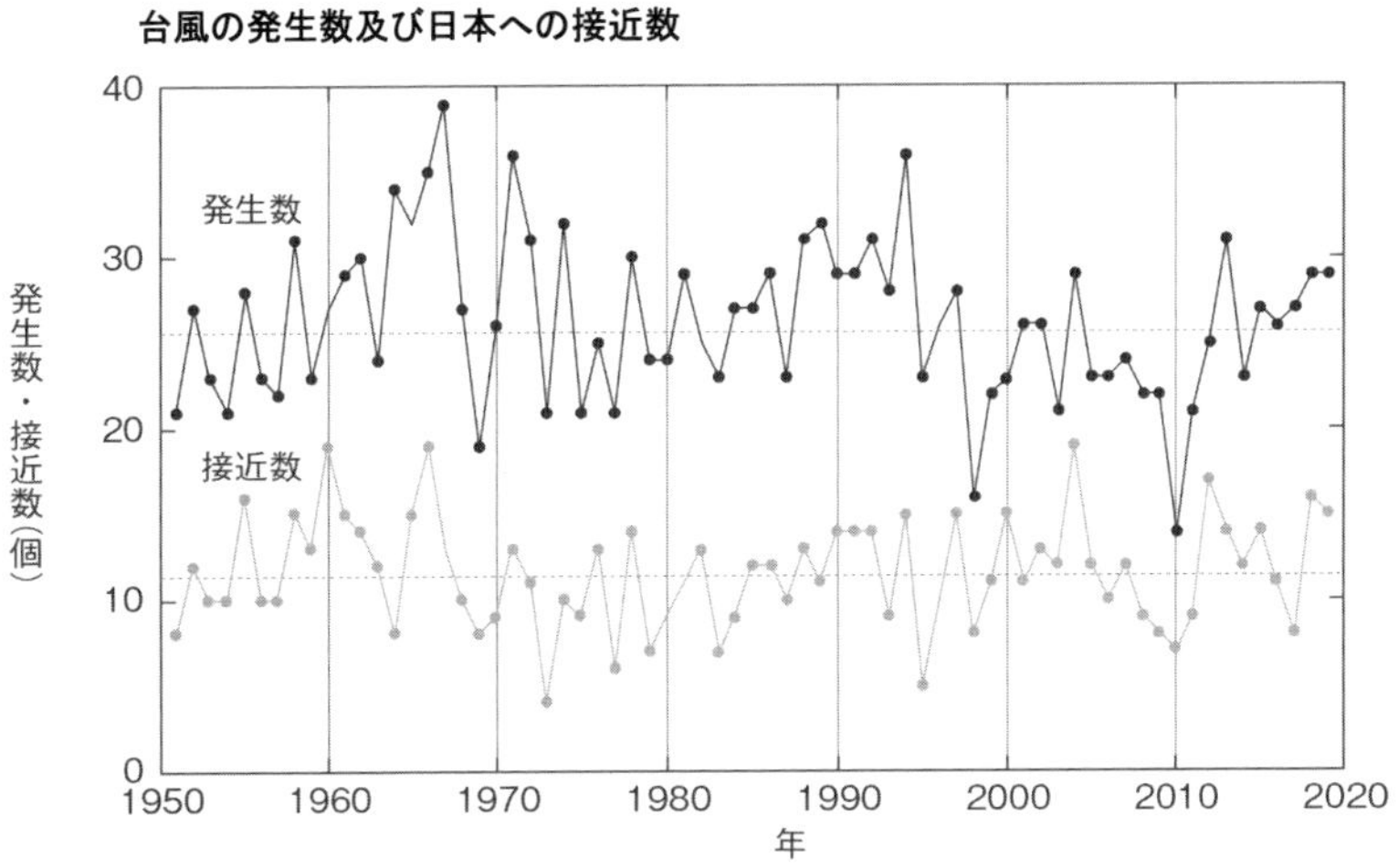

点線は平年値(1950年〜2020年の平均)を表す。

(【グラフ1】〜【グラフ3】は、気象庁「気候変動監視レポート2019（令和２年７月）」をもとに作成)

問　次のア～エの各文は、ひかるさんが**【文章】**、**【グラフ】**を根拠としてまとめたものである。**【凡例】**に基づいて各文の内容の正誤を判断したとき、その組合せとして最も適当なものを、後の①～⑤のうちから一つ選べ。

【凡例】

正しい――――述べられている内容は、正しい。
誤っている――述べられている内容は、誤っている。
判断できない――述べられている内容の正誤について、**【文章】**、**【グラフ】**からは判断できない。

ア　日本の年降水量の平均は一九〇一年から一九三〇年の三〇年間より一九八一年から二〇一〇年の三〇年間の方が多く、気候変動の一端がうかがえる。
イ　台風の発生数が平年値よりも多い年は日本で真夏日・猛暑日となる日が多く、気温や海水温の上昇と台風の発生数は関連している可能性がある。
ウ　年平均気温偏差が年を追うごとに大きくなっていくことを踏まえれば、21世紀半ばには熱中症搬送者数が2倍以上になると想定され、その対策が急務となる。
エ　地球温暖化に対して、温室効果ガスの排出削減を目指す緩和策だけでなく、被害を回避、軽減するための適応策や健康増進のための対策も必要である。

①　ア　正しい　　イ　誤っている　　ウ　判断できない　　エ　誤っている

②　ア　判断できない　　イ　正しい　　ウ　正しい　　エ　誤っている
③　ア　誤っている　　イ　判断できない　　ウ　判断できない　　エ　正しい
④　ア　正しい　　イ　判断できない　　ウ　誤っている　　エ　判断できない
⑤　ア　誤っている　　イ　判断できない　　ウ　正しい　　エ　正しい

実戦問題1 「日本語の言葉遣い」についての問題（令和5年に発表された試作問題を改作）

目標タイム 30分▼15分

ヒロミさんは、日本語の独特な言葉遣いについて調べ、「言葉遣いへの自覚」という題で自分の考えを**【レポート】**にまとめた。**【資料Ⅰ】**～**【資料Ⅲ】**は、**【レポート】**に引用するためのアンケート結果や参考文献の一部を、見出しを付けて整理したものである。これらを読んで、後の問い（**問1～4**）に答えよ。（配点　20）

【レポート】

男女間の言葉遣いの違いは、どこにあるのだろうか。**【資料Ⅰ】**によると、男女の言葉遣いは同じでないと思っている人の割合は、七割以上いる。実際、「このバスに乗ればいいのよね?」は女の子の話し方として、「このカレーライスうまいね!」は男の子の話し方として認識されている。これは、性差によって言葉遣いがはっきり分かれているという、日本語の特徴の反映ではないだろうか。

一方、［X］にも着目すると、男女の言葉遣いの違いを認識しているものの、女性らしいとされていた言葉遣いがあまり用いられず、逆に男性らしいとされる言葉遣いをしている女性も少なからず存在することが分かる。

ここで、**【資料Ⅱ】【資料Ⅲ】**の「役割語」を参照したい。これらの資料によれば、言葉遣いの違いは性別によるとはかぎらない、そして、［Y］ということである。

たしかに、マンガやアニメ、小説などのフィクションにおいて、このような役割語は、非常に発達している。役割語がなければ、「キャラクタ」を描けないようにすら感じる。とくに、文字は映像と違って、顔は見えないし声も聞こえない。役割語が効率的にキャラクタを描き分けることによって、それぞれのイメージを読者に伝えることができる。その一方で、キャラクタのイメージがワンパターンに陥ってしまうこともある。
それでは、現実の世界ではどうだろうか。私たちの身近にある例を次にいくつか挙げてみよう。

Z

以上のように、私たちの周りには多くの役割語があふれている。したがって、役割語の性質を理解したうえで、フィクションとして楽しんだり、時と場所によって用いるかどうかを判断したりするなど、自らの言葉遣いについても自覚的でありたい。

【資料Ⅰ】 性別による言葉遣いの違い

調査期間　2008/11/23〜2008/12/08
調査対象　小学生〜高校生10,930人（男子5,787人、女子5,107人、無回答36人）
調査方法　任意で回答
単位　　　全て％

質問１
男の子（人）が使うことばと、女の子（人）が使うことばは、同じだと思いますか？

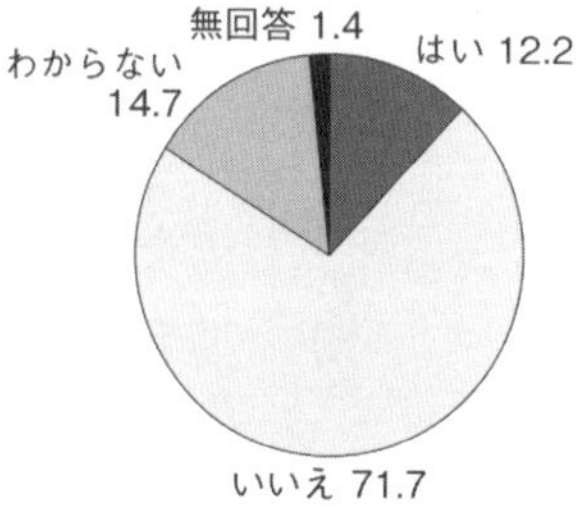

質問２
①次の各文は、男の子、女の子、どちらの話し方だと思いますか？

「このバスに乗ればいいのよね？」

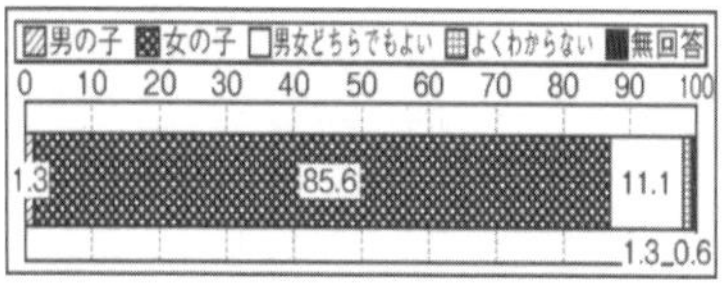

「このカレーライスうまいね！」

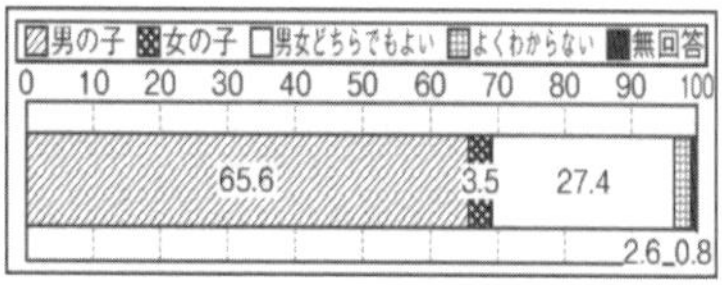

②次のようなことばづかいはしますか？

「このバスに乗ればいいのよね？」

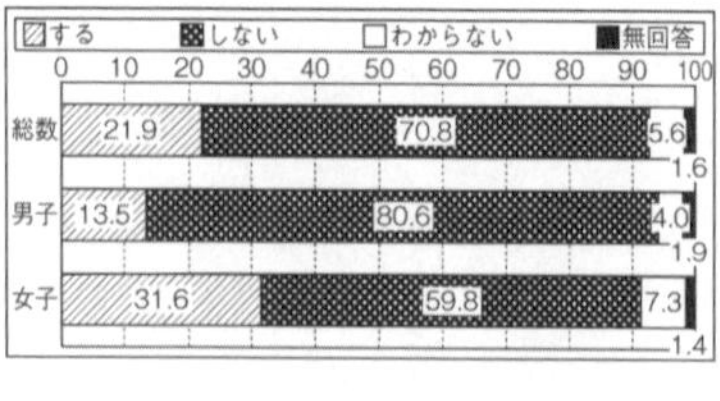

「このカレーライスうまいね！」

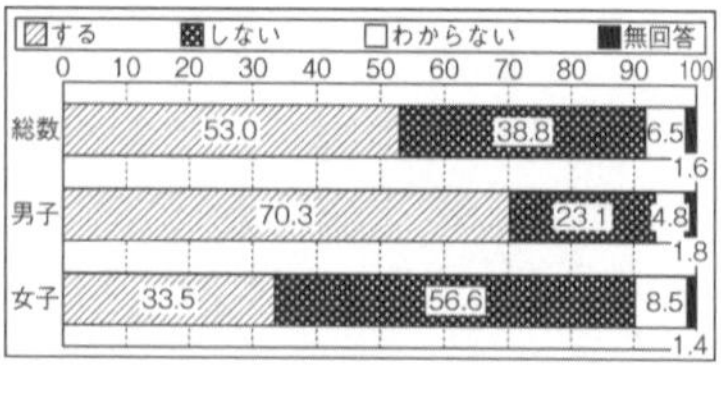

（旺文社「第６回ことばに関するアンケート」による）

【資料Ⅱ】 役割語の定義

役割語について、金水敏『ヴァーチャル日本語 役割語の謎』（岩波書店、二〇〇三年、二〇五頁）では次のように定義している。

ある特定の言葉遣い（語彙・語法・言い回し・イントネーション等）を聞くと特定の人物像（年齢、性別、職業、階層、時代、容姿・風貌、性格等）を思い浮かべることができるとき、あるいはある特定の人物像を提示されると、その人物がいかにも使用しそうな言葉遣いを思い浮かべることができるとき、その言葉遣いを「役割語」と呼ぶ。

すなわち、特定の話し方あるいは言葉遣いと特定の人物像（キャラクタ）との心理的な連合であり、（注）ステレオタイプの言語版であるとも言える。役割語の分かりやすい例として、次のようなものを挙げることができる。

a　おお、そうじゃ、わしが知っておるんじゃ。
b　あら、そうよ、わたくしが知っておりますわ。
c　うん、そうだよ、ぼくが知ってるよ。
d　んだ、んだ、おら知ってるだ。
e　そやそや、わしが知ってまっせー。
f　うむ、さよう、せっしゃが存じております る。

上記の話し方はいずれも論理的な内容が同じであるが、想起させる話し手が異なる。例えばaは男性老人、bはお嬢様、cは男の子、dは田舎もの、eは関西人、fは武士などの話し手が当てられるであろう。

（金水《きんすい》敏《さとし》「役割語と日本語教育」『日本語教育』第一五〇号による）

（注）　ステレオタイプ――型にはまった画一的なイメージ。紋切り型。

【資料Ⅲ】 役割語の習得時期

多くの日本語話者は、「あら、すてきだわ」「おい、おれは行くぜ」のような言い方が女性や男性の話し方を想起させるという知識を共有している。しかし、現実の日常生活の中でこのようないかにも女性的、いかにも男性的というような表現は今日の日本ではやはりまれになっている。

日常的な音声言語に、語彙・語法的な特徴と性差に関する積極的な証拠が乏しいにもかかわらず、多くのネイティブの日本語話者は、〈男ことば〉と〈女ことば〉を正しく認識する。むろんこれは、絵本やテレビなどの作品の受容を通して知識を受け入れているのである。この点について考えるために、私が代表者を務める(注)科研費の研究グループで、幼児の役割語認識の発達に関する予備的な実験調査を紹介しよう。図1として示すのは、その実験に用いたイラストである。

この図を被実験者の幼児に示し、さらに音声刺激として次のような文の読み上げを聞かせ、絵の人物を指し示させた。

図1　役割語習得に関する実験刺激

a　おれは、この町が大好きだぜ。
b　あたしは、この町が大好きなのよ。
c　わしは、この町が大好きなんじゃ。
d　ぼくは、この町が大好きさ。
e　わたくしは、この町が大好きですわ。

その結果、三歳児では性差を含む役割語の認識が十分でなかったのに対し、五歳児ではほぼ完璧にできることが分かった（音声的な刺激を用いたので、語彙・語法的な指標と音声的な指標のどちらが効いていたかはこれからの検討課題である）。

幼児が、これらの人物像すべてに現実に出会うということはほとんど考えにくい。これに対して、幼児が日常的に触れる絵本やアニメ作品等には、役割語の例があふれている。

（金水敏「役割語と日本語教育」『日本語教育』第一五〇号による）

（注）　科研費――科学研究費補助金の略。学術研究を発展させることを目的にする競争的資金。

問1 **【レポート】**の空欄 X には、**【レポート】**の展開を踏まえた**【資料Ⅰ】**の説明が入る。その説明として最も適当なものを、次の①〜⑤のうちから一つ選べ。

① 「このバスに乗ればいいのよね?」を使わない女子は六割近くにのぼり、「このカレーライスうまいね!」を使わない男子は二割を超えていること

② 「このバスに乗ればいいのよね?」を使う女子は三割程度にとどまり、「このカレーライスうまいね!」を使う女子は三割を超えていること

③ 「このバスに乗ればいいのよね?」を使わない女子は六割近くにのぼり、「このカレーライスうまいね!」を使わない男女は四割近くにのぼること

④ 「このバスに乗ればいいのよね?」を使わない女子は六割近くにのぼり、「このカレーライスうまいね!」を使うか分からないという女子は一割程度にとどまっていること

⑤ 「このバスに乗ればいいのよね?」を使う女子は三割程度にとどまり、「このカレーライスうまいね!」を男女どちらが使ってもいいと考える人は三割近くにのぼること

問2 **【レポート】**の空欄 Y には、**【資料Ⅱ】**及び**【資料Ⅲ】**の要約が入る。その要約として最も適当なものを、次の①〜⑤のうちから一つ選べ。

① イラストと音声刺激を用いた発達段階に関する調査によって、役割語の認識は、五歳でほぼ獲得されることが明らかになったが、それは絵本やアニメといった幼児向けのフィクションの影響である

② 役割語とは、特定の人物像を想起させたり特定の人物がいかにも使用しそうだと感じさせたりする語彙や言い回しなどの言葉遣いのことであり、日本語の言葉遣いの特徴を端的に示した概念である

③ 年齢や職業、性格といった話し手の人物像に関する情報と結びつけられた言葉遣いを役割語と呼び、私たちはそうした言葉遣いを幼児期から絵本やアニメ等の登場人物の話し方を通して学んでいる

④ 日本語話者であれば言葉遣いだけで特定の人物のイメージを思い浮かべることができるが、こうした特定のイメージが社会で広く共有されるに至ったステレオタイプとしての言語が役割語である

⑤ 特定の人物のイメージを喚起する役割語の力が非常に強いのは、幼児期からフィクションを通して刷り込まれているためであるが、成長の過程で理性的な判断によってそのイメージは変えられる

問3 **【レポート】**の空欄 Z には、役割語の例が入る。その例として**適当でないもの**を、次の①〜⑤のうちから一つ選べ。

① 家族や友だちに対してはくだけた言葉遣いで話すことが多い人が、他人の目を意識して、親密な人にも敬語を用いて話し方を変える場合が見受けられる。

② アニメやマンガ、映画の登場人物を真似るなどして、一般的に男性が用いる「僕」や「俺」などの一人称代名詞を用いる女性が見受けられる。

③ ふだん共通語を話す人が話す不自然な方言よりも、周りが方言を話す環境で育てられた人が話す自然な方言の方が好まれるという傾向が見受けられる。

④ 「ツッコミキャラ」、「天然キャラ」などの類型的な人物像が浸透し、場面に応じてそれらを使い分ける

というコミュニケーションが見受けられる。

⑤ スポーツニュースで外国人男性選手の言葉が、「俺は～だぜ」、「～さ」などと男性言葉をことさら強調して翻訳される場合が見受けられる。

問4 ヒロミさんは、**【レポート】**の主張をより理解してもらうためには論拠が不十分であることに気づき、補足しようと考えた。その内容として適当なものを、次の①～⑥のうちから**二つ**選べ。ただし、解答の順序は問わない。

① 「今日は学校に行くの」という表現を例にして、日本語における役割語では語彙や語法より音声的な要素が重要であるため、文末のイントネーションによって男女どちらの言葉遣いにもなることを補足する。

② 英語の「I」に対応する日本語が「わたし」、「わたくし」、「おれ」、「ぼく」など多様に存在することを例示し、一人称代名詞の使い分けだけでも具体的な人物像を想起させることができることを補足する。

③ マンガやアニメなどに登場する武士や忍者が用いるとされる「～でござる」という文末表現が江戸時代にはすでに使われていたことを指摘し、役割語の多くが江戸時代の言葉を反映していることを補足する。

④ 役割語と性別、年齢、仕事の種類、見た目などのイメージとがつながりやすいことを踏まえ、不用意に役割語を用いることは人間関係において個性を固定化してしまう可能性があるということを補足する。

⑤ 絵本やアニメなどの幼児向けの作品を通していつの間にか認識されるという役割語の習得過程とその影響力の大きさを示し、この時期の幼児教育には子どもの語彙を豊かにする可能性があるということを補足する。

⑥　役割語であると認識されてはいても実際の場面ではあまり用いられないという役割語使用の実情をもとに、一人称代名詞や文末表現などの役割語の数が将来減少してしまう可能性があるということを補足する。

MEMO

MEMO

●著者プロフィール

浦 貴邑（うら　たかむら）

河合塾講師。

1968年千葉県生まれ。麻布高等学校、早稲田大学第一文学部卒業。

高校教師を経て、現在にいたる。

高校教科書の作成に携わりつつ、河合塾では、模試やテキストを作成、授業は東大や京大、その他国公立大の対策講座を担当。

著書に、『世界一わかりやすい 東大の国語［現代文］合格講座』（共著、KADOKAWA）がある。

中崎 学（なかざき　まなぶ）

河合塾講師。

1968年千葉県生まれ。千葉県立千葉高等学校、京都大学文学部社会学科卒業。高校・大学を通じてラグビー部に所属。東京でのサラリーマン勤務を経て、京都に戻り、予備校講師となる。

河合塾では、模試や高校生・浪人生向け各種テキスト作成に携わるかたわら、「東大現代文」「京大現代文」「医進共通テスト現代文」などの講座を担当。

著書に、『世界一わかりやすい 東大の国語［現代文］合格講座』（共著、KADOKAWA）『世界一わかりやすい 京大の国語［現代文］合格講座』（KADOKAWA）等がある。

改訂第《かいていだい》2版《はん》　大学《だいがく》入学《にゅうがく》共通《きょうつう》テスト
国語《こくご》［現代文《げんだいぶん》］の点数《てんすう》が面白《おもしろ》いほどとれる本《ほん》
0からはじめて100までねらえる

2020年6月12日　初版　第1刷発行
2022年6月17日　改訂版　第1刷発行
2024年7月2日　改訂第2版　第1刷発行

著者／浦《うら》 貴邑《たかむら》・中崎《なかざき》 学《まなぶ》

発行者／山下 直久

発行／株式会社KADOKAWA
〒102-8177　東京都千代田区富士見2-13-3
電話　0570-002-301（ナビダイヤル）

印刷所／TOPPANクロレ株式会社
製本所／TOPPANクロレ株式会社

ISBN 978-4-04-606689-3　C7081